中国近代人物日记丛书

张廷银　刘应梅　整理

王伯祥日记

第二册

中华书局

第二册目录

1926 年(民国十五年)

1 月 …………………………………………………… 371

2 月 …………………………………………………… 380

3 月 …………………………………………………… 389

4 月 …………………………………………………… 400

5 月 …………………………………………………… 410

6 月 …………………………………………………… 421

7 月 …………………………………………………… 431

8 月 …………………………………………………… 440

9 月 …………………………………………………… 450

10 月 ………………………………………………… 459

11 月 ………………………………………………… 469

12 月 ………………………………………………… 479

收信表 ………………………………………………… 488

发信表 ………………………………………………… 497

收支一览表 …………………………………………… 507

1927 年(民国十六年)

1 月 …………………………………………………… 521

2 月 …………………………………………………… 530

3 月 ……………………………………………… 540

4 月 ……………………………………………… 551

5 月 ……………………………………………… 562

6 月 ……………………………………………… 573

7 月 ……………………………………………… 582

8 月 ……………………………………………… 593

9 月 ……………………………………………… 604

10 月 ……………………………………………… 615

11 月 ……………………………………………… 627

12 月 ……………………………………………… 638

姓名录 …………………………………………… 649

收信表 …………………………………………… 649

发信表 …………………………………………… 661

收支一览表 ……………………………………… 674

1928 年（民国十七年）

1 月 ……………………………………………… 691

2 月 ……………………………………………… 701

3 月 ……………………………………………… 712

4 月 ……………………………………………… 723

5 月 ……………………………………………… 734

6 月 ……………………………………………… 745

7 月 ……………………………………………… 755

8 月 ……………………………………………… 766

9 月 ……………………………………………… 775

10 月　　…………………………………………　786

11 月　　…………………………………………　798

12 月　　…………………………………………　808

姓名录　…………………………………………　818

收信表　…………………………………………　819

发信表　…………………………………………　827

收支一览表…………………………………………　837

1926 年(民国十五年)

1 月 1 日(乙丑十一月十七日　庚寅)**星期五**

晴寒。上午 39°,下午 48°。

早起为《文学》二〇六期写信封,未出。饭后往访子玉,知渠将于明日乘船赴青岛也。至则已出未归,因留字约于今晚六时候渠小酌。归途遇勋初,偕返大谈,至四时许乃去,亦约六时共酌。六时左右,勋初携其儿济华来,因留言在家告子玉。谓我等在善元泰也。即出,过约圣陶,未应,乃与勋初父子径往善元泰。饮至半酣,子玉至,复剧饮,尽兴而归,已十时许矣

仲弟午后挈涵侄归,略谈即去。谓明后日再图畅谈也。

1 月 2 日(乙丑十一月十八日　辛卯)**星期六**

晴寒。上午 42°,下午 46°。

依时入馆工作。今日景贤尚在假中,遂未往上课。

散馆后办理《文学》发报事,尽晚上办竣。

1 月 3 日(乙丑十一月十九日　壬辰)**星期日**

午前晴,午后阴。上午 41°,下午 43°。

晨起阅报讫,本拟往访晴帆,藉便往上海书店及出版合作社一算《文学》代派账。乃圣陶与调孚来,谓二〇六期已待发出,且午

间振铎请饭,宜亟往。遂不果行,与之共往铎所。至十二时,始发毕,于是入席。与坐者为何柏丞、傅彦长、朱应鹏、张若谷、周予同、沈雁冰、叶圣陶、胡愈之、徐调孚及予,连主人十一人。

席次,谈甚畅,席终后又大谈,至畅。日暮始散归。

是夕失眠,至深晚三时才得稍睡。

1月4日（乙丑十一月二十日　癸巳）星期一

晴寒。上午 42°,下午 47°。

依时入馆工作。神极倦,强坐命笔,则亦无事也。因知人必不能自暇逸,愈劳瘁将愈能奋斗耳。

饭后及晚间俱为《文学》办事。作书复翼之,已抽暇为之矣。

八时后为《苏州评论》作文,卒以积疲未就,仅成开头二百言耳。明日当续成之。

1月5日（乙丑十一月二十一日　甲午）星期二

晴。上午 44°,下午 47°。

依时入馆工作。

夜为昨文续下,仅四百言,已感背酸,恐项强复作,即止。一再延挨,不能快吐,深以为愧。

颉刚有信来,嘱为朴社组分发行所,并寄书来将代售。

1月6日（乙丑十一月二十二日　乙未）星期三

晴。上午 42°,下午 44°。

依时入馆工作。复公函两通。

夜复晴帆,且续成《苏州评论》预约文一首,计一千六百言,题曰《消毒运动》。及毕,已十一时许矣。

1 月 7 日(乙丑十一月二十三日　丙申)星期四

晴阴兼施。上午 40°,下午 42°。

依时入馆工作。

接铁笙函,索存稿,当晚即检出寄还。

夜为《文学》二〇七期书信封,至十一时,仅毕单行之封。尚馀整卷三十六封须明日续书之矣。此事殊感牵掣,往往为此废事也。

1 月 8 日(乙丑十一月二十四日　丁酉)星期五

晴。上午 41°,下午 48°。

依时入馆工作。

陆侃如过此,振铎宴之于新有天,邀予陪同午饭,遂未到景贤授课。

夜为《文学》二〇七期办毕一切发报手续,已十时矣。

1 月 9 日(乙丑十一月二十五日　戊戌)星期六

晴。上午 43°,下午 48°。

依时入馆工作。午后一时赴景贤授课,遂未协同发报。

夜看《甲寅》廿四期。

明日戏剧协社将公演《黑蝙蝠》,晴帆早已预约,当往一观之。但雪村又约聚餐,盖在微微公司举行新女性同人团拜也。予因先有邱约,乃谢不与。

1 月 10 日（乙丑十一月二十六日　己亥）星期日

晴。上午 44°，下午 46°。

晨报〔起〕看报讫，即挈濬、清两儿往南市中华职业学校访晴帆，便就其家中午餐焉。餐后略事行动，即占席于会场之前排，以备观剧。三时开幕，五时毕，"黑蝙蝠"实一剧盗，乔装侦探，冀恐吓得巨赃，卒为真侦探所破擒。情节颇紧凑，惜不能先泄个中结局耳。设先泄剧情，观者将一无兴趣也。

晚间，晴帆伴予等出，夜饭于正和馆。八时许乃归。

未赴职校前，便道过上海书店收账。该店伙友至市气，予实厌恶之，然为责任所迫，只得甘心下之矣。

1 月 11 日（乙丑十一月二十七日　庚子）星期一

晴。上午 44°，下午 50°。

依时入馆工作。

晓先与室人勃谿，予往调之，得平。晚间，晓先来谈，予又解慰一切，盖此等事实无斗口之必要也。彼亦轩渠而去。

散馆后，予感寒不舒，夜饭亦不思进。及晓先来，乃提神痛谈，遂致霍然。予不能睡，一睡即头重作呕，不可以支矣。故每有小病，总强起焉。

1 月 12 日（乙丑十一月二十八日　辛丑）星期二

昙，午前后微雨。上午 51°，下午 55°。

依时入馆工作。

饭时在振铎所小饮，盖渠请丐尊、子恺，特邀往一叙也。

夜看《东方》廿三号,阅姚大荣《木兰从军时地补述》,意气之重,不若老师,如此不能受言,又何贵乎从容论学耶!其实再三陈说,武断处仍不能自掩也。

1 月 13 日(乙丑十一月二十九日　壬寅)星期三

上午阴,下午雨。52°。

依时入馆工作。

十一时到景贤授课。

夜为《文学》二〇八期书信套,至九时许即寝。

1 月 14 日(乙丑十二月初一日　癸卯)星期四

雨。上午 50°,下午 52°。

依时入馆工作。

夜为《文学》二〇八期写信封,至九时乃毕。

今日日食,为雨所遮,未之见。

1 月 15 日(乙丑十二月初二日　甲辰)星期五

阴,濛雨时行。上午 46°,下午 47°。

依时入馆工作。午后一时赴景贤授课。

夜又续为《文学》二〇八期作事,盖新收账及新来定户均有也。连日为此伏案,竟无馀晷旁及,至苦。不识何时始能卸肩耳。

1 月 16 日(乙丑十二月初三日　乙巳)星期六

上午阴,下午放晴。上午 44°,下午 49°。

依时入馆工作。午后一时至二时在景贤授课。

散课出馆,无懔甚,颇思出游觅饮。以独行无伴,又复中止。晚饭后,看《民铎》六卷五号。

1 月 17 日(乙丑十二月初四日　丙午)星期日

晴。上午49°,下午54°。

上午十一时,晴帆来看我,因同出,饭于广西路正和馆。饭后闲步,竟信足至邑庙豫园。园中桂花厅方于上星期日毁去,以是往看火场者甚多,径为之塞矣。予二人勉强挤过,便赴得意楼啜茗,藉息行脚。至四时许乃行。晴帆他适购物,予则乘公共汽车径归。

夜以疲故,早睡。

《苏州评论》第一期已出,予因分寄剑秋、建初兄弟。

1 月 18 日(乙丑十二月初五日　丁未)星期一

晴。上午48°,下午51°。

依时入馆工作。

夜读《现代评论》增刊及第五十六、五十七期。

昨晚睡至夜半,忽又背痛,似在脊髓中作祟,而微偏向左。今晨起,照常作息,则亦忘之,惟久坐举腕作书则酸楚加甚耳。

1 月 19 日(乙丑十二月初六日　戊申)星期二

晴,有风。上午50°,下午44°。

依时入馆工作。

夜为文学社办事,复信三通,兼处理定户二人。

前昨两夜背痛又发,至惧。不识能免重大变端否?如再加剧,恐季达在角直预示之言将实现矣。以此,心绪颇劣,百无聊赖,思出门,又思即返也。

1 月 20 日(乙丑十二月初七日　己酉)星期三

晴,傍晚阴。上午 43°,下午 44°。

依时入馆工作。十一时至景贤授课。

夜为《文学》办事,复信及料理定户,竟至九时。累甚矣。

1 月 21 日(乙丑十二月初八日　庚戌　大寒)星期四

晴。上午 42°,下午 46°。

依时入馆工作。

散馆后,晴帆即来,因约圣陶共饮于吾家。六时开始,九时乃已,各得陶然矣。久不若此,颇乐。但所积事却丝毫莫办也。

1 月 22 日(乙丑十二月初九日　辛亥)星期五

晴。上午 44°,下午 43°。

依时入馆工作。午后一时至景贤授课。

夜为《文学》二〇九期办事,至十一时始寝。此事琐碎已甚,无时无限地牵制着,实堪叫苦连天矣。但为公义私情计,亦只有咬紧牙关硬肩之耳。

1 月 23 日(乙丑十二月初十日　壬子)星期六

晴,有风。上午 42°,下午 45°。

依时入馆工作。

夜读《甲寅》廿五、廿六两期,及《小说月报》十六卷十二号。

接翼之书,知渠已到苏为母治葬矣。

1 月 24 日 (乙丑十二月十一日　癸丑) 星期日

晴。上午 38°,下午 43°。

午前未出,午后独行乱逛,至本馆发行所,无所得,即走。乃遇圣陶父子于途,因共饮于王宝和。未暮即返。夜复翼之。翼之校事未决,而又将婚,深为来日忧也。然写信时顾未能畅言之耳。

1 月 25 日 (乙丑十二月十二日　甲寅) 星期一

晴。上午 40°,下午 44°。

依时入馆工作。

夜读《国学丛刊》二卷四期。首揭广告,谓将暂止于此,以后拟改为不定期刊也。此刊本不十分餍人,今且失据,可知东大之不振实一落千丈矣。

明日景贤举行学期考试,因即拟题备用焉。

1 月 26 日 (乙丑十二月十三日　乙卯) 星期二

晴。上午 41°,下午 49°。

上午入馆,已觉不舒,及归饭,大惫。盖吾家方流行感冒,予适染得耳。午后强赴景贤考试,及三时返,寒热大作矣。急脱衣卧,竟莫能兴。是夕辗转难寐,困苦靡状足以尽也。

1 月 27 日 (乙丑十二月十四日　丙辰) 星期三

晴。上午 45°,下午 46°。

卧病。

午间强起,不能支,旋卧。然经此一动,寒热乃壮盛,夜间不舒,较昨尤为难过。

1 月 28 日(乙丑十二月十五日　丁巳)星期四

阴,午后晴。上午 50°,下午 52°。

卧病。

下午强起,整理所编《本国史参考书》稿。

六逸婚筵,竟不能赴,嘱潸儿随圣陶以往。

1 月 29 日(乙丑十二月十六日　戊午)星期五

晴。上午 51°,下午 58°。

上午勉入馆,将已整理之稿送藕舫。午后未往,为《文学》二一〇期办事及处理定报等琐事,四时许始已。晓先偕为章来,谈至七时,乃去。

1 月 30 日(乙丑十二月十七日　己未)星期六

早晴,旋昙,大风。上午 52°,下午 49。

是日未入馆,以咳嗽转剧,势不能不少休也。但《文学》事仍不得敛手,依然进行耳。入夜,天气陡寒,不可坐,即睡。然咳甚,气难下平,又兼里中喧杂,竟不寐。

1 月 31 日(乙丑十二月十八日　庚申)星期日

晨微雪,旋止。有风。上午 41°,下午 40°。

晨早起,看报毕,圣陶邀予过其家,谓晓先、芝九俱在待商《评论》事也。勉力以往,又遇勖成。饭而后归,然不能多谈也。夜睡至二时,忽起咳,检视盂中,乃鲜血也。连吐四口。心为之不宁矣。

2月1日（乙丑十二月十九日　辛酉）星期一

晴。上午36°，下午45°。

未入馆，思得修养之。午后，信步出，过仲弟，坐至傍晚，归。是夜仍吐血二口。

本欲寻访京周一加探检，乃走觅不可得，只索罢之。

2月2日（乙丑十二月二十日　壬戌）星期二

晴。入夜阴，有风。上午44°，下午50°。

依时入馆，勉强工作。夜赴振铎新有天宴，盖力自振奋，俾勿增病也。坐听人谈而己不能语，以喉喑故。更不少饮，觉甚苦耳。

今日下午拟请顾寿白一诊，而彼适早归，又落空。

2月3日（乙丑十二月二十一日　癸亥）星期三

上午细雨，下午阴。上午48°，下午50°。

依时入馆工作。

昨夜服唐拾义制久咳丸，竟未作咳，眠甚适。今晨起嗽，仍带红。但我且置之，以服久咳丸得镇矣，不再求医。

下午四时，伯安来馆看我及圣陶、致觉，谈甚畅。

2月4日（乙丑十二月二十二日　甲子　立春）星期四

晴。上午45°，下午46°。

晨起，嗽中仍有血，家人力持非医诊不可，乃于十时许出访京周求治。京周验体谓无损于肺，终以疑故，用X光照视。照视结果,谓肺左叶有结核老疤,是前此必有问题矣。因忆十八岁时,初入中学,曾以嗽故休学半年,或即此病已伏根于尔时乎?持方行,配药于福州路中西大药房以归。午后亦遂未入馆。

夜眠不咳,至欣。

2 月 5 日(乙丑十二月二十三日　乙丑)**星期五**

晴。上午 45°,下午 46°。

晨起作嗽,先二口无血,第三口又见红矣,甚恼。但仍依时入馆工作。

2 月 6 日(乙丑十二月二十四日　丙寅)**星期六**

晴。上午 46°,下午 49°。

晨起,居然无红见嗽痰中,甚慰。

依时入馆工作。

饭后至振铎所发《文学》二一二期。

2 月 7 日(乙丑十二月二十五日　丁卯)**星期日**

阴翳。夜微雨。上午 45°,下午 49°。

今日无红,咳嗽亦略平。

午后独自闲步,徜徉于外滩及南京路。四时许归,他无所苦,惟乏力耳。但气闷稍舒,或亦好处也。我拟以后有兴,尚须多走,觉倦则随地坐车归,当不致有损。行勉之矣。

2 月 8 日(乙丑十二月二十六日　戊辰)**星期一**

阴,傍晚濛雨。上午 50°,下午 53°。

依时入馆工作。散馆后本拟就京周复诊，已坐车出矣，濛雨浸润我眼镜，至不能辩物，乃命回车，俟明日再往。

夜作书四通，分别复颉刚、翼之、晴帆、建初。兼告病状。

2月9日（乙丑十二月二十七日　己巳）星期二

阴雨。上午53°，下午54°。

依时入馆工作。三时半出，径雇车踵京周所求复诊。至则渠方出诊未回，不克久待，即留条而归。约明日六时左右再往。

是晚祀先，仲弟挈涵侄亦归拜，夜饭后去。

2月10日（乙丑十二月二十八日　庚午）星期三

晴不甚朗朗。上午54°，下午51°。

依时入馆工作。散馆后雇车访乃乾，还账十元而别。继到京周所复诊，渠谓须常服鱼肝油丸。因开二方，一为常服之丸，一为临时防咳之药水。持方出，仍雇车赴中西药房配取之。顺便至来青阁，亦还账十元。良久，乃取得药，急雇车归，已八时许矣。

冒风后，仍作咳，颇自虑也。

2月11日（乙丑十二月二十九日　辛未）星期四

晴。上午48°，下午50°。

依时入馆工作。

下午归，颇惫，且咳亟，甚以为苦。

晚寝后幸未嗽。或药水之力已到乎？但鱼肝油丸至难服，服后觉饱胀也。未审何故，当再叩问京周以取进止耳。

2 月 12 日 (乙丑十二月三十日　壬申) **星期五**

晴。上午 44°,下午 52°。

今日起,循例休假。上午为《文学》二一二期书封套。下午与圣陶出门闲逛,游览新新公司。旋至本馆发行所一转,即遄返。晚饭后,与家人打牌,偶一为之,亦颇有兴,转忘予体之有疾矣。至一时许始罢,濯足而后寝。

在望平街花摊上欲购天竹一枝,索价乃至十角,报以四角,掉头而去。可见物当时行,声价倍增,不如其欲,终不能如己欲也。

2 月 13 日 (丙寅岁正月初一日　癸酉　春节) **星期六**

昙,午后雨。入夜加大。早 52°,午后 57°,夜 61°。

晨起,诣祖先位前拜。盖昨夕手制一《岁时奉祀图》张诸先君遗照上,故今得诣前瞻拜也。图下系以词曰:"三元时享,岁腊告成,涒治牺醴,恪共粢盛。缅本溯源,视此虔诚。"尊祖敬宗之念油然起,竟自忘其平日"打破宗族观念"之主张矣。思之可笑,然亦不甚自解也。

午前后集家人看牌,各四圈,甚疲。以无兴再续而罢。此事予本不好,年例陪家人偶一为之,至感牵扯。但今不然,不动天君而偶兴及此,亦尚有味,不过病体不任久坐,遂致支持不住耳。

2 月 14 日 (丙寅正月初二日　甲戌) **星期日**

昙,入晚细雨且大风。上午 56°,下午 58°。

午前看瞿宣颖所辑《北京历史风土丛书》。此书全由钞缀,末附谈荟则出瞿手,然亦录成语为务。予在《甲寅》上见广告,因托颉刚代买寄来。及加披览,殊失望。

饭后,圣陶、振铎来。因共出闲行,初访乃乾于中国书店,不值。继乃至福禄寿(新设之点心店,去年夏曾以卖冰著,如咖啡馆。)进茶点。五时入市政厅听交响乐,遇若谷。散出,已七时,同饭于翠芳居。予不饮酒,坐待而已。八时半乃归。

自昨日起,鱼肝油丸减半吞服,饱胀果稍平。

修妹挈澄华来贺年,因宿焉。

2月15日(丙寅正月初三日　乙亥)星期一

昙,有风,下午雪,旋止。上午50°,下午45°。

上午写信与颉刚、铁笙,一寄《廿史闰朔表》预约券托代取,一则谢其慰病也。书就,即令潇儿为我投邮。我则过圣陶谈,彼此互为摄一坐影,即用其手镜所照。未审洗晒得出否?

午后,乃乾伉俪偕至,谈甚久,薄暮乃去。

修妹亦偕澄华赋归。

晚早睡,俾休我躬,盖昨忽寒,今又发呛也。身体一坏至此,未老而先衰,其为可惧,如何可言……

2月16日(丙寅正月初四日　丙子)星期二

昙。上午42°,下午46°。

晨起看报,知京汉路上风云甚恶,吴佩孚志在图豫,邓宝珊已率部由直省抽调归郑,预备南下。国民二军殆将并力南御矣。

十一时许,振铎来招,谓乃乾夫妇俱在,下午当共往第一台看马连良戏也。予即往,饭而后行。至则已上座,幸占五座,而已分开坐下矣。马连良与尚小云合演《打渔杀家》,确耐听而受看,六时乃散。予觉甚疲,而振铎、乃乾两夫妇坚邀过一枝香晚餐,重违其请勉赴之。八时许始归休。

2 月 17 日(丙寅正月初五日　丁丑)星期三

阴雨。入夜转盛。上午44°,下午47°。

今日开始入馆工作。到者甚稀,盖旧正之习惯深中于一般社会,摆脱良难也。

下午过雪村,即到馆。晚归后集家人打牌四圈。甫欲就寝而剥啄声急,亟询谁何,则振铎偕薰宇、光焘由江湾乘醉来此邀饮也。予答以有病不能饮,且体倦不任风雨而止。光焘竟大吐,狼籍满几。振铎与薰宇则复过圣陶家,拉之同行,遂去。

2 月 18 日(丙寅正月初六日　戊寅)星期四

阴雨。上午46°,午后仍旧。入晚52°。

依时入馆工作。散馆后为《文学》办楚二日来积牍。

是日,珏人挈清、漱两儿往修妹家贺年。晚六时始归。

夜间大东旅社本有大宴会,振铎所招,谓颇有兴。予以病体不支久坐辞。晚饭后,与家人打牌四圈而寝。不劳心神而随意布设,殊舒适,是异乎常博而怡我体者耶!

2 月 19 日(丙寅正月初七日　己卯　雨水)星期五

晴,傍晚又阴。夜雪。上午47°,下午48°。

依时入馆工作。

是日,悦之来,盖昨日甫来自苏,今年又将在此营业也。仲弟偕涵侄女等亦来,是归拜先容也。俱午饭而后去。

夜为范佑之代撰保卫团月刊颂词一首,录之如次:

> 甲子以还,地方多故;战事工潮,迭为疑怖。王尹奋发,募
> 团屏护;慕义成美,毁家弗预。多士向风,不畏霜露,月黑宵寒,
> 荷戈巡戍。比鳞万家,遂获安住。闸北南市,始辟先路。岁未
> 三周,淞沪遍布。缅彼往谟,推轮大辂;持兹令名,益求展步。
> 爰创月刊,消息是寓,沆瀣一气,精神交注。事业恢宏,翘企可
> 遇。敢申鄙颂,千秋同赋。

2月20日(丙寅正月初八日　庚辰)星期六

晨积雪,阴寒。上午46°,下午48°。

依时入馆工作。饭后往振铎所发《文学》二一二期。散馆归,
颇思一游神仙世界,以畏寒而止。夜为《文学》办事,至八时毕。
旋与家人打牌四圈而寝。

报载湖北军阀萧耀南暴死,吴佩孚遂得一意孤行,出兵攻豫。
孙传芳暂持观望。直、豫国民军因以棘手应付。呜呼!军阀互哄,
民家受殃,无耻政客又出其卑污勾结之技能以从事挑拨,于中取
利,国几乎其不亡!凡属血气,吾知其必能联手共起以与恶势力奋
斗而同以"摧灭反革命"为目标矣。

2月21日(丙寅正月初九日　辛巳)星期日

早晴,午后雨。上午47°,下午50°。

是日未出,在家理旧箧,得古钱若干。择汉永寿钱一,唐乾元
钱一,宋大观钱一,辽太平钱一,金大定钱一,元至正之宝(背文吉
权钞伍钱)大钱一,明永乐钱一,清康熙钱一,顺序置一匣。至正大
钱居中,馀钱若环拱然。以见历代钱币之一斑。又择宝六货一品,

宝四货二品,直百五铢一品,常平五铢、永安五铢各一品,布泉、货
泉各一品,大泉五十一品,半两一品,无廓小五铢二品。马文山子
一品,错刀(一刀平五千)一品,双龙背文正德钱一品,及厌胜小钱
平安吉利、天下太平、夫荣妻贵、招财进宝各一品,凡十九品,门合
置别一圆匣中,以错刀居中。列诸案头,以时观览,亦颇有隽味也。
继又发旧藏古玉佩璧、扇坠各件,摩挲以畅馀情。选出十件悬座右
焉。晚饭后,打牌八圈而寝。

2 月 22 日（丙寅正月初十日　壬午）星期一

阴,有风。早放晴。上午 51°,下午 47°。

依时入馆工作。

为《文学》办理定报等事。——今日开始为四报联定第一号。
四报者,北京大学《国学周刊》、《语丝》、《新女性》、《文学周报》
也。今年起,四社联合代订,如一人同时选订二种以上者,例得八
折。逆料前途,当有进展耳。

夜写信与颉刚。

2 月 23 日（丙寅正月十一日　癸未）星期二

晴。上午 40°,下午 42°。

依时入馆工作。

夜看《甲寅》二十九、三十,及《现代评论》六十一、六十二。颇
费时,十一时分乃得寝。章士钊与吴敬恒抬扛,持言甚辨,但章之
志行终无以掩吴也。

2 月 24 日（丙寅正月十二日　甲申）星期三

晴。上午 38°,下午 43°。

今日未入馆,在家重设卧房。气力虽已不继,而又换一境,颇用自怡适也。馀暇则以应付《文学》定户。

2月25日(丙寅正月十三日　乙酉)星期四

阴,夜雨。上午40°,下午45°。

依时入馆工作。

夜与家人打牌四圈。

日来体觉渐强,但不欲多作事耳。戒饮之功与鱼肝油丸之力交并,乃有此效乎?我当坚以行之,俾臻康复也。第不审此疾得不再发否!

2月26日(丙寅正月十四日　丙戌)星期五

阴霾,晚濛雨。上午45°,下午48°。

依时入馆工作。

散馆后,晴帆来,盖渠昨甫自宁至,特来一晤也。因与长谈,晚饭而后偕出。同游神仙世界,未感兴味,九时各归。归后读《京报副刊》,吴稚晖《章士钊—梁启超—陈独秀》一文极快,一气读毕。颉刚一文记京岳庙与苏岳庙七十二司之比较,亦看一过矣。十一时许,寝。

2月27日(丙寅正月十五日　丁亥)星期六

晴。上午48°,下午52°。

上午入馆工作。下午未往,在家清理积牍。旋出理发,薄暮始归。知调孚曾来约会于铎所,乃与圣陶共赴之。至则景深、子恺、调孚、仲彝咸在,未几,陶希圣、志摩及其友张君俱至。振铎乃约饮于新有天。予不饮,坐中杂谈而已。

晚饭后,乘兴步月,迤逦一访六逸。彼已睡,竟呼之起,谈久乃行。及各抵家,已十一时矣。久矣无此豪兴,偶一为之,乃大快也。

2月28日(丙寅正月十六日　戊子)**星期日**

阴霾有风,午后雨。上午48°,下午51°。

竟日未出。饭后本约圣陶同出散步,以天雨而罢。予与家人打牌八圈。天垂黑矣,予辈方毕所事,因即夜膳。夜膳后看朱一新《无邪堂答问》。

3月1日(丙寅正月十七日　己丑)**星期一**

晴和。以在旅次,未详。

上午入馆工作。十二时归,偕珏人及四儿赴车站,乘十二时三十分快车赴苏。下午三时许抵翼之家。四时许过访建初,未晤。又访硕民、彦龙于胥苑,据侍者云,硕已赴宁四日矣。不知何故?徒此一行,甚怅。即返翼之所。

是夜,翼之方请待大媒,似伯、舜石俱来作陪。惟予不饮酒,持茶杯闲谈而已。

卧不甚贴眠。

本日日记及以后至七日者,俱九夜所追记。

3月2日(丙寅正月十八日　庚寅)**星期二**

晴,有风,夜霾。在旅次,未详。

晨起,偕珏人挈濬儿挐舟赴横塘九曲港先茔祭扫。十一时到达,十二时回棹。二时许。舟抵胥门码头,予即先登,嘱舟子送珏等归翼所。乃径往建初家,晤之。旋与俱过硕民,谓已出。乃复过胥苑,竟遇硕民、靖澜及彦龙、浩如。

晚六时,与硕、彦饭建初所。八时许归翼之家,渠方以坤宅误会办交涉,良久乃决。登床就睡,已二时半矣。又未安眠。

3月3日（丙寅正月十九日　辛卯）星期三

午前微雨,午后稍大。在旅次,未详。

是日为翼之喜期,起甚早而任知客。但予只择识者招呼之而已。来宾甚众,硕民、彦龙、寓柏、鉴平、伯虔、允言俱晤,至快。硕、彦、允且终日在彼也。

夜阑,客散,予以不得床,乃加入打牌团,竟打至天明。输钱七千二百。生平巨博为第一次,旁人闻之,正堪发噱,而予却以为放胆纵恣矣。

3月4日（丙寅正月二十日　壬辰）星期四

大雨。在旅次,未详。

以未睡故,精神反因硬提而兴奋,竟不思睡。乃续为雀戏,终日行之。又输钱千四百。

是夜好睡,惟觉略寒耳。因此,又似有感冒之象也。

下午未博前,硕民、彦龙过我,同出访靖澜,未晤,巡行观前一周而返。硕等乃辞去。

3月5日（丙寅正月二十一日　癸巳）星期五

阴霾,晚放晴。旅次,未详。

今日本拟返沪,以翼之须摄结婚纪念照故,暂留。午前打牌。

饭后四时始由柳村派人来摄。予夫妇及诸儿俱与焉。摄后,予等家人又别摄一影,俾留一全家贺婚之景象,且为予夫妇结婚十五年纪念也。

摄影后又打牌。综计二场,又输钱千一百。

3月6日(丙寅正月二十二日　甲午　惊蛰)**星期六**

晴。旅次未详。

今日必欲成行,被苦留而止。终日无事,打牌消遣,输钱千五百。

晚饭后,与怀之出购物,略爽。惟鼻塞作嗽,感冒已成矣。综计在苏数日,他处未行,坐为竹战,荒嬉无聊,莫此为甚。只以事机凑迫,不得不尔耳。

3月7日(丙寅正月二十三日　乙未)**星期日**

晴。旅次未详。

晨起,与怀之挈濬、清两儿登游北寺塔。不为此游十馀年矣,觉景物犹新,积日苦闷,乃得一泄之,快何如也!惟拾级升降,病体难支,竟大喘矣。

下午二时即出,赴车站。翼之送焉。岂知火车脱班,翼行良久,予夫妇父女犹立站台残照中。直至四时五十分始有快车至,乃克挤上。但三班之客并乘一班,其挤乃大类甲子秋冬之逃难。予未受逃难之挤。今得补偿此味,亦殊佳,惟直立至上海则太觉腰酸脚硬耳。

七时五十分抵家,庶母已望眼欲穿矣。

3月8日（丙寅正月二十四日　丙申）星期一

晴。上午50°，下午52°。

依时入馆工作。然积倦甚，竟有勉强之态矣。

夜清理《文学》积牍，以盈尺之故，至十一时尚未得有头绪。只得就寝，俟明日再办。私人函件，更谈不到矣。离此七天，竟如拉债，未免太苦也！会有机缘，《文学》事终当摆脱之耳。

伤风甚剧，颇畏再发旧疾。但事冗逼迫，只得强自为之，在馆在家，同作频嗽而已。

3月9日（丙寅正月二十五日　丁酉）星期二

阴雨。上午55°，下午53°。

上午未入馆，专为清理《文学》积牍。及饭始粗毕。饭已即行，至振铎所发二一五期报。二时入馆工作。

散馆归，了结《文学》尾事。夜为己作书六通，分致天津、苏州、本埠各致书于我者。十时始毕。七日来私事亦得粗举，稍安此心矣。

3月10日（丙寅正月二十六日　戊戌）星期三

晴，上午犹湿。上午51°，下午56°。

依时入馆工作。夜随意阅览《甲寅》卅一，此志自本期起，兼印报纸，取费折半，予即购报纸所印者，以予不在珍藏也。又看《语丝》及《国学》。

寝前与家人打牌四圈。

3 月 11 日(丙寅正月二十七日　己亥)**星期四**

晴。57°。

依时入馆工作。散馆后与圣陶闲步于四川路、广东路、南京路一带,购物数事。旋在北万馨进点而返。晚餐后为《文学》二一六期书写封皮及理定报各事。九时乃毕。

看《现代评论》六十三、六十四及《国学周刊》、《月刊》等。

3 月 12 日(丙寅正月二十八日　庚子)**星期五**

阴雨。上午 53°,下午 54°。

依时入馆工作。

夜饭后打牌四圈。

日来又患咳,伏案既嫌乏力,看牌亦觉疲劳,晚睡稍凉,左背胁乃酸痛作矣。体弱如此,奈何存活,略一涉思,兴乃索然尽也。

3 月 13 日(丙寅正月二十九日　辛丑)**星期六**

阴雨,早显旭。上午 57°,下午 60°。

依时入馆工作。饭后在振铎所发报。

夜仍打牌四圈。

看《续金瓶梅》是书由铎处假来。渠聚旧刊小说甚多。演义、弹词、宝卷等俱夥,将编目示人,予甚赞其成耳。《续金瓶梅》去原书远甚,装点佛道,恶俗可笑,其实仍不免导淫也。托为正经,益复可恨!

3 月 14 日(丙寅二月初一日　壬寅)**星期日**

阴霾,当昼显晴。58°。

上午十时许，晴帆过我。未几，道始亦来。乃共出，抵其寓所。寓在青云路恒裕里之北，甚清静，盖假住校舍也。少选，其弟君毅至，复与其昆弟夫妇偕出，共饭于永乐天。饭后，同憩我家。

三时，各辞去，予亦送至车站而后返。

夜看《东方》等最近各期杂志。

3月15日（丙寅二月初二日　癸卯）**星期一**

阴雨。上午52°，下午50°。

天较昨陡寒，觉肺部又不舒，时作咳。

依时入馆工作。

晚归后为《文学》办事，至忙迫。社中生涯盛而予乃亭毒丛脞耳。思之可笑。

夜膳后，振铎、乃乾见过。谈次，复邀圣陶来，因共往新有天坐谈。盖渠二人尚未饭也。谈中国书店事乃乾将辞不问，至为惋惜，可见择人共事之难正不必久于市上之夫为然耳。乃乾书生，掉首而去也甚宜。十时，乃返。

3月16日（丙寅二月初三日　甲辰）**星期二**

阴霾。上午49°，下午48°。

依时入馆工作。馀晷全为《文学》办事。

今日更寒，予嗽大作，入晚且火升两颊焉。凡此，皆非善征，得无有髦及之虑乎！

夜饭后，写信复翼之及子清。

3月17日（丙寅二月初四日　乙巳）**星期三**

晴不甚朗。下午阴。上午48°，下午53°。

上午入馆工作。饭后以心神不宁,未入馆,至二时许出门闲步。四时归。仆仆数小时自亦不知其何为者,荒业以嬉,殊足自嗤也。然强坐办事室中伏案应景,则更不舒耳。

夜坐闲思,竟又妄起自怖,曩在甪直不眠之象殆将复见矣。不然,何多虑耶! 身体影响及于精神,"有健全之身体然后有健全之精神"之语,今乃益信。

3 月 18 日(丙寅二月初五日　丙午)星期四

阴雨。上午 50°,下午 51°。

依时入馆工作。

夜无聊,打牌四圈而寝。

伏案写作则膈痛胸闷,诸不如意。只索打牌则亦已耳。谚谓"穷人生了富贵病",我其正坐此乎! 年未四十,而来此态,虽生亦奚以为!

下午六时,铁笙过我,慰我病者甚厚。

3 月 19 日(丙寅二月初六日　丁未)星期五

阴雨。上午 50°,下午 49°。

依时入馆工作。

午后一时到景贤授课。

夜为《文学》二一七期办齐发报手续。至十时始了,至惫。

今日甚不适,午晚两餐,各减量一碗。

3 月 20 日(丙寅二月初七日　戊申)星期六

微晴。上午 47°,下午 51°。

依时入馆工作。写信致仁斋姻丈及梦九、建初。

午后往振铎所发报。散馆后与圣陶、晓先闲步靶子路、斐伦路、狄思威路、邢家宅路、东宝兴路、北四川路一带,迤径而归,已六时三十分矣。

夜打牌四圈,输钱八百五十。

接仲弟信,知已迁法租界八仙桥附近荣庆里一〇五号。

3月21日（丙寅二月初八日 己酉 春分）星期日

晴朗。上午60°,下午51°。

上午十时到职校访晴帆,铁笙已在。乃同出,访徐悲鸿于唐家湾泰安坊蒋宅,观其所作画及携归名画多幅。自十时三十分直立至十二时三十分,足二小时,甚感疲劳矣。观赏之际,振铎亦至,深欣不期而遇为可喜也。

继辞出,饭福禄馆。举箸时,振铎、悲鸿等亦至,再度相晤,更乐。饭后,各散。予与晴帆、铁笙游城隍庙,茶得意楼。六时许始返。

返后,悉珏人奉庶母往寻仲弟新居,尚未归。至恐迷失道路,甚虑。良久始来,心头之石乃掇去。

3月22日（丙寅二月初九日 庚戌）星期一

晴朗。56°。

依时入馆工作。

将散馆时,为章过我,乃以所存景贤薪归之。散归时与俱行,略憩我家。旋与圣陶三人同出,闲步至四川路桥而别。

今日为予生辰,家中为我治馔面,夜中合坐享之。

梅思平之夫人殁于医院,予同为介,央予同往平江公所看材。

饭前偕之往,移时而集事矣。因念我苏同乡在沪实乏组织,独有此送死之具则井然有备,缓急可恃。且流惠及于他乡之客斯土者,则不可谓非差强人意之事也。

3 月 23 日(丙寅二月初十日　辛亥)星期二

晴朗。上午 52°,下午 60°。

依时入馆工作。

《教育丛著》已送到,《欧亚纪元合表》亦已购到,至快! 明日将可挂号寄出,又少一事,当然松爽耳。

《欧亚纪元合表》甚好,予特多购一册奉赠颉刚。

夜为《文学》办事二小时。

3 月 24 日(丙寅二月十一日　壬子)星期三

晴朗,傍晚起风。上午 61°,下午 64°。

依时入馆工作。为《文学》办事并写信多通。

振铎来,与圣陶合谈甚久。将晚膳,乃各归饭。

颉刚书来慰我,力劝我离商务到京别就,俾静摄。但我何能即动,则亦心佩其议而切感已耳。

3 月 25 日(丙寅二月十二日　癸丑)星期四

晴。58°。

依时入馆工作。

夜六时,立达学会在悦宾楼聚餐,欢迎我与圣陶、振铎、石岑、雪村、乔峰等人加入。旧会员如方光焘、练为章、丰子恺、朱佩弦、周予同、胡愈之等本系熟人,故介绍参与如此。席次,讨论立达学园经费事。予认捐六十元,尽六月底前缴付。

十时许返,与振铎、圣陶同行。

3月26日(丙寅二月十三日　甲寅)星期五

晴朗。上午56°,下午54°。

依时入馆工作。饭后在振铎所发二一八期报。

夜七时,振铎宴客,予与徐悲鸿、李金发、叶法无、黄警顽、曹铁僧、张若谷、叶圣陶参焉。谈甚畅,而予忽腹痛,亟归如厕,遂未及与众别。

3月27日(丙寅二月十四日　乙卯)星期六

晴朗。上午56°,下午未详。

上午入馆工作。十一时与振铎、愈之、仲云、石岑、予同、圣陶同出,具饭食已,即偕往车站,乘十二时三十分快车赴无锡。三时许抵彼站,觅得无锡饭店为下榻所,稍憩,同游惠山,铎等登山寻胜,予则独坐漪澜堂下啜茗观鱼而已,垂暮归,在惠麓购得泥人数事。途中往返只一小时,车资仅四角,较之沪上,便宜良多。

夜饭于复兴园。饭后游新世界,不图彼处仅有新剧场一所,他无所有,怅然而返。归旅店后,共议召土妓一看之。乃连阅四人,绝无出色者,彼等固怏怏而去,吾侪亦徒觉恻然可悯耳。

舍榻临河窗,窗外即内河小轮码头,终夕喧嚷,予竟未合眼。幸与愈之连床,乃谈至二时,稍纾此失眠之苦。

3月28日(丙寅二月十五日　丙辰)星期日

晴朗。上午62°,下午64°。

晨起,进点已,即驱车入城,游公园。在彼啜茗摄景,至九时,愈之之友何劳民(纶章)及何友唐希尧(文铭)乃来合伴,同游荣氏梅园。园在惠山之西南,依山筑室,辟地构堂,据阜面湖,极邑秀之至。流连难舍,即饭于是。方饭,岫庐、经农亦至,渠等今日来此也。饭后,南发,在湖神庙前唤渡登鼋头渚,憩广福寺。是地名南独山,悬太湖中,风帆波涛,相与上下,快乃无俦矣。旋返,复渡,又啜茗于湖神庙旁之万顷堂。堂侧有古项王庙,据志知为禹王庙之伪,但楹联题额俱用项王故实矣。四时许归,五时许抵店,途中往返需两小时,竟日车资仅一元,至廉。

六时在大新楼晚饭。七时四十分登特别快车。十一时到上海。

3 月 29 日 (丙寅二月十六日　丁巳) 星期一

晴朗。上午 62°,下午 68°。

依时入馆工作。

雁冰已自粤返,今晚集知友会谈振铎所。渠以事忙,七时便行,遂各归晚膳。

夜与家人打牌四圈。

晴帆、道始昨俱来访,未之晤,至憾。晴帆且有书来也。

3 月 30 日 (丙寅二月十七日　戊午) 星期二

晴朗。上午 62°,下午 65°。

依时入馆工作。

今日特别快车,珏人赴苏,贺翼之嫁妹也。预计后日午正返家。

夜,振铎、希圣、圣陶、致觉、晓先、调孚、愈之、仲云及予公宴雁冰于铎所。谈至九时,各归。予归后看《印度佛教史略》及《佛典泛论》。

3月31日(丙寅二月十八日　己未)星期三

晴朗。上午60°,下午67°。

依时入馆工作。

尚公学校比邻失火,一时为之大恐。闸北水力之坏,人人知之,每一火警,往往延及数家,而大家不起劲严督该公司,实为自忽。今后当一致促该公司改良水电也。

夜为《文学》办事二小时。写信复建初。

4月1日(丙寅二月十九日　庚申)星期四

晴不甚烈,有风。上午62°,下午67°。

依时入馆工作。

散馆后与圣陶至本馆发行所购一手照相镜,盖此次游锡,极艳羡摄景之乐也。遇晓先及芝九,闲步浦滨,垂暮而返。

珏人本言今日午前归,乃接翼之信,谓其家坚留,需明日返沪矣。

夜为《文学》办事两小时许。

4月2日(丙寅二月二十日　辛酉)星期五

阴雨,晚止,有风。上午65°,下午63°。

依时入馆工作。饭后一时赴景贤授课,今日发二百十九期《文学》遂缺席。散馆归后整理近编稿第三部手装之,备明日交由藕舫一阅焉。

珏人仍未归,至念。渠太没主意,人家苦留,遂无从奋然自返也。因思亲戚邀住,实最不近情,各家有各家事,奈何不计之耶!

4 月 3 日 (丙寅二月二十一日　壬戌) 星期六

晴明。大风。上午 56°,下午 60°。

依时入馆工作。

散馆后携手镜至蜀商公所摄一景,与振铎、圣陶、调孚偕。予新购此镜,颇感兴味,今日已连拍四片矣。第光圈之太小如何,距离之远近奚若,举非所知,任情而动,必多废坏耳。

珏人于午后一时许归,予已入馆,未知。及由蜀商公所返,乃知之,果为翼之家所苦留,而昨日又雨,是以延至今日也。

4 月 4 日 (丙寅二月二十二日　癸亥) 星期日

晴,大风。上午 62°,下午 59°。

晨九时与圣陶同出,携摄景具到宋园,摄宋公教仁像。未几,晓先、亮寰亦至,共话移时,乃与俱返。略坐后,即各散归。饭后,予又在家摄景数帧。足十二数,即往过圣陶、晓先同赴北四川路丽昌照相馆嘱洗晒。盖急欲一睹成绩,故亟求其实现也。

三时,三人同在奥迪安看电影 *The Night Club*,五时许乃归。圣陶所请,予竟未化一文也。

4 月 5 日 (丙寅二月二十三日　甲子　清明) 星期一

晴明。上午 56°,下午 67°。

依时入馆工作。

散馆后至丽昌取相,晒出八张,俱幼稚可笑,馀则废矣。

写信致翼之,讽其善处骨肉,盖此次渠嫁妹,颇为承嗣事对其季父失态也。第直言不讳,未识能否见容耳。然忝附戚末,又属知己,骨鲠在喉,不得不一吐为快也。

夜又写信复钰卿。

4月6日(丙寅二月二十四日　乙丑)星期二

晴不甚烈。上午54°,下午64°。

依时入馆工作。

散馆后为《文学》办事。夜饭后打牌八圈而寝。

4月7日(丙寅二月二十五日　丙寅)星期三

晴。上午70°,下午66°。

依时入馆工作。

散馆后为《文学》办齐二二〇期发报手续。晚饭后打牌八圈而寝。连日竹战,顿忘不饮之苦,惟釂酒而染博,厥失维均,未见其得耳。

今日议游扬州、镇江,除原侣七人外,加入调孚。定九日夜车出发,十日上午抵扬。十一日返镇。十二日归沪。

4月8日(丙寅二月二十六日　丁卯)星期四

阴,夜大雨。上午68°,下午72°。

依时入馆工作。夜出剪发,九时归寝。

今晚雨且风,不识明日能否成行也？以阴历计之,适当二月廿八风暴之讯,恐不免扫兴耳。

4月9日(丙寅二月二十七日　戊辰)星期五

晴,有风。上午78°,下午64°。

依时入馆工作。

散馆后与圣陶同出,购物数事备出游。

夜十时,振铎、圣陶来,因同赴车站。少选,游侣毕集,乃购三等车票登车。以太挤故,改乘二等。余等据车厢之一端,甚舒适,彼此剧谈,竟未眠。车过常州,天已微白,及丹阳而大明。盖上海开车迟一小时,以是觉天明之早耳。

4 月 10 日(丙寅二月二十八日　己巳)星期六

晴。上旅次失记。

车过丹阳,乃以次盥洗。六时许抵镇江站,径乘人力车赴江边江北长途汽车公司轮渡。购票登轮,甚从容。七时十分启轮渡江,四十分抵对岸六圩,即附汽车北行。过施家桥,至八时二十分而达扬州。出站北渡城河,便入福运门,盖新辟之南门也。人力车至扬州饭店,洗脸饮茶讫,乃嘱店中接客者为向导,出游瘦西湖。车出镇淮门,便到绿杨村,柳丝拂堤,萦带城堞,画图不啻也。小憩进茶点,旋即西行,过虹桥,走隋堤,游徐园(旧为倚虹园址,近归故扬州军政分府徐宝山为家祠),平步小金山。继访法海寺,度五亭桥,径赴观音山及平山堂。日西平,乃呼画舫,点篙而返。入天宁门,由运司前教场而归店。夜膳于春园,即归寝。

4 月 11 日(丙寅二月二十九日　庚午)星期日

阴,午后放晴。旅次失记。

平明起,径携行装出福运门,乘汽车南返。八时许抵六圩,渡江时微雨而寒,颇思即归。既南渡,将行装寄顿京畿岭明智中学顾朋年君处,雨乃止。因与朋年同游。先乘车至北固山甘露寺,访彭公、杨公祠,憩于石帆楼。登第一江山亭,左右金、焦,大江前横,洵胜地也。继步至象山,呼舟渡登焦山。先入松寥阁,啖面后由小僧导游文殊阁、定慧寺、海神庵、海西庵、碧山庵、别峰庵、吸江亭、观音崖诸胜。二时返松寥阁午餐,四时解维,指招商码头登岸,径往车站,特别快车已过,遂过游金山江天寺历浮图、法海洞诸胜,以天黑将闭寺,竟未一访中冷泉。夜饭于朋年所。谈至十时许,别朋年赴车站,待至十二时五十分,仍乘夜快车二等室而东下。

4月12日(丙寅三月初一日　辛未)星期一

阴霾。61°。

平明过苏州,七时抵上海。分途各归,到家便寝,盖昨夜又谈一永夕也。下午仍入馆,然倦甚,竟无所兴作也。

综此次游踪,扬州瘦西湖最胜,而向导及车夫最使人不快。镇江三山,北固第一,焦山次之,金山仅一大寺耳。饮食亦以扬州为佳。大抵扬州多人工点缀,富女性美;镇江山水雄秀,人工稍次,类失意丈夫。以后续游,宁越京口而径赴"绿杨城郭"耳。

夜八时便寝。

4月13日(丙寅三月初二日　壬申)星期二

晴。上午62°,下午65°。

依时入馆工作。散馆后为《文学》办事。

《文学》二二〇期今日午后在振铎所发出。

夜打牌,并补记旅中日记。但限于纸,局于思,草草笔之,未尽什一,殊不足以留痕,负此游多矣。

4 月 14 日（丙寅三月初三日　癸酉）星期三

晴朗。上午 60°,下午 66°。

依时入馆工作。但下午以振铎约游龙华辍笔。

饭后,圣陶、振铎两夫妇来,调孚、仲云亦来,因同过石岑,共乘电车由徐家汇以往。今日为上巳香汛,信徒之膜拜寺下者麇集,香火之盛,一时无两,惟于游人则转觉乏味耳。旋出寺,游于附近车站之铁路花园,园中弥望皆桃花,绛白相间,茂密几于不能着人,顾而大乐,石岑为予等摄一景于花下而出。未几即行,仍循原路而归。过新半斋,各进刀鱼面一器,水晶看煮干丝共四器,七时到家,八时许便睡。

4 月 15 日（丙寅三月初四日　甲戌）星期四

晴朗。65°。

依时入馆工作。

散馆后本拟到福州路看书,以倦而罢,坐与珏人谈家常琐屑而已。夜饭后看《现代评论》及《东方》,至十时,寝。近来不能久看一书,稍稍注意即致心烦,前后竟失条贯。神思之不宁有如是,真堪自惊矣。

4 月 16 日（丙寅三月初五日　乙亥）星期五

阴雨。上午 62°,下午 66°。

依时入馆工作。散馆后与圣陶冒雨至郑家木桥金陵春赴乃乾宴,盖顷间有电话来招饮也。至则客俱未到,久之乃稍稍集。八时始就食。

坐客多书业中人,惟徐积馀与殷芝龄为特异。予适与殷同席,聆其论,察其色,举不类教育界中人,市气逼灼,大是可厌。遥闻邻坐徐语,则迥然殊,令人想见老辈之风。浮薄少年如殷者,难可与同日语矣。

十时许,雨中归。

4 月 17 日 (丙寅三月初六日　丙子)星期六

阴霾。上午 66°,下午 65°。

依时入馆工作。晚六时赴石岑宴,坐客有思平、觉敷、予同、振铎、调孚、仲云、圣陶等。尽怀而散,已十时许矣。取与昨日之会相较之,拘放既截然有分,苦乐乃判若天壤矣。

4 月 18 日 (丙寅三月初七日　丁丑)星期日

晴朗。上午 58°,下午 63°。

上午未出,在家看报。知国民一军已完全退出北京,入京接防者奉部乎,抑吴部乎,则未之知,恐武剧便在俄顷耳。前途只有混战,难来清明之望也。

饭后与圣陶父子同出,至卡尔登看电影 *Woman Who Give*,五时许乃返。接翼之及钰钦信,悉翼之已悔悟矣,至快!又接柏寒母夫人家传及事略,知五月五日将设奠矣。

4 月 19 日 (丙寅三月初八日　戊寅)星期一

晴朗。上午 64°,下午 66°。

依时入馆工作。为《文学》办事二小时。

日来对于馆中工作,十分卖力。以《参考书》虽已成八万馀

言,但一年来尚不能付排一册,似太说不去也。惟翻检需时,一时
难即于脱稿耳。

4 月 20 日 (丙寅三月初九日　己卯) 星期二

晴,下午有风。上午 75°,下午 69°。

依时入馆工作。散馆后至福州路校经山房购《九朝纪事本
末》,即前在甪直予捐入五高图书馆本也。舛错百出,讹夺甚多。
该店张大其辞,以广告欺人;予却既入问津,自不能敛手而退,即忍
痛出八元携以归。连夜查有无缺页,尚无查见也。

为《文学》办事一小时。

4 月 21 日 (丙寅三月初十日　庚辰　谷雨) 星期三

晴,有风。上午 67°,下午 64°。

依时入馆工作。

饭后芝九来拉,约下星期赴景贤演讲。予重违其意,已允之,
但苦无题目耳。

散馆后在家整理所收照片,分别包存。又书先人生卒忌辰表。

晚饭后振铎来借书——谢、曾二氏之《文学史》——少谈即去。
渠甚努力于写作,以予视之。愧乃不可说矣。近来更以身体失健之
故,益堕入懒散之境,若不痛改以求自厉,则真将有虚生之叹耳。

4 月 22 日 (丙寅三月十一日　辛巳) 星期四

阴雨,有风。上午 58°,下午 60°。

依时入馆工作。

夜为《文学》办事二小时。

报载段早离京赴津，北京实权又落张作霖系手中。连日在京排除异己，甚至搜索北大。闻之堪痛恨。来日大难不知京民将何以延生耳。吴佩孚素以刚愎见称，乃此次急于求功，竟甘心与作霖携手，实不可料也。

4 月 23 日 (丙寅三月十二日　壬午) 星期五

阴霾。上午 65°，下午 63°。

依时入馆工作。散馆后为《文学》办事一小时。

夜饭后打牌四圈，然后寝。

4 月 24 日 (丙寅三月十三日　癸未) 星期六

阴翳，且见小雨。上午 61°，下午 60°。

依时入馆工作。饭后在振铎所发《文学》二二二期。

散馆后，与圣陶并出，赴应昶喜宴于东亚酒楼。坐客多同人，而其乡人(粤人)至夥。席散，与振铎、圣陶同行归。以食太多，颇饱闷也。

4 月 25 日 (丙寅三月十四日　甲申) 星期日

晴朗。上午 66°，下午 68°。

今日为予与珏人结缡十五年纪念日。

晨起看报毕，圣陶全家过我，予夫妇乃挈潏、清两儿从之俱出，同游沪南半淞园。至则游人尚稀，卖茶者亦未集也。俄而湖心亭启，予等乃啜茗其中。旋皆散步四行，而予为坐守焉。十二时许出，饭于悦宾楼。圣陶坚持还账，予不能争，听之。二时许出楼，又出入先施、永安购物。比归，已四时矣。

夜为《文学》办事二小时,并写信致翼之。

4 月 26 日 (丙寅三月十五日　乙酉) 星期一

晴朗。有南风。上午 68°,下午 70°。

依时入馆工作。

散馆后为《文学》办事二小时。

4 月 27 日 (丙寅三月十六日　丙戌) 星期二

晨有风,晴,下午雨。上午 66°,下午 63°。

依时入馆工作。

散馆后,至振铎所,借书目数种归。

夜七时许,铎来谈,至八时半乃去,渠又新购明刻传奇二种,予与圣陶观之皆叹贵云。

为《文学》办事一小时。

4 月 28 日 (丙寅三月十七日　丁亥) 星期三

晴。上午 63°,下午 65°。

依时入馆工作。建初来馆看我,以渠方自杭州散会过此也。旋去,约明日复过我。

夜看书目多种,备作文材料。

4 月 29 日 (丙寅三月十八日　戊子) 星期四

晴。上午 64°,下午 66°。

依时入馆工作。

散馆后,为章过我,谈久乃去。晚饭后,建初偕其友二人见访,又谈至十时始去,本拟作文,因以废搁矣。及客去,勉强翻帑而已。

4月30日(丙寅三月十九日　己丑)**星期五**

晴。上午42°,下午68°。

上午入馆工作。下午在家作文,未到馆。直至中夜十二时,草二千馀言,尚未毕。因两颊升火,恐失眠而罢。明日上午当足成之。或带入馆中觅暇补作也。

5月1日(丙寅三月二十日　庚寅)**星期六**

晴。上午66°,下午72°。

依时入馆工作。

足成昨所为文,凡三千言,命曰《历史的中国文学批评论著》。

饭后在振铎所发《文学》二二三期。溯自予经手发行以来,截至本期止,盖已五十二期,垂一岁矣。次期为第二年之第一期,用出特刊,增篇幅以张之。予所为文,即载此焉。

晚饭后打牌四圈,然后寝。

5月2日(丙寅三月二十一日　辛卯)**星期日**

晴热,夜半后雨。上午66°,下午68°。

晨九时许,乃乾过我,圣陶亦来。谈至十一时许,与乃乾同访任中敏,旋赴振铎所。遂三人同出,饭于新有天。饭后复留铎所,以此日铎正在家开茶话会,邀同参观东方图书馆开幕礼也。坐至三时许,来客极多。熟稔者亦复不少。近四时,乃往图书馆一涉足焉,半小时而出,仍憩铎所。

五时,予与振铎、乃乾、愈之同出,试点心于新开张之快活林。价贵而物不良,颇呼负负也。未几,铎、愈别赴悦宾楼宴,予与乾则闲步福州路书林中。遇张若谷及徐蔚南于途中,乃邀登高长兴一谈,惟不饮而久坐,在酒家视之殊不宜耳。

5月3日(丙寅三月二十二日　壬辰)星期一

晴闷。午正大点雨,立止。上午 74°,下午 75°。

依时入馆工作。

散馆后为《文学》办事三小时,苦矣。予为此已久而摆落无由,至感牵掣,本审何时乃克自免也。盖予性弱而畏事,非事之过剧,实愚材无以胜此耳。

5月4日(丙寅三月二十三日　癸巳)星期二

晴。上午 73°,下午 75°。

依时入馆工作。夜为《文学》办事,并看予同所作《纬书与经今古文学》。是篇于纬书的起原、与今古文的关系等均有论及。

日来颇思自奋,乃持卷不久,疲倦即时袭来,终于掩覆。如此,吾其遂无孟晋之会乎! 策励乏术,坐以俟尽,至足惧也。

5月5日(丙寅三月二十四日　甲午)星期三

晴闷,有雷阵雨,即止。上午 70°,下午 78°。

依时入馆工作。

饭后入浴,仍不爽,颇有黄梅湿令之概矣。

夜振铎、六逸来谈,八时去。

5 月 6 日 (丙寅三月二十五日　乙未　立夏) 星期四

晴。午前微阴。上午 69°，下午 70°。

依时入馆工作。

夜为《文学》办事二小时。为此牵累，颇不适，然竟莫如之何，苦乃益甚矣。

今日立夏，献岁以来不觉忽过一季矣。悦之来饭。

5 月 7 日 (丙寅三月二十六日　丙申) 星期五

晴。上午 70°，下午 73°。

依时入馆工作。饭后赴景贤授课。

散馆后在俱乐部开同人会，通过章程十三条，宣告成立。明日将选举执行委员及评议员。第一案将为改定分红标准云。及散会，已七时许矣。

夜十时，振铎与圣陶见过。谈同人会选举事，良久乃去。

5 月 8 日 (丙寅三月二十七日　丁酉) 星期六

晴。上午 69°，下午 76°。

依时入馆工作。饭后投票选陶希圣、郑振铎、丁晓先、胡愈之、周予同、周建人、叶圣陶、余祥森、樊仲云、杨贤江、刘虎如十一人为同人会执行委员。但予选如此，未审结果如何也。散馆时，予极倦，即归，未参加开票听决选也。

5 月 9 日 (丙寅三月二十八日　戊戌) 星期日

阴，午前后雨，晚晴。上午 69°，下午 72°。

晨兴看报讫,即至圣陶所,同过振铎。知昨日执行委员为何公敢、郑振铎、陶希圣、胡愈之、庄叔迁、周由廑、陈祖堂、周承莆、唐擘黄、吴致觉、方巽光等所当选。旋仲云至,即相将赴悦宾楼定坐,盖今日为《文学》独立一周纪念,社员有聚餐之举也。到二十馀人,并遇乃乾。

饭后散出,购物后,复与云、陶过奥迪安看电影《荒山游侠》。七时许乃归。

5 月 10 日（丙寅三月二十九日　己亥）星期一

阴雨,午后放晴。上午 72°,下午 75°。

午前未出。看报后闻空中声轧轧然,乃出立凉台望之,见两飞机衔接绕行,状如楼船。虽在濛雨中,殊翱翔可观也。是盖日本军用海陆双行机由青岛首途来此者。本定昨日来。以风大而止,遂于今晨至耳。我方以"五九"自策愤,而彼竟以其日大示威,可慨孰甚!

饭后与珏人挈汉、潄两儿游新新屋顶游艺场。坐大剧场中观《汾河湾》一出,即行。至北万馨进点而后返。及抵家,已五时半矣。入晚又为《文学》办事一小时。

5 月 11 日（丙寅三月三十日　庚子）星期二

晴。夜濯乃雨。上午 75°,下午 77°。

上午入馆工作。下午到振铎所发《文学》二二四期。三时半才毕,因即归休,未入馆。

今日同人会各部选举评议员,予当选。史地部员额只一人,予即膺此。散馆后之集会,予以早归故,未出席。

夜饭后打牌四圈,为《文学》办事一小时。

5月12日(丙寅四月初一日　辛丑)星期三

阴雨。上午72°,下午71°。

依时入馆工作。夜为《文学》办事一小时。

今夜开始从事于《五代史》,标点《桑维翰》、《景延广列传》。为立达捐款所驱迫,不得不急切从事矣。驽骀必着鞭而后行,其我之谓乎!深愿此后弗间工作,于一月内毕功也。

5月13日(丙寅四月初二日　壬寅)星期四

晴。上午70°,下午74°。

依时入馆工作。

散馆后芝九来,知晓先之次女士春患病死,因与同出购棺。先赴平江公所,无小棺,即出。继至老垃圾桥看柩船,讲妥后乃返宝山路购棺,遂入宝华楼食面。事毕已九时许矣。予即归,未往丁家,以传染可虑也。

5月14日(丙寅四月初三日　癸卯)星期五

晴。上午68°,下午72°。

依时入馆工作。以未编好讲义故,对景贤请假。

散馆后出席评议会,会所在俱乐部楼下,讨论执行部交来花红分配标准之咨询案。意见既不一致,而发言者又各为自己利益着想,每不谅执行部之苦衷,议至七时,竟无结果。乃散会,俟明日再开议。同人会根本办不好,实在知识阶级都如此,即小推大,国事之蜩螗亦犹是耳。予自审无力,兼乏勇气,故每对政治运动拒不参加,虽消极可厌,然终不能强衡以为权也。

5 月 15 日（丙寅四月初四日　甲辰）星期六

晴。上午 71°,下午 72°。

依时入馆工作。晚七时开同人会评议会,仍在俱乐部楼下。结果尚佳,将不平的条件俱否决。直至十一时始散。初不料有如此成功,至快！但不知执行部如何本此进行耳。

是夜失眠。且疾动。

5 月 16 日（丙寅四月初五日　乙巳）星期日

晴,有风。70°。

是日朝夜俱为《文学》办事,各占一小时。

十一时,晴帆、铁笙来,因与共访振铎,不晤。乃径往言茂源午饭。饭后,三人同步于徐家汇路,直至六时许,乃由卢家湾乘电车归。比抵家,已七时矣。疲甚,左足底且起有紫血茧泡矣。但竟日游乐,得此小小苦痛,亦甚有味耳。

5 月 17 日（丙寅四月初六日　丙午）星期一

晴。上午 67°,下午 75°。

依时入馆工作。郑飞卿访我,出书单二纸银币百卅元嘱代为买书。散馆后便与圣陶同出,至发行所为之代配。但一时太促,嘱柜友明日配齐后一面送书往湖州旅沪公学钱肩吾,一面将账单交予。故先存放九十元而后返。

夜为《文学》办事,且写信与晴帆。

5 月 18 日（丙寅四月初七日　丁未）星期二

晴，夜半大雨。上午 75°，下午 80°。

依时入馆工作。散馆后赴发行所催询昨书，当悉书已送出。即将馀款取回，作书送归郑飞卿，拟明日饬人送旅沪公学钱肩吾转去。

夜为《文学》办《鉴赏》转账，连续至二小时以上。

雁冰访我，嘱约集数人为制图表。当允先送条例来再酌办。

自昨日起，印刷所同人以争分红不满意，下午俱怠工。

5 月 19 日（丙寅四月初八日　戊申）星期三

阴雨，气甚燠闷。上午 75°，下午 73°。

依时入馆工作。归饭时及散馆后俱为《文学》办事，足三小时。吾为此累，亦云甚矣。事牵社众，未便恝置，真有进退维谷之叹耳。奈何！

夜八时起，编景贤用文化史讲义，至十一时，未毕，只得即寝，俟之明日。此校之课，亦尝屡辞，不获如志。我其终为他人事事而己有所欲为反抑而不申乎！

印刷所工人今日已不怠工，盖已争到花红额数为十一万矣。编译所之成数正在交涉中，不知如何结果也？我以为速分为佳，徒见争执，殊无谓也。

5 月 20 日（丙寅四月初九日　己酉）星期四

晴。傍晚雷雨。上午 75°，下午 78°。

依时入馆工作。岫庐转来南通师范何祖泽函一件，对于《现代初中本国地理》毛举细故,与从前闽南吴有容之态度如出一辙。予当简要复之。俾明予之为此实非向壁,如有续辩亦听之已矣。

夜为景贤编讲义尽二十纸。十一时半始就寝。

立达来催捐款,允于分红后先付三十元。

5 月 21 日(丙寅四月初十日　庚戌)星期五

晴。上午 77°,下午 80°。

依时入馆工作。饭后赴景贤授课。

夜为景贤续编讲义,十一时始寝。但尚未毕,仍须赓为之也。

今日支薪,捐款遂来索取,认捐如负债,信矣。

为《文学》办事二小时,在散馆后晚餐前。

5 月 22 日(丙寅四月十一日　辛亥　小满)星期六

晴,燠。上午 80°,下午 82°。

依时入馆工作。复何篑庵书,于当时编辑取材言之甚悉,纵有舛谬,明非向壁。不知此书去后,彼将又持何端来相激绕耳。

夜饭后,振铎、圣陶来,因同出,饮冰于微微公司楼上。饮后散步于北四川路一带,至十时乃归休。

5 月 23 日(丙寅四月十二日　壬子)星期日

晴热。上午 75°,下午 82°。

晨起阅报后续编景贤用讲义,将于最近期内编完暑假前所用者。午后二时许,与圣陶父子出,饮冰于微微,而予又过丽昌属晒照片。旋至本馆发行所一转,便登车径归。

归后浴身剪趾爪,适振铎来谈,遂草草毕事。

5 月 24 日（丙寅四月十三日　癸丑）**星期一**

晴。上午 78°，下午 83°。

依时入馆工作。午后赴振铎所发报。

夜为景贤编讲义，至十一时半，乃将《中国历代分划行政区域的沿革》一章草成。心头为之一松。暑假前或可对付过去矣。

5 月 25 日（丙寅四月十四日　甲寅）**星期二**

晴。有南风。80°。

依时入馆工作。又将《参考书》稿第四部送藕舫，因请先将以前三部分开单发排。共送出稿三本，合四百九十一页。

散馆后往丽昌取照，居然较前此所摄者大进，至快！径归，则子玉之母夫人在，因谈子玉在鲁近状。盖事已半年，尚未确得一差也。

为《文学》办事一小时。

5 月 26 日（丙寅四月十五日　乙卯）**星期三**

晴。上午 80°，下午 83°。

依时入馆工作。下午三时开同人会评议会，讨论公司中分红的办法。在事实上只得迁就承认，与评议会的原案相差正远也。现在一切都如此，理想不只是事实，几触处可以按得上矣。

晚饭后理发。归家后又为《文学》办事二小时。

5 月 27 日（丙寅四月十六日　丙辰）**星期四**

上午晴，下午阵雨。上午 79°，下午 85°。

依时入馆工作。散馆后冒雨出,与振铎同赴江湾立达学园商设置中国文学专修科事。即在子恺家晚餐。餐后,仍回园开会。大抵已决定设立,将置文艺院。院设文学、艺术二部,文学部则先开中国文学系云。当已推定方光焘、郑振铎、刘叔琴为筹备专员。十时许散会,乘车归来,已十一时半矣。

5 月 28 日(丙寅四月十七日　丁巳)星期五

阴霾,气陡凉。75°。

依时入馆工作。饭后往景贤授课。散馆后为《文学》办事二小时。晚饭后写私信四封,至十一时始毕。我近来愈形忙迫,殊非适生之道,将安所摆脱邪! 饮食如厕俱受制限,每日日记,竟敷衍率略,无暇顾之矣。

5 月 29 日(丙寅四月十八日　戊午)星期六

晴。上午 71°,下午 75°。

早写颉刚信一通。饭后赴振铎所发报,未果。

依时入馆工作。散馆后挈濬、清二儿饮冰微微公司楼上。

夜为《文学》办事,适铁笙见访,因上天下地了一阵,至十时许始去。

今日花红信已送到,较去年多得二成许。所设标准,全不相干,依然由所中主持分配耳。理想与事实之不照应如此,去改革之日正远也。

下午二时,“五卅”烈士公墓行奠基礼,圣陶参加之,归云,极悲壮热烈之致。呜呼! 惨案发生,倏已一载,生者之责,其尽已否乎! 吾心滋痛,吾泪乃不自觉地下滴矣。

5 月 30 日（丙寅四月十九日　己未）星期日

晴朗。上午 75°，下午 78°。

饭前振铎来谈，旋去。

饭后，与圣陶同往杨树浦看荷兰飞机。前后凡四度升降，迄未见其所谓献技也。以将五时，乃归。顺道至南京路一看，则十字路口俱有西捕、印捕不少，一若严备大难然。行至河南路海宁路口，遇振铎，据云二时时，曾在南京路发生冲突，亦尝开枪，惟未肇大祸，当时且断绝交通，至三时始复云。可见外人绝无悔祸之心，而本国军阀又早成外人指挥下之驯奴（华界军警之压迫群众较外人尤严），欲睹天日，其何可望！不自奋振，彼不自毙，则又大有待于国人各个皆努力矣！

夜为《文学》办事二小时。

5 月 31 日（丙寅四月二十日　庚申）星期一

晴。上午 76°，下午 78°。

晨入馆，印刷所工友俱停作，要求公司补放五卅，俾开会追悼。相持至十时，总务处贴出通告，即行补假志哀。予乃归置书包，即往铎所发报。

饭后出购物，见公共租界之戒备情形较昨大松，只南京路仍见张皇之态耳。外人之胆量亦可谓极波谲云诡之奇致矣。岂五卅可肇事，可防遏，过此即不能肇事且不能防遏乎！多见其心劳而日拙也。

夜点阅《五代史·苏逢吉传》、《史弘肇传》、《王章传》。

6 月 1 日 (丙寅四月二十一日　辛酉) 星期二

晴。76°。

依时入馆工作。

散馆后,在铎所与立达同人商文学专门部课程,见推担任"中国文学史大纲"二小时,重违其意,已允之矣。从此又多一事,真尘网中不能摆脱之境乎!

夜与振铎、圣陶、愈之公宴立达同人于新有天,十时半乃散归。为《文学》办事一小时。

上海戒严司令部今日撤销,即日解严,或者民众头上之压迫稍可减轻也。但军法处及侦探机关仍存在,军阀杀人,依然可以藉此蛮干耳。

6 月 2 日 (丙寅四月二十二日　壬戌) 星期三

晴昙兼施。上午 75°,下午 78°。

依时入馆工作。

接梦九信,谓前购书价多算折头,须重核。予甚觉麻烦,但不得不为之一询原经手之柜友也。明日拟亲往一办,且须为续添诸书也。人事日繁,悾偬益亟,回思在甪乡执教时,此境正复不易得矣。

6 月 3 日 (丙寅四月二十三日　癸亥) 星期四

晴,午后阴,夜半雨。上午 72°,下午 75°。

依时入馆工作。散馆后与圣陶同往本馆发行所,为梦九添书,且自购《科学》地学号及王亦鹤编之《中国历朝统系图》。旋在五芳斋吃馄饨,六时许乃归。

夜看《科学》,于翁文灏之《谈中国地质》十分佩之。深入显出,至易领会也。张其昀之《风俗论》则尚未完编,见及之部分亦自可观耳。

6月4日(丙寅四月二十四日　甲子)星期五

阴雨,气骤寒。上午71°,下午68°。

依时入馆工作。饭后一时赴景贤授课。

散馆归,颇思为立达草课程说明而意乱不属,乃于晚餐之后只索打牌。四圈毕,已十时,即睡。拟明晨起来为之矣。尚有《文学》信封七十个待书,亦只能俟之诘旦耳。

今日支得前三年之特别储蓄大部分一百元,因即与花红馀款一百元并存于本馆,作同人活期储蓄。今年应得之特储五十九元四角则仍并入特储薄中。

6月5日(丙寅四月二十五日　乙丑)星期六

晴。上午70°,下午73°。

依时入馆工作。为立达草课程说明成。

晨为《文学》书封套备发报。乃饭后报犹未至,遂中止。

散馆后与圣陶同出,至发行所代梦九还账。旋往悦宾楼,赴立达文艺院中国文学系筹备委员第二次会。十时始罢归。予又被拉多担一时"中国人文地理"。

梦九处已复出,各据已退还。所未清结者徽章耳。一俟章到寄出,可以暂束矣。予本不耐烦,而外间偏有所托委,殊感苦而没如之何,真乏味也。

6 月 6 日（丙寅四月二十六日　丙寅　芒种）**星期日**

晴。上午 75°，下午 78°。

晨起为《文学》办事，兼待雁冰来谈。至十一时，雁未至，而晴帆乃来看我，予即以应洽各件托圣陶转与雁谈，便偕晴帆出。先过铁笙，渠方小病初愈，不愿俱出，乃与晴帆赴笙居午餐。餐已，散步于爱多亚路、福煦路、慕尔鸣路、静安寺路，直达静安寺。予已疲甚，遂乘一路电车归。晴于浙江路下车去，予则在北四川路靶子路下车步行返家。

夜饭后，铁笙来谈，至十时许去

6 月 7 日（丙寅四月二十七日　丁卯）**星期一**

晴。上午 72°，下午 79°。

依时入馆工作。

饭后在振铎所发二二八期报。散馆后又为报办事二小时。

日来左胸之上部作隐痛，若有物抑压者然。颇恐旧恙加深也。予自觉此疾以后，即屏绝酒及卷烟，迄今已四匝月，而药丸则未尝一日间，奈何复有此痛！意者近日工作较迫，肩负较重所致乎！

6 月 8 日（丙寅四月二十八日　戊辰）**星期二**

晴。80°。

依时入馆工作。

散馆后在铎所议《文学》扩充篇幅事，愈之、仲云、调孚、圣陶皆与。拟自三〇一起，扩为十六面，钉成一册。所虑者，撰稿人少，将有不继之虞耳。

夜预备材料,明日将用之所编《参考书》中,盖此书上册将于日内脱稿也。

6月9日（丙寅四月二十九日　己巳）星期三

晴闷,晚雨。上午78°,下午81°。

依时入馆工作。

内弟选万来,下榻我寓,盖来游也。

6月10日（丙寅五月初一日　庚午）星期四

阴雨。上午77°,下午75°。

依时入馆工作。

散馆后打牌四圈。晚饭后又打八圈,至十二时始睡。

6月11日（丙寅五月初二日　辛未）星期五

晴阴兼行,傍晚细雨。上午75°,下午77°。

依时入馆工作。饭后在景贤授课。未能往铎所发二二九期报。

散馆后觉无聊,因出闲行。至七时始归。

《本国史参考书》上册之第五部稿已编竟,上册之稿已全。都八百三十八页,凡二十五万馀言,计自去年九月十九日起编,扣至今日止,已将八月,似不甚速,但匀日计算,乃日超千言以上矣。为馆务如此,可谓尽力焉耳。扪心自问,实无所疚,故甚自安也。

6月12日（丙寅五月初三日　壬申）星期六

阴雨。73°。

依时入馆工作。

饭后，丏尊、光焘、薰宇来馆，就地召集立达同人商决文学专科事。业已决定名称为"立达学园文艺院中国文学系"，课程加入中国文化史。其他诸事，亦已分配就绪。筹备委员会即解散。

散馆后与圣陶同出，聚餐于悦宾楼，盖予同今日知其生女，公贺之，同时必勒之请客也。到者有伏园、雪村、光焘、薰宇、丏尊、振铎、仲云、石岑，连予等及主人共计十一人。大雨中，客至不少衰。纵谈达四小时，乃各冒雨归，至乐也。

《太平御览》之末数二元，已于今日亲手交还杨寿祺，与来青阁结清矣。

6 月 13 日（丙寅五月初四日　癸未）星期日

阴霾。上午 70°，下午 72°。

晨十时往中国书店，还清书账六元。所存《盛明杂剧》四部，仍寄予处。账目则绝然了矣。今日乃不欠人半文，甚惬心也。十一时归，又往振铎所看其新得之《金瓶梅》，梓图有大胆的描写者，足窥明人生活之艺术意味矣。阅毕，即归饭。

饭后，振铎来，乃邀圣陶同出，往霞飞路东华大戏院看《空谷兰》。五时散出，进点于五芳斋。然后由老闸桥果行中购枇杷一筐以归。抵家即晚餐，餐后濯足洗腰股。诸事毕，乃寝。

6 月 14 日（丙寅五月初五日　甲戌）星期一

晴。上午 71°，下午 75°。

上午入馆工作。下午节假。

午刻在陶乐春宴饮，盖江春请予同、石岑、圣陶及予也。饭后，又谈至二时半,乃同往卡尔登看《上海三女子》影片。坏极,颇不耐。任矜蓻辈之妄作,实堪痛恨,电影前途,将断送于若曹之手也,未及毕演,即出。乘车归,而悦之至。乃与之晚餐焉。

与石岑谈亲戚问题,彼此颇具同感。真所谓近之则不逊,远之则怨也。非惟经济上受剥削,而精神不快尤所深恚耳。

6 月 15 日(丙寅五月初六日　乙亥)星期二

晴。上午 72°,下午 74°。

依时入馆工作。散馆后,铁笙来谈,直至晚间九时许始去。

铁笙年届知非,童心依然,虽言词不择,而多微中,快人也。予友之二十年,中经疏阔者十馀载,近来沪上,乃常相值。彼所如辄遭白眼,而以予为知己,故时复见过也。

为《文学》办事二小时。

《本国史参考书》叙例已作好,目录已编竟,止待排样送来校阅耳。

6 月 16 日(丙寅五月初七日　丙子)星期三

晴。上午 74°,下午 79°。

依时入馆工作。

晚七时赴景贤学生茶话会,十一时始归。此会名为由学生召集,实则江春主动。席间说话,一言蔽之,江春与晓先斗法耳。平心而论,晓先慨允担任以后,于校事实鲜尽力;江春则意欲收回自办,又不便出诸己口,故有此侧面文章也。此是真相,予实不作左右袒焉。

6 月 17 日 (丙寅五月初八日　丁丑) 星期四

阴霾,傍晚微雨。上午 74°,下午 76°。

依时入馆工作。

夜为《文学》二三〇期办发报预备手续,并书批发信签。

6 月 18 日 (丙寅五月初九日　戊寅) 星期五

阴雨。74°。

依时入馆工作。散馆后与圣陶、晓先同往奥迪安看电影并及俄国跳舞。影片甚好,而跳舞至佳,大满意。以故三小时注视不感倦。回忆日前所看之《上海三女子》,不禁更起痒痒之直觉矣。是日片影为女明星史皇孙主演之《女贼韩明璧》。

饭后在景贤授课。

夜为珏人述电影场所见,怂恿伊明日往观之,俾领略艺术之美。我以为人生真意义,实不能缺艺术,如将现实的生活使成艺术化,则享受始不虚耳。

6 月 19 日 (丙寅五月初十日　己卯) 星期六

晴。上午 74°,下午 78°。

依时入馆工作。饭后在振铎所发二三〇期《文学》。

散馆后与圣陶同出,在本馆发行所及中华书局购物。予在中华购得代售武昌亚新地学社之《中国历代疆域战争合图》一大册。此图屡欲购致而无由,托本馆配货处代买,始指令往购,因得之。我不禁为好书叫屈。

夜打牌四圈。

是日,珏人与墨林往看跳舞,归道所见,亦极满意。

6月20日(丙寅五月十一日　庚辰)星期日

晴。上午76°,下午79°。

晨起阅报毕,往中华职业学校访晴帆。因与偕出,饭于福禄馆。饭后,同访东屏于天祥里。谈久之,复同出,三人信步所之,竟到本馆发行所。中经西门、城隍庙、豫园诸地,俱未停留。旋饮冰于南京路惠通。傍晚,乃各归。

是日又多走路,甚疲,但晚间得好睡,亦至适也。

6月21日(丙寅五月十二日　辛巳)星期一

阴,晚间雨。上午75°,下午77°。

依时入馆工作。为《文学》办事一小时。

颉刚寄赠所编《古史辨》第一册,因于夜间读其《自序》。此序用五号字排印一百另三面,足以窥见其长了。序中备言其学问的经历,实一篇精神饱满的自传也。

6月22日(丙寅五月十三日　壬午　夏至)星期二

阴雨,闷湿。上午74°,下午75°。

依时入馆工作。

散馆后赴振铎所理旧报,备付装合订本第二册。大约可装成八百本。能将第一册再理出若干,则更佳。此事已托调孚办之矣。傍晚乃归。

铜山县师范徽章已取到,即包摞寄梦九矣。

夜为《文学》办琐事,并作书致梦九。

6 月 23 日 (丙寅五月十四日　癸未) 星期三

阴雨,午后止,晚晴。上午 73°,下午 75°。

依时入馆工作。散馆后,仲弟家之乳妈来,知仲弟今夜即乘阜生轮船赴天津矣。盖此间不甚得手而彼方有人来坚聘耳。予与珏人于晚饭后特往话别。嘱渠到津后即写信来。九时归。

6 月 24 日 (丙寅五月十五日　甲申) 星期四

阴霾,午后晴。上午 72°,下午 75°。

依时入馆工作。

散馆后与圣陶、晓先、仲云、振铎同赴济难会之招,参加"榴花小集"于一品香。赴会者多熟友,如予同、愈之、石岑、丐尊、仲持、望道、贤江等,特宾则商报馆之陈布雷、潘公展也。十时许乃罢归。

6 月 25 日 (丙寅五月十六日　乙酉) 星期五

晴,下午雷雨,彻夜不止。上午 77°,下午 84°。

依时入馆工作。饭后赴铎所发二三一期《文学》。未及往景贤授课。散馆时适大雨,遂不能行,良久乃得间归。

夜为《国学周刊》校印稿二十页。是刊已改由章雪村在沪印行,特托予与予同担任校勘,故今日第一次送校样来。

6 月 26 日 (丙寅五月十七日　丙戌) 星期六

晴,闷热。上午 82°,下午 84°。

依时入馆工作。

散馆后赴同人同乐会,六时许聚餐,八时许开游艺会。人多秩序乱，予终未得坐。九时许，即挈漱儿、携清儿先归。珏人则与潡儿直待至十二时半始返。予觉劳倦而不感浓趣，其亦身体有以影响及之乎！

6月27日 (丙寅五月十八日　丁亥) 星期日

阴雨。上午76°，下午74°。

起身已八时，看报讫，圣陶来谈。

午后打牌八圈。

夜为文学周报社驳复邮务管理局吊销立券执据书，痛陈局员之荒谬。不识发出后有何影响也。

6月28日 (丙寅五月十九日　戊子) 星期一

阴霾。上午73°，下午75°。

依时入馆工作。

夜复子玉一长信，引渠再写，以渠日前来一长信告近状，缔交二十年来第一次读其亲笔长函也。

6月29日 (丙寅五月二十日　己丑) 星期二

阴雨。上午72°，下午74°。

依时入馆工作。

散馆后与愈之、振铎、予同、圣陶共宴佩弦于陶乐春。盖佩弦南归过此，今日曾来访予等也。饮后，又至卓别麟、北冰洋二家饮冰。遇乃乾，因拉之同往。十时许乃返。

予近日又感不快，而珏人又不健适，更难堪。夜间竟不好安睡，盖又引起失眠旧症乎！

6 月 30 日（丙寅五月二十一日　庚寅）星期三

晴。上午 73°,下午 80°。

依时入馆工作。

晚饭后,邮务局派朱君来面复,谓近来局中于立券之户每月平均不满十元者俱于七月一日起撤销立券之利益,非独对《文学》而发云云。我当场口争无效,大抵只能受局中支配矣。

局员甫去,铁笙乃来,因与俱出闲步,遵浦江由爱多亚路乘公共汽车以归。及抵家,已十时许矣,近来颇不安睡,走后返寝乃大贴伏也。

7 月 1 日（丙寅五月二十二日　辛卯）星期四

阴雨。上午 75°,下午 77°。

依时入馆工作。

散馆后与圣陶往访佩弦于二洋泾桥平安旅社。至则任中敏与刘大白俱在,乃相偕出,饮于南京路王宝和。谈至九时,乃各归。忽焉一日又匆遽中过去矣。

7 月 2 日（丙寅五月二十三日　壬辰）星期五

大雨如注。七十四度。

依时入馆工作。

饭后赴景贤授课。本年上学期之课已毕,下星期即需举行考试矣。一年以来,毫无进益,而暑假后又摆脱无由,至疚也。但只得勉承之矣。

夜打牌四圈。

7 月 3 日 (丙寅五月二十四日　癸巳) 星期六

上午阴,间微雨,下午晴。七十四度。

依时入馆工作。

饭后往振铎所发二三二期《文学》,本期起,又须粘邮纳贵价矣。发报毕,已二时,遂未入馆,与圣陶、佩弦同赴上海大戏院看电影《美健真诠》。是片阐扬体育,无所不用其极,如田径赛、游泳、跳舞、击刺、驰马、划船、相扑以及诸类球戏毕聚。惟无贯穿之情节,无代表之主人翁,斯为独出心裁耳。

五时毕,即归。

7 月 4 日 (丙寅五月二十五日　甲午) 星期日

晴,夜雨。上午 77°,下午 79°。

晨与振铎、伏园、愈之、佩弦及其妹往游沙发花园。园在霞飞路、善钟路之角,地广而布置甚奇,颇可游赏。惜雨后草地湿甚,不觉雨履粘透耳。十一时许,出,分途各归。

午后,独往上海大戏院看《风流女伶》,遇调孚及伏园等。表情热烈,至饫予怀,予生平独入戏院,此为第一遭,可见其引人之深矣。是片系德国产,较之美产,实远胜之,由此推断,将来其得取彼而代之欤?

7 月 5 日 (丙寅五月二十六日　乙未) 星期一

阴雨。82°。

依时入馆工作。

为珏人截发,剪裁颇费时间和气力,但至快也。剪后为摄一影,即持往丽昌托晒,明日即可取看,惟不审何如耳。

修妹来,因顺便为摄一景。夜饭后,去。

7 月 6 日 (丙寅五月二十七日　丙申) 星期二

闷热,夜微雨。上午 81°,下午 87°。

依时入馆工作。

夜闷热,汗出如沉,就浴后,未作一事。惟《文学》函件,积搁不得,乃于浴前赶办之。

所摄影已取得,尚好。

7 月 7 日 (丙寅五月二十八日　丁酉) 星期三

阴霾,时见细雨。上午 78°,下午 81°。

依时入馆工作。

夜为立达文艺院中国文学系拟史地试题十条,作函寄周为群。并为《文学》写信收账。但账条尚未印好,止先书信封而已。

7 月 8 日 (丙寅五月二十九日　戊戌　小暑) 星期四

阴霾。上午 78°,下午 80°。

依时入馆工作。

散馆后与晓先、圣陶同出,散步于浦滨。入暮始归。

夜为《文学》写填账单,但甚多,未毕事。

7 月 9 日 (丙寅五月三十日　己亥) 星期五

阴霾。上午 76°,下午 78°。

依时入馆工作。午后赴景贤考试。

晨起为《文学》续写账单。夜为《文学》办发报手续，并看景贤试卷。

怀之、翼之之姊今日来，因新丧子，愤而来游，即宿予家。

7 月 10 日（丙寅六月初一日　庚子）**星期六**

晴热，傍晚大雷雨。上午 77°，下午 86°。

今日陪澹儿赴江湾立达学园应入学试验，在彼逗留一日。九时往，四时三十分始返，幸与匡互生、赵厚斋谈，稍解岑寂，否则真若拘留矣。

五时许，与圣陶同访乃乾于南公益里大东编辑所，盖预约者。至则已不及待而去矣，乃废然归。行至北山西路北口，大雨骤至，雷电交加，不及走避，立墙角下尽听之。久久，始得雇车载归，已遍体淋湿，几如河中捞起者。甫坐定而雷电愈烈，西方反大明，历三十分时始歇。此即史所称夜明者非耶？

7 月 11 日（丙寅六月初二日　辛丑）**星期日**

晴。上午 82°，下午 86°。

晨九时，与伏园、振铎、圣陶游新世界，阒无游人，颇清静自得也。啜茗至十一时许，乃各归。

下午未出，科头跣足，闲翻旧帙。惟珏人、挈儿陪翼之之姊往游新世界则未免受热耳。

夜饭后，铁笙来谈，十时去。

7 月 12 日（丙寅六月初三日　壬寅）**星期一**

闷热，晴光不烈。上午 83°，下午 86°。

依时入馆工作。得颉刚书，知南行已决，八月初将出此。

傍晚,绍虞来圣陶所,因往会之。承赠我以南阳岳忠武书《前后出师表》石刻拓片,约明日三时来商务晤诸友。

翼之之姊今日晚车去。

7 月 13 日 (丙寅六月初四日　癸卯) 星期二

晴。下午阵雨,即止。上午 83°,下午 90°。

依时入馆工作。

颖年来馆访予,十年不见,一旦晤面,何快如之! 渠现住西门林荫路十九号。甫去,阵即至,因之绍虞所约竟未践。散馆后,与振铎、伏园、圣陶同往新旅社访绍虞,至则无有,殆彼已急行返苏乎? 怅疑久之,然后去。因共膳于晋隆,膳后,邀伏园之弟春台及伏园之子惠迪、陈学昭女士同观法国国庆提灯会。继又至公园旁遥望焰火及花炮。怅望不得入,坐吕班路道周久之。十二时始归,电车已歇,坐人力车以行。

7 月 14 日 (丙寅六月初五日　甲辰) 星期三

晴,晚间有风。上午 83°,下午 90°。

依时入馆工作。晨间绍虞来,知昨日搬住大陆旅馆矣。

散馆后,与振铎、圣陶、愈之、予同同往大陆访绍虞,至则乃乾亦在,因共出,饮冰于北冰洋。旋赴晋隆聚餐,谈至九时乃罢,以北天掣电,恐又值雨,即归。

绍虞将于明日回苏。

7 月 15 日 (丙寅六月初六日　乙巳) 星期四

晴热。上午 85°,下午 87°。

依时入馆工作。

夜为《文学》办发二三四期手续。铁笙来谈,十时始去。予且写且谈,觉不甚爽,但挨至十时,则话与事一时俱毕,亦快事也。

夜半,潘儿发痧,扰攘久之,旋即平复。

7月16日(丙寅六月初七日　丙午)星期五

晴热。上午83°,下午90°。

依时入馆工作。

在馆中写信复晴帆南京及子玉潍县。连日挥汗不休,殊难伏案作事。

精神亦复阑珊,更不愿构思濡毫,有所论述。但事不我许,为友朋敦促计,为自己经济状况计,俱不能不写些出来换取若干酬资及塞友朋之责也。然而苦矣。所望少凉,乃可着手耳。

7月17日(丙寅六月初八日　丁未)星期六

晴,闷热。上午86°,下午88°。

晨写长信寄颉刚。午后在馆中写信复剑秋。

依时入馆工作。午后三时,勋初来看我,谈至四时,去。

散馆后,与振铎、圣陶同赴福州路西口大西洋菜社参加天马会欢迎江小鹣大会。八时入席,十时半乃散。匆匆径归。

7月18日(丙寅六月初九日　戊申)星期日

晴,热甚。夜微雨。上午84°,下午92°。

今日提前为先母作周忌祭。修妹挈昭甥来与。午后即撤除几莚,奉神主安放家堂中。以在沪生活至不定,迁徙无常,难必三年不动也。

饭后，大扫除，重新布置食堂。炎热工作，疲劳特甚，晚色甫上，即入浴，浴罢少坐，便就卧矣。

7 月 19 日（丙寅六月初十日　己酉）星期一

晴。84°。

依时入馆工作。

饭后与散馆后俱在铎所发《文学》二三四期。

夜铁笙又来，谈至十时许始去。

7 月 20 日（丙寅六月十一日　庚戌）星期二

晴热。上午 86°，下午 92°。

依时入馆工作。

夜饭后在铎所与振铎、圣陶、愈之、雪村商《文学周报》与开明书店订立印行丛书合同事。当场议定十四条。谈至九时半，归。

7 月 21 日（丙寅六月十二日　辛亥）星期三

晴，闷热，晚有风。上午 88°，下午 91°。

依时入馆工作。

晚热不能作事，坐风口摇扇犹觉不支，近来身体之不好益甚矣。但身外世务，依然不能避免，至苦也。有许多待理之务无形搁置，欲理则无力，听之则不忍，实已臻进退维谷之势矣。

7 月 22 日（丙寅六月十三日　壬子）星期四

晴热有风。上午 87°，下午 92°。

依时入馆工作。

晚间悦之来,带交翼之函,知渠一时不来此也。振铎赴莫干山避暑,大约有一月之勾留。渠真有福,想到如何便如何,予非敢望也。

7 月 23 日(丙寅六月十四日　癸丑　大暑)**星期五**

晴热。上午 87°,下午 92°。

依时入馆工作。

连日大热,有如中暑,一切不能为,至苦。

7 月 24 日(丙寅六月十五日　甲寅)**星期六**

晴热。上午 89°,下午 92°。

依时入馆工作。今日史地部搬上三楼,与哲学教育部对调。以哲学部长唐擘黄将离馆北上为清华教授,该部由朱经农兼任,故出此调迁也。溽暑劳役,殊苦听差矣。

允言来访,午饭后去,约明晨八时至九时在同芳相晤。

散馆后与圣陶同往本馆发行所购物,并往卡尔登看电影《最后之笑》。七时许返。

7 月 25 日(丙寅六月十六日　乙卯)**星期日**

晴,热甚。上午 84°,下午 94°。

晨间乃乾与其友桂春来,因与同赴同芳允言之约。待至十一时,允言始至。乃与偕返,乃乾则辞去。具酒邀圣陶来共飨之。饭后与允言长谈,直至六时半乃别去。

夜苦热,伏榻作牛喘已。

7 月 26 日(丙寅六月十七日　丙辰)星期一

苦热。上午88°,下午94°。

依时入馆工作。

散馆后为允言事特往中国书店访乃乾,以书四部求售。渠允出一百五十元购之,约明日午后先送款来。少谈即归,已不胜其苦矣。

夜九时,铁笙来,又谈至十时许乃去,盛暑见客,虽非甚苦,亦虐政已。

7 月 27 日(丙寅六月十八日　丁巳)星期二

苦热。92°。

依时入馆工作。

散馆后,允言来,将款去,约归后理书,备寄来,或自取。

7 月 28 日(丙寅六月十九日　戊午)星期三

苦热。上午88°,下午94°。

依时入馆工作。

晚九时允言来,谈至十一时,去。言明晨七时赋归矣。

7 月 29 日(丙寅六月二十日　己未)星期四

燥热。上午89°,下午97°。

依时冒暑出入。在馆作《读经今古文学和古史辨》。

散馆归后,允言忽踉跄至,予正讶其不在清晨七时归苏而延至此刻受热,乃讵知为铁路捐局稽征员所留难,诈去香烟两罐,大洋一元，小洋十二角，是以脱班。呜呼！此真率兽食人之时矣。官吏之行为有时竟比匪盗犹有加，如何可以缓求改革以自纾救死之图乎！少坐，即去。不识赶得及六时十分之快车否也？

是晚最热，至二时犹不能贴席，以席上犹湿热也。

7 月 30 日 (丙寅六月二十一日　庚申)星期五

燥热如昨。上午89°，下午96°。

依时冒暑出入如故。在馆中续草前文。

归后竟不能就坐。连日炎暑蒸灼，晚间废事已久矣，挥扇犹虞不给，况操管乎！

7 月 31 日 (丙寅六月二十二日　辛酉)星期六

燥热如故，稍有风。上午89°，下午97°。

依时出入如故。在馆续草前文。

同人会以天热要求公司减少工作，公司不允，但许将六小时并在一起，自上午七时至下午一时耳。今年特热，始有此请求，乃不之谅如此，至可恨。今日下午召集评议会，予应召出席，当然否认。议决不必变更办事时间，随时认为炎暑难当则随时自由退走。此非故意抬杠，实应有之示威也。

8 月 1 日 (丙寅六月二十三日　壬戌)星期日

晴热，有风。上午88°，下午94°。

清晨起，为《国学周刊》校订二十二期印样。十时送交雪村。旋为《文学》办发报手续，直至下午二时方已。写信二通，分致允言及乃乾。

8 月 2 日 (丙寅六月二十四日　癸亥) 星期一

晴，下午微阴，但不雨。上午 89°，下午 92°

依时入馆工作。仍续前文。

饭后往铎家发《文学》二三六期。

久旱不雨，炎热如焚，疫疠荐至，蝗蝻将作，盱衡当世，干戈满目。此真乱世之末流，凶岁之首选矣，徒发哀音，固为志士所羞，然从事改造运动者又何所裨乎！冶丝益棼，动乱愈烈，吾亦未见其可耳。

8 月 3 日 (丙寅六月二十五日　甲子) 星期二

晴，又奇热。上午 88°，下午 96°。

依时入馆工作。仍赓草前文。

夜热不能睡，更何能作文。日间在馆操笔，往往有杂事打岔，未克专意为之，夜间归家，又苦热若是，其何能克期毕工邪！

8 月 4 日 (丙寅六月二十六日　乙丑) 星期三

炎热。上午 91°，下午 96°。

依时入馆工作。仍赓草前文。

夜铁笙来，谈一小时去。

8 月 5 日 (丙寅六月二十七日　丙寅) 星期四

炎热。上午 92°，下午 96°。

依时入馆工作。仍赓草前文，饭后毕。计万馀字。即送愈之交卷，心为一宽。眼前有一笔债未还者，仅经农属撰之一文耳。

8月6日（丙寅六月二十八日　丁卯）星期五

炎热。上午90°，下午98°。

今日起，公司布告，办公时间改为上午八时至下午一时，晚班免去。以一星期为限。如此星期中平均温度仍九十四度以上则延行一星期。予初未之知，九时往，十二时半即返。

8月7日（丙寅六月二十九日　戊辰）星期六

炎热。上午90°，下午94°。

依时入馆工作。午后休假，与圣陶至发行所及中华、光华等处购书。四时归。

夜间，本馆印刷所同人举行盛大之提灯会以庆三十年纪念。家人俱出观，予则独坐楼头纳凉，看唐女郎鱼玄机诗。八时许，家人始观毕归来，据云仪仗秩序均极严整也。

8月8日（丙寅七月初一日　己巳　立秋）星期日

炎热。上午90°，下午96°。

天热未出，写信复翼之及剑秋而已。

今年之热，为五十年来所未有。上海滨临海岸，例当时雨，乃匝月以还，竟无滴雨，仿佛沙漠矣。报载此热尚只开端，将又更热更久之日在后头也。然则殆尔！

8月9日（丙寅七月初二日　庚午）星期一

炎热。上午90°，下午96°。

八时入馆工作。一时归，仍依新例也。

午后乃乾来谈,即将允言存此之书属其携去。

8 月 10 日(丙寅七月初三日　辛未)星期二

炎热。上午 89°,下午 98°。

依时入馆工作。

夜将寝,圣陶饬人来请,谓有苏州客到。予亟披衣往,则颉刚于今日由津至,方自平安旅社卸装来访也。谈别绪甚久,至十时始别。明日渠有事他往,订后日上午晤之。

8 月 11 日(丙寅七月初四日　壬申)星期三

炎热,有风。上午 88°,午 96°,晚 89°。

依时入馆工作。

上午乃乾到馆访予,约下午散出后过大东,同渠往平安访颉刚。饭后往踵约,乃知颉刚已出,赴戚家午饭矣。因相将登新新屋顶,啜茗乘凉。七时归,则颉刚曾来我家,与予相左只十分钟耳。留条谓彦长邀予及圣陶俱于六时宴南国剧社,如介泉来,亦偕与同往也。以时晚不克行,且介泉竟未至,遂作罢。

8 月 12 日(丙寅七月初五日　癸酉)星期四

炎热。上午 90°,下午 92°。

依时入馆,十一时即出。与圣陶同往一枝香。在门口遇乃乾。谓已约到颉刚,即将至矣。有顷,颉刚偕罗志希、魏建功、傅彦长、徐蔚南、张若谷、朱应鹏至,予同、愈之、石岑、雪村亦先后毕集。且餐且谈,至快。饭后,石岑先行,蔚南继去,彦长、若谷、应鹏亦走。独予与颉刚、乃乾、予同、圣陶、愈之、雪村、建功、志希则往徐园啜茗焉。又谈至晚,乃出园,志希、建功去,予等七人复往美丽川菜馆晚餐。直谈至十时半始各归。

颉刚夫人挈其二女来我家,予出时来,予归时去。

8 月 13 日（丙寅七月初六日　甲戌）星期五

热,有风。上午 90°,下午 89°。

依时入馆工作。今日起仍减少工作一小时,下午一时出馆。将以一星期为限。

下午在家为《文学》办事,足经四小时之久。

颉刚今午一时偕眷赴杭省亲,曾将行装等送来,寄存我处。由杭来沪时,渠则上船赴厦,渠夫人则将携装回里也。

8 月 14 日（丙寅七月初七日　乙亥）星期六

晴,时阴。有南风。早 86°,午 90°,晚 88°。

依时入馆工作。

午后在家理予同所持赠之《经学史大纲》,并复振铎。

晴帆书来,知已到沪,惟移家则未果耳。

夜接颉刚快信,属代措资百元,俾来沪时应用。

8 月 15 日（丙寅七月初八日　丙子）星期日

晴,午后阴,有风雨。早 85°,午 84°,晚 82°。

晨十时,晴帆来谈。有顷,道始亦至。乃同往道始所午饭。

饭后归,已轮雨,入夜而声渐沥矣。一月馀不睹滴雨,焦热乃逾常轨,今忽得此,陡凉爽,快极! 此后或可坐定作事乎!

颉刚措款事,已得圣陶允任,今晨仍用快函复告矣。

夜卧较安,未始非天凉之赐也。

8 月 16 日 (丙寅七月初九日　丁丑) 星期一

阴雨,午后晴。早 82°,午 84°,晚 83°。

依时入馆。下午一时归。为大东标点《文心雕龙》,至夜,尽一卷。以此例推,十日内当可点完,连作序,半月可交出。如能应时成功,则诸儿学费有着矣。

8 月 17 日 (丙寅七月初十日　戊寅) 星期二

晴热。早 82°,午 86°,晚 85°。

依时入馆工作。

午后在家标点《文心雕龙》。

8 月 18 日 (丙寅七月十一日　己卯) 星期三

晴热。早 84°,午 88°,晚 85°。

依时入馆工作。

饭后介泉与万里来。知今晚即须上新宁轮赴厦矣,颉刚、兼士亦将于今晚由杭赶至,一同出发也。坐谈有顷,乃与圣陶及介泉、万里同往西门林荫路访江小鹣。至则他适,坐画室中待半小时,乃得晤之。既而出,伴介泉、万里至泰安栈,又上新宁看房间,已晚矣,便驱车晚餐于陶乐春。将毕,小鹣踵至,因共往笑舞台后台看郑正秋,盖万里之老友也。

十一时许,予与圣陶别之归。介泉、万里将适他处,须延至二时始登轮也。颉刚、兼士是否赶上竟不得而知。是夕,予睡已一时,且谈话过多,又失眠,卧听钟鸣,眼看窗外曙色渐明矣。

8 月 19 日 (丙寅七月十二日　庚辰) 星期四

晴热,午后略阴。早85°,午91°,晚86°。

依时入馆工作。复乃乾信。以昨晚通宵未眠故,至不振,精神大受打击也。十二时许,乃乾来,因与同归。知标点书事须重行做过,以大东书局又变更计画也。

午后与乃乾往慕尔堂参观万里所摄各片展览会。旋出,即归。知颉刚夫人已过此返苏,颉刚亦于昨晚赶登新宁,今早天明开厦矣。

夜八时许即睡,九时即安然入黑甜,一觉醒来,已五时矣。幸有此,否则难乎为继,正堪自惕耳。

8 月 20 日 (丙寅七月十三日　辛巳) 星期五

晴热。早86°,午90°,晚84°。

依时入馆工作。校《国学周刊》印稿。

午后,在家作书寄乃乾。本日起,仍因上周每日平均温度在94°以上,故再延长半日工一星期。

8 月 21 日 (丙寅七月十四日　壬午) 星期六

晴热,夜有电不雨。早86°,午90°,晚85°。

依时入馆工作。接乃乾复书,允月底借支稿费。

午后出,为翼之购书并自己买物数事,即归。

重新标点《文心雕龙》起始。尽二篇。

夜与圣陶同往本馆俱乐部看春灯社,予非雅人,颇不耐此谜儿也。即出。归后独坐静处看月,移时乃就枕。幸尚安睡。

8 月 22 日 (丙寅七月十五日　癸未) 星期日

晴热。早 89°, 午 90°, 晚 85°。

上午勘初来, 知将归苏, 就晏成中学教事。谈至十一时许, 乃辞去。大约渠至苏州, 将先访硕民, 盖彼校尚须一国文教师, 予即以硕为介也。

下午标点《文心雕龙》, 晚饭后赓为之, 直至十一时, 始毕一册, 乃就寝。

8 月 23 日 (丙寅七月十六日　甲申) 星期一

晴热。昼 89°, 晚 85°。

依时入馆工作。

午后在家续点《文心雕龙》, 至夜九时, 尽一册, 惟注文则未之及也。

8 月 24 日 (丙寅七月十七日　乙酉　处暑) 星期二

晴, 有风甚急。早 85°, 午 87°, 晚 86°。

依时入馆工作。

午后振铎来, 盖方自莫干山归也。与之俱过愈之, 同访雪村。移时, 晤伏园, 知渠明日将乘苏州轮赴厦, 因约即晚公饯之于晋隆餐社。予归邀圣陶, 而适乃乾见访, 遂共参斯会焉。

在席者十人: 伏园外, 为陈惠侨、何作霖、章雪村、索非、愈之、振铎、乃乾、圣陶及予。谈至九时乃散席。

乃乾告予: 大东嘱标点作序之四书——《文心雕龙》、《史通通释》、《论衡》、《潜南辨惑》——允出五百元作酬资, 惟年内总望完工耳。予颔之已。

8 月 25 日（丙寅七月十八日　丙戌）**星期三**

飓风急雨,下午稍止。早 86°,午 85°,晚 82°。

依时入馆工作。

午后二时,与圣陶同赴振铎茶话会。乃乾、仲云、愈之、伏园、讱生、石岑、均正、调孚、文祺等皆晤。旋聚雀戏,振铎、乃乾、愈之、文祺为一组,予与圣陶、讱生、仲云为一组。至晚毕四圈,乃散归。

8 月 26 日（丙寅七月十九日　丁亥）**星期四**

上午阴雨,下午晴。上午 80°,下午 86°。

依时入馆工作。

午后与圣陶出,往发行所及先施公司购物而返。

夜又热,且小虫薨薨绕灯火,有时竟缘头走面拂之不去,厌极,只得辍事。

8 月 27 日（丙寅七月二十日　戊子）**星期五**

晴。上午 87°,下午 84°。

依时入馆工作。今日起,照常时作六小时。

圣陶于今日午后又举一子。

乃乾于午后三时,来馆访我,因同出。与振铎共往惠通饮冰。约后日赴苏晤绍虞,天雨则罢。谈至七时,乃各归。

8 月 28 日（丙寅七月二十一日　己丑）**星期六**

晴,午后阵雨。早 84°,午 87°,晚 84°。

依时入馆工作。

散馆时值大雨,待至傍晚乃归。

夜续点《文心雕龙》,尽注二篇,以觉倦即寝。

8 月 29 日 (丙寅七月二十二日　庚寅) 星期日

阴,午刻雨,旋止,中夜又大雷雨。以赴苏故,失记。

晨六时半,振铎来,乃同往车站,即晤乃乾。乘七时快车赴苏。九时许到,入城访绍虞,晤之。因偕出。乃乾、振铎二人在观前一带书铺看书,至十二时许,遂饭于青年会餐室,绍虞请焉。饭后又往卧龙街书店看书,予却过访硕民,同出茶桂芳阁,期时与乃乾等晤。四时许,乃乾等始来。谈至五时,予与振铎先行,出齐门,赴车站,附六时四十分快车东归。九时抵沪,即在站南协兴餐社小叙,遇鲁迅及乔峰,谈至十时许始归家。

8 月 30 日 (丙寅七月二十三日　辛卯) 星期一

阴,午后大雨。早 79°,午 81°,晚 78°。

依时入馆工作。

夜间,振铎、雪村、愈之、丐尊、叔琴、大白、望道、雁冰、薰宇、予同、乔峰、圣陶及予公宴鲁迅于消闲别墅,兼为佩弦钱行。佩弦昨由白马湖来,明后日即将北行也。十时半始散,抵家就寝,已十一时矣。

8 月 31 日 (丙寅七月二十四日　壬辰) 星期二

阴雨。上午 78°,下午 76°。

依时入馆工作。

夜标点《文心雕龙》,至十时许寝。已毕第二册矣。

9月1日（丙寅七月二十五日　癸巳）星期三

阴晴无定,夜半雷雨。早76°,午80°,晚79°。

依时入馆工作。

写信与乃乾,先取百金,俾支应三女同时入学之费用,夜接点《文心雕龙》第三册,白文已毕。十时寝。黄注须明日再点矣。此书之注,实不甚佳,支离割裂,颇难抽绪。大抵点白文五六篇之力止能点注一篇耳。

9月2日（丙寅七月二十六日　甲午）星期四

晴。上午78°,下午77°。

依时入馆工作。

午后,勘初来别,谓将于明晨挈眷返苏。

乃乾电话约于四时偕振铎同去访渠。届时晤之,因共点于北万馨。旋至来青阁,乾、铎分携由苏寄来之书,而予则伴之而已。

乃乾当交钞洋壹百元。

夜点《文心雕龙》第三本注二篇。

9月3日（丙寅七月二十七日　乙未）星期五

晴。上午78°,下午81°。

依时入馆工作。复颉刚长函。

夜为《文学》二四〇期办发报手续。旋点《文心雕龙》注六篇。

9月4日（丙寅七月二十八日　丙申）星期六

晴。上午76°,下午79°。

依时入馆工作。

下午光焘、薰宇来馆,约定上课钟点。

夜七时,铁笙来谈,至九时去。

9 月 5 日(丙寅七月二十九日 丁酉)星期日

阴。早 78°,午 82°,午后 84°。

晨八时许,挈滮儿往江湾,送之上立达学园就学。

十时归,接浒关姨母病重讯,甚念,当复一函问之。

下午在家点《文心雕龙》注,毕第三册。五时至铎所,与六逸、愈之、雁冰、丐尊、仲云、圣陶会。七时许晚餐,盖今日铎、冰合请由粤来此之叶启芳,邀予等作陪也。但主要之客始终未至,止此七八熟人打诨而已。八时三刻,散归。

9 月 6 日(丙寅七月三十日 戊戌)星期一

阴闷不雨,又热。上午 80°,下午 87°。

依时入馆工作。

散馆后,为章见过,因与长谈。至晚七时许乃去。知渠假期以内,连遭不幸,始己病,继丧子,终乃姊夫死去,遗孤寡相累也。予为嗟叹久之。

夜热不能就灯。遂撤书不作。

9 月 7 日(丙寅八月初一日 己亥)星期二

昙,闷热。上午 88°,下午 89°。

依时入馆工作。志希见访,索李泰棻《中国近百年史》。

散馆后,与圣陶出,为梦九购书于本馆发行所。予并为滮儿配本学期用书于中华书局焉。中华因最近罢工故,书多缺,因又往文明书局试问之,亦无。乃怅然归,已将七时矣。

夜热较昨加甚,乃辍事如故。

9 月 8 日 (丙寅八月初二日　庚子　白露) 星期三

晴而昙,昙而雨。上午 83°,下午 85°。

依时入馆工作。

梦九所配书已由发行所寄出,发票及赠券等俱送来,因即具书挂号寄出。想三日内当可到达徐州也。特梦九之复书不知何日递到耳。

夜五时会振铎所,因陆侃如北上过此,便道一谈也。六时,振铎夫妇、予同及予同偕侃如出,一饮于味雅,八时许散归,仍至铎所谈。遇若谷,又联谈至九时半而散,侃如即赴站登车矣。

9 月 9 日 (丙寅八月初三日　辛丑) 星期四

阴晴无常,但不雨。上午 79°,下午 83°。

依时入馆工作。

散馆后在家标点《文心雕龙》白文,尽二卷。但已延至晚间九时许矣。予以倦故,因又中辍。此书初意极易毕事,乃缘杂物四掣,竟不能如期告竣,至歉也。

9 月 10 日 (丙寅八月初四日　壬寅) 星期五

雨,晚间尤大。上午 81°,下午 79°。

依时入馆工作。

今日浒关表嫂及表侄女来,夜间长谈,遂又辍事。及伊等就寝,予乃续点《文心雕龙》,又尽一卷。白文全部毕矣。所欠者注文三卷及作序耳。

9 月 11 日 (丙寅八月初五日   癸卯)星期六

阴雨连绵,时作大雨。上午 80°,下午 81°。

依时入馆工作。下午则以珏人伴乡亲出游故,予因留家,标点《文心雕龙》注文半本。夜与乡亲谈桑麻,至十时许始寝。予近不能提神多谈,少奋于语,即难安睡。是夕亦复如是矣。

9 月 12 日 (丙寅八月初六日   甲辰)星期日

阴雨,连绵竟夕不止。上午 78°,下午 77°。

上午在家看报。十二时出,赴乃乾一枝香午饭约。至则乃乾与徐积馀已在。旋胡朴安亦至。饭毕已一时三十分矣。知乃乾已就厦大之聘,任研究院图书干事,兼任出版事物。将于节后动身前往。

饭毕客散,予以阻雨故,又坐谈移时。旋至本馆发行所购物,复约乃乾在同芳啜茗。坐雨长谈,不觉已暮,乃冒雨而别,附车归家。及抵门,遍身沾雨沫,而时已黄昏矣。

夜点《文心雕龙》注,尽四篇,止馀二篇未毕耳。

9 月 13 日 (丙寅八月初七日   乙巳)星期一

阴雨绵缀,见霉。上午 73°,下午 74°。

依时入馆工作。

夜为《文学》办二四一期发报事。

9 月 14 日 (丙寅八月初八日　丙午) 星期二

晴,午前略有细雨,即止。上午 76°,下午 78°。

依时入馆。发《文学》则于饭后在铎所行之。

乡亲于今晨去,珏人送至车上。

夜将《文心雕龙》注点毕。

9 月 15 日 (丙寅八月初九日　丁未) 星期三

晴。凉秋之意甚浓。早 73°,午 79°,晚 70°。

依时入馆工作。

散馆后径往天通庵车站,讵为时太早,只索乘黄包车前往立达。六时晚餐,六时半至八时二十分授课,讲《文心雕龙·物色篇》,八时半赶乘火车回沪,抵家已九时矣。

立达文学系生只十二人,他班旁听者有数人,印象尚好。

9 月 16 日 (丙寅八月初十日　戊申) 星期四

晴。上午 74°,下午 78°。

依时入馆工作。

散馆后出散步,由四川路、南京路至福建路,乃乘电车返北站,复步行归。惘然不知所之,直信足徘徊而已。

晚饭后,为《文学》办订报等事一小时。旋收集关于《文心雕龙》之批评材料,备着手作序。将于三日内毕之,俾乘乃乾未行时交出焉。

9 月 17 日 (丙寅八月十一日　己酉) 星期五

晴。上午 76°,下午 79°。

依时入馆工作。

夜动手作《文心雕龙》新序。但不多,成数百言而已。馀候明日续下矣。预计此序可写三千言,如无别项事故发生,三天内当能毕工也。

9 月 18 日(丙寅八月十二日　庚戌)星期六

晴。上午 76°,下午 80°。

依时入馆工作。

散馆后圣陶请予及晓先、致觉至上海大戏院看《古国奇缘》。八时半散出,致觉邀往味雅小饮。予例徒餐不饮,谈噱而已。至九时半始出馆归,抵家已十时许矣。

9 月 19 日(丙寅八月十三日　辛亥)星期日

晴,时阴。上午 80°,下午 81°。

上午在家看报。午刻举行先祖妣生忌祀典。午后与圣陶出,至文明书局欲购其广告上所载之《笔记小说大观》及《说庳》。乃柜友云《大观》已缺第三集,愿不得尝,废然返。书店经理之不得人有如此,既已缺货,何必浪费广告费耶!

得宜昌避难来此之便人讯,知庶母病危羁彼,不能飞渡。据此人言,离宜已十日,将离时知已不救,此刻或已出事矣。闻之,心为摧伤而末由自通,乃转恨庶母之愎不听劝,春间必欲排众议而西行也。然而心悬在彼,夜竟不寐矣。必得确耗,未知何日,回肠百结,如何可纾乎!

9 月 20 日(丙寅八月十四日　壬子)星期一

晴。上午 78°,下午 84°,晚 80°。

依时入馆工作。

夜强作《文心雕龙》序千言。未及三之一也。怀念庶母之心，时时来袭，竟不容别措文心也。

9月21日 (丙寅八月十五日　癸丑) 星期二

晴，忽大热。上午80°，下午88°。

上午依时入馆。下午节假。

饭后晓先来。旋入局打牌。予则于圣陶往奥迪安看电影。夜以热故，竟未出玩月。

9月22日 (丙寅八月十六日　甲寅) 星期三

晴，夜半大雨。上午81°，下午84°。

依时入馆工作。

下午五时三十分乘车赴江湾立达上课。八时半车返。

饭后曾为梦九事往看发行所之章先生，未遇，空手返。配书因不需熟人，但要托寄等之周折则非熟人不可，故必亲往一行耳。孰知徒劳往返，坐耗时间耶！

9月23日 (丙寅八月十七日　乙卯) 星期四

晴热。上午81°，下午84°。

依时入馆工作。

散馆后与圣陶出购物，遂至发行所将梦九事托章先生。

夜为《文学》办事一小时。

9月24日 (丙寅八月十八日　丙辰　秋分) 星期五

晴阴兼施，闷热。上午83°，下午80°。

依时入馆工作。梦九所配第二批书之书券及发票已由章先生交茶房送来,当即作函挂号寄梦九。

夜又为《文学》办事一小时。

9 月 25 日 (丙寅八月十九日　丁巳) 星期六

晴,闷热。80°。

依时入馆工作。

散馆后偕予同、振铎、圣陶往中国书店邀乃乾,盖预约于今晚为之饯行也。先至杏花楼,坐已满,怅然出。继至岭南楼,乃入席。八时许散出,又同登天韵楼纳凉,直至十时半乃返。

9 月 26 日 (丙寅八月二十日　戊午) 星期日

晴热。上午 80°,下午 87°。

晨与圣陶至安乐园尝广东茶点,九时许返。

下午五时,立达中国中文系假开明书店开教务会议,予与圣陶、予同、觉敷同往,会丏尊、薰宇、光燾。谈至七时许始散。即在开明夜餐。餐时,愈之、仲云来,餐后,振铎由海宁观潮赶回,亦来谈。至十时半乃各归。

9 月 27 日 (丙寅八月二十一日　己未) 星期一

阴,有风。午间晴热。夜微雨。早 80°,午 87°,晚 82°。

依时入馆工作。

《文心雕龙》新序已成十纸,都三千言。但尚未毕工,当再谋充畅也。

本馆将重印《四部丛刊》,中华则将合印《四部备要》五集,予已几番将两目斟酌比较,觉中华确为有用而上算,因决分年缴款买之。散馆归,将出订购,而庶母先在家,盖已扶病由宜昌脱险来此矣。虽病势仍不轻减,而此心悬之却慰藉多多也。因询问情形。遂不果出。

夜又续稿二纸。

9 月 28 日 (丙寅八月二十二日　庚申) 星期二

晴,较昨为凉。上午76°,下午78°。

依时入馆工作。

散馆后独往中华书局购得《四部备要》预约一纸,先缴九十元。分五次缴,每次九十元,多化五十元。但一时出不来四百元,只得吃此明亏也。当场取得购券十八元,即以十四元购《饮冰室全集》预约券,馀四元耳。

《文心雕龙》新序已毕工,都四千馀言,署名侯毓珩。

9 月 29 日 (丙寅八月二十三日　辛酉) 星期三

晴,较爽。上午73°,下午76°。

依时入馆工作。

散馆后往江湾立达学园授课。八时三刻归。然后晚餐。原选之文已授毕,下星期已选定《夸饰篇》及刘申叔《美术与征实之学不同》,付印备用矣。

庶母病实难起,延周凤岐诊治,据云亦止时日问题,恐终不能庆痊也。闻之至戚,而莫可奈何,不谓此病竟沉重若是!

9 月 30 日 (丙寅八月二十四日　壬戌) 星期四

阴晴兼施,午后微雨。73°。

依时入馆工作。

散馆后赴北京路大加利宴。盖大东书局同人公钱乃乾,其经理沈骏声招予往陪也。至则时尚早,独坐待之。入席后,举不识,惟乃乾、骏声、桂青三人交谈耳。十时散出,即归。

午后在振铎所发寄《文学》二四三期。

10 月 1 日 (丙寅八月二十五日　癸亥) 星期五

晴。71°。

依时入馆工作。将批评论著篇目选好,交圣陶携致光焘。

归后伴庶母杂谈,未能作事也。

夜为《文学》办事。

10 月 2 日 (丙寅八月二十六日　甲子) 星期六

晴。72°。

依时入馆工作。

夜六时在福州路杏花楼聚餐。到十三人,张若谷、傅彦长、夏丏尊、周予同、叶圣陶、樊仲云、徐调孚、章雪村、郑振铎、陈乃乾、沈雁冰、予及沈友萧君。十时始散归。

未赴席前,予往中华购书,除用去赠券外,又找付大洋一元六角。晚间携归,至宝山路口,侦探疑其卷烟,来摸索。予愤然撤包纸示之,始无言去。日来骚扰至矣。可恶!

10 月 3 日 (丙寅八月二十七日　乙丑) 星期日

晴,有风。旅次失记。

晨七时半车赴浒关。慢车行殊不快,十一时半始到彼站。至则小娥已在站相候,即下船开往姨母家。中途为小娥之恋人薛先生所邀,求助其成,纠缠至一时始脱身,忿极。即径往舅父家。脱衣进餐,犹觉焦热也。午后,姨母、表兄毕至,闲谈至适。惟于小娥恋爱事则举不之许耳。

是晚谈至二时始和衣卧。天甫明,即起矣。盖预备于上午赶回也。

10 月 4 日(丙寅八月二十八日　丙寅)星期一

晴,有风。约70°。

平旦进粥,粥已,即别舅父及姨母等动身。义坤表兄及童啸岑表侄婿均送至车站。至则小娥及薛先生亦早在,竟为予购票相赠。予无法掷还,心恶已极,幸常来车未几即至,跃登以东,如脱重绊矣。此行本为省亲舅父及姨母而去,不图横被包围,为累匪浅。归途思之,殊难自释也。

十一时抵沪,即归饭。饭后往看电影,遂未到馆。但昨晚积倦,在剧场竟打瞌睡也。夜睡不安,合眼便见小娥等憧憧行来。醒来时觉喉头燥渴,且隐隐作痛焉。

10 月 5 日(丙寅八月二十九日　丁卯)星期二

晴。失记。

身体颇不爽,然仍到馆。散馆归,实不能支,便蒙被卧,寒热大作,而喉疾乃增剧。大约乡行感冒,与时气病杂发耳。夜间不能安寐,而喉痛如裂,尤感燥苦也。

10 月 6 日(丙寅八月三十日　戊辰)星期三

晴。病中失记。

卧病未入馆。

延周凤岐医生来诊,谓身有红子,恐系喉痧,幸寒热不高,可无打针,晚间再来诊视决定耳。服蓖麻子油一杯,泻三四回。及晚九时,周医再诊,则寒热不增而且少降,因嘱安心静养,谓不致蹈入危机也。但身上红疹则遍发矣。

江春来访,约双十节赴松江演讲。以予病未及说定而去。

10 月 7 日 (丙寅九月初一日　己巳) 星期四

晴。病中失记。

卧病不起,喉痛仍剧。周医仍来诊。

10 月 8 日 (丙寅九月初二日　庚午) 星期五

晴。病中失考。

卧病。喉痛依然。周医仍来诊。

左膀大酸楚。背上及右臂俱择皮。

10 月 9 日 (丙寅九月初三日　辛未　寒露) 星期六

晴,晚间微雨。病中失记。

卧病依然。寒热稍退,喉痛稍止。

九时许,方入睡,忽小娥偕薛先生叩户入。谓在乡被撵,来乞援助。予忿恨莫浅,冷待之。少顷,薛去客栈住,小娥则留宿家中。予又为此打击,辗转终宵,病方少痊,而来此挫,至不幸也。然戚谊所牵,似又不便想然袖手不问,且亦不容不问耳。徒自叹恨而已。

江春又以书来,邀往演讲,且付车资一元焉。予不能兴,当然寝阁矣。

10月10日（丙寅九月初四日　壬申）星期日

晴，晨间有微雨。病中失记。

晨扶病起，为小娥作一书，嘱之即行，归呈其父，劝勿穷究。薛先生亦至，予戒之而别。九时前，彼等去矣。予眼为一清。如此事，真难置断也。予亦唯其安度日前之计耳。

今日喉痛已好。热已大退。所苦者四肢乏力，左膀酸楚而已。饮食亦不能如常。胃口亦较不佳，且时时引起恶心也。但予性不耐偃卧，得起坐便不肯伏枕矣。

10月11日（丙寅九月初五日　癸酉）星期一

晴。病中失记。

起坐闲看，时一偃卧，他无所苦，惟左膀酸与无精神支撑耳。想一宵过后，明日或可照常到馆矣。但临睡之前，右腿忽觉酸楚，膝之上下，觉抽搐难忍也。

10月12日（丙寅九月初六日　甲戌）星期二

晴。病中失记。

平明，即因右腿酸痛而醒。半身竟失自由，有类偏风。不但心惧，而且难受眼前之苦楚也。

上午，雪村来望。饭时，愈之来望。均劝予即日就医，用X光照治之。

午后，振铎、仲云、调孚、晓先俱来望。据晓先说，喉症之后本有骨节痛等伴发症，似不碍。予大定。但酸楚难耐，殊自苦也。傍晚，子玉之母夫人来望，谓用麸皮或食盐炒烫，包布中，在患处熨之,自好。如法治之,果觉稍痊也。

10 月 13 日 (丙寅九月初七日　乙亥) 星期三

晴。病中失记。

一宵睡来,右腿酸楚大减,至快。但仍不能行动。再过一日,或其有瘳乎?此次撄疾,全由浒关之行。不有此行,虽病决无如此之剧也。

10 月 14 日 (丙寅九月初八日　丙子) 星期四

阴霾。时露晴光。78°。

今日右腿稍好,可勉强行动矣。至快。

饭后伏案,记前日病中所遗日记。并复书五通,积务一扫而空矣。

10 月 15 日 (丙寅九月初九日　丁丑) 星期五

晴,午后阴雨。上午 77°,晚 74°。

坐床头读吴毅人《北行》、《南还》两记及《泰山游记》。翛然意远,若忘病痛之在身矣。惟左膀依然隐痛,每一抬手,辄如折骨,又不免勾起愁思焉。

饭后出,初行道中,步履颇感滞涩。在近处理发店理发,事毕即归。明日拟入馆工作矣。

晚铁笙来,已薄醉矣,随便谈谈,至九时去。

10 月 16 日 (丙寅九月初十日　戊寅) 星期六

阴雨。69°。

今日强起入馆。待校理之稿件已山积矣。披览勒抹,颇费周章,实不耐栗六也。

　　散馆后,晓先、圣陶俱来谈,谓浙江夏超恐有举动,证之浙军之自由开回,十已得其八九云。予雅不欲谈时局,犹不愿于甲乙军阀鸡虫得失有所论列,惟默祷自求多福之民众有以自振耳。浙局果变,浙民之自治固不敢望,而多行不义之孙传芳或将坐此速毙则实非意外之计也。

10 月 17 日(丙寅九月十一日　己卯)星期日

　　晴阴兼施。上午 65°,下午 66°。

　　早餐后阅报,知杭州确已宣布和平,与持战者异趣矣。夏超之警备队已抵石湖荡,而孙军亦已在松江之东设防,沪杭车早不通。兵事动作,似又在目前。但我不为此惧,止愿早早解决,使此间军警表明态度耳。军警固以地方为重,则顺逆向背,知之必熟;否亦早为奋斗,早资结束,终较阴持两端为有益地方也。

　　十时,晴帆过我。铁笙应约来饭,但候至十二时半不至,因先饭。饭后,晴帆即去。铁笙卒不至。

10 月 18 日(丙寅九月十二日　庚辰)星期一

　　晴。上午 60°,下午 63°。

　　依时入馆,校理积件。午后三时出席同人会评议会。

　　饭后,植仁来谈。予以手痛,未往振铎所发报。

　　夜为《文学》办事一小时。

　　此间风云日紧,一二日内或亦有变局出现耳。

10 月 19 日(丙寅九月十三日　辛巳)星期二

　　晴,燥烈。上午 57°,下午 62°。

依时入馆工作。托予同代向立达请假，并带一信与濬儿。

下午为《文学》办事，并作书三通分寄北京蒋崇年、苏州王怀之、淮安张剑秋。散馆后本想与圣陶同往振华旅馆贺柏寒弟仲景婚，以脚力不济而止。傍晚，铁笙来访，略谈即去。

予病已略痊，但周身蜕皮，四肢乏力，往来馆家间，需车而行，衰弱至此，其何以为继乎！俟稍健后，当出觅医诊治，须精神身体双方兼顾，培得本元始克言无病耳。

夜作书复颉刚，告病状，并辞朴社上海经理事务。

10 月 20 日（丙寅九月十四日　壬午）星期三

晴燥。早 60°，午 63°，晚 62°。

依时入馆工作。

予同带濬儿书至，知下星期日来家看予。

夜眠不甚贴，因此间谣传将有党人举事也。但终夜无所闻，空负良宵，徒资失睡矣。予意，浙夏既无力径扑上海，则此举什九失败，莽然从事，恐鲜良果耳。徒苦居民何为哉！

10 月 21 日（丙寅九月十五日　癸未）星期四

燥晴。上午 63°，下午 68°。

依时入馆工作。

阅报，知浙事大变，夏超已逃。孙军已进越嘉兴而南矣。但夜间沪上仍大戒备，依然为之不安眠也。眠食且不定，遑论有所写作乎！

10 月 22 日（丙寅九月十六日　甲申）星期五

燥晴。上午 64°，下午 68°。

依时入馆工作。

报载夏走事似确，浙局当然大改变。孙传芳或可暂安江东乎！就大局言，浙事所关甚大，失败实滋痛心；就个人论，夏超阴谋鬼蜮，屡倒主帅，数引外寇，在浙人亦应共逐之也。此论，予自谓极平恕矣。

此间谣言甚炽，一若大祸即在目前者然。而漱儿忽患寒热，亦觉喉痛，予惩于己病，颇恐，入夜矣，犹不得不冒险出请医。医至，谓无碍，始稍安。

10 月 23 日（丙寅九月十七日　乙酉）星期六

燥晴。上午 66°，下午 68°。

依时入馆工作。夜在振铎所聚餐，到乃乾、愈之、振铎、雁冰、仲云、调孚、予同、雪村及予九人。谈甚洽。乐哉！予久失此欢矣！今乃得之，大快！不识此谈谑之乐能久续否耳。

浙事失败，报载已征实。但此间谣言甚盛，戒备仍严，虚惊依然也。然予等为谈谑之乐所蔽，一切不问，则亦甚安。夜睡反较往日宁贴焉。

10 月 24 日（丙寅九月十八日　丙戌　霜降）星期日

燥晴。上午 61°，下午 66°。

《申报》载今日四时，党人在斜桥等处举事，不成散逸。予闻之至诧，党人何不智乃尔！不起于事变倏来之顷，而谋幸于局势已定之候，想非真出党人之意，或投机流氓欲乘此揭竿，冀有所弋获乎！不禁太息。恐沪上从此多事矣，搜索机关与逮捕党人，将纷至沓来耳。

今午圣陶之三儿作汤饼会，予与晓先俱往吃午饭。

饭后挈漱儿出游,移时以归。幸时尚早,据云是晚六时即阻断交通,否将欲归不得也。

10 月 25 日(丙寅九月十九日   丁亥)星期一

燥晴。上午 66°,下午 70°。

依时入馆工作。看各报,昨晨事俱揭载矣。华、租各界俱特别戒严,果不出予所料。同人庄叔迁先生即被阻在外未得归,今晨乃径来馆中也。

午后作书与立达导师会,辞去文学系教事。

为《文学》办事一小时。

10 月 26 日(丙寅九月二十日   戊子)星期二

晴,燥烈。夜半后雨。上午 66°,下午 70°。

依时入馆工作。上午十时至十二时开评议会,讨论加薪事。

下午写信四封,分复怀之、剑秋、荄阳,及致乃乾。

夜无聊,打牌六圈而睡。

10 月 27 日(丙寅九月二十一日   己丑)星期三

阴雨。晚晴。晨 68°,午 66°,晚 62°。

依时入馆工作。下午二时续开评议会,解决加薪办法。将提出执行委员会进行,惟不知公司方面能否采纳耳。

夜与晓先在圣陶所吃蟹。予竟开戒,饮酒一小盅。

虎如言,东华自杭来,谓北兵在杭示威,令人难堪,所谓查抄,实借名掠劫。俞丹屏宅竟一切搬走矣。现在北兵到处以南北感情挑逗部下,使一意横行,直自视为征服地之戍守者。据是以言,浙江复陷入水深火热之境矣。呜呼！且缓哀人，回顾自身复何如耶！

颉刚夫人今日与介泉夫人同乘新宁轮赴厦，下午来取行李。

10 月 28 日（丙寅九月二十二日　庚寅）星期四

晴。62°。

依时入馆工作。

夜看《东方》及《清华周刊》，梁任公讲演之《历史研究法》、《儒家哲学》，最使我注意。陈震异之《大上海建设策》，外廓甚大而内容不充，殊令人失望也。

愈之告我，予辞立达事丐尊诸人俱失望，可否先由人代一二月，仍请予往教。予无词拒绝，只言一时难遽承诺耳。但无论如何，以后终当拒绝一切教课及演讲也。

10 月 29 日（丙寅九月二十三日　辛卯）星期五

晴，起西北风。上午 60°，午后 58°。

依时入馆工作。《参考书》上册之一已排完，惟未发例言及目录耳。

允言所售书，尚未交出，今日乃乾来函催索。至愤。允言亦太糊涂矣。因即出函严催之，不识有效否耳。谚云"弗做中人弗做保，一世没懊恼"，确乎经验之谈。予最怕沾惹事故，而友人间偏有以此相浼者，真一至不快之事也。

10 月 30 日（丙寅九月二十四日　壬辰）星期六

晴，陡寒。上午 53°，下午 55°。

依时入馆工作。为开明校《国学月刊》印稿。

夜打牌八圈。

散馆归,过晓先所,视其新举之子。因闲谈达暮而返。

10 月 31 日(丙寅九月二十五日　癸巳)星期日

晴。上午 56°,下午 59°。

晨出,往先得楼吃羊肉面,味大减于前,乃废然而归。适振铎来看我,复共往其家商选文大概。饭后与圣陶往百星大戏院看电影《拿破仑奥法之战》。傍晚返,知兼士由厦来,过此见访,住东亚五〇九号。复与圣陶及雪村同出访之。遇季玉,兼士则出外未归也。坐谈有顷,乃来。旋共饮于陶乐春,谈厦大近状至悉。明晨,渠即将北上也。以戒严故,九时半即散归。

在未往东亚前,丏尊、光燾来访,坚请勿辞立达教事,而暂时由渠二人代课。再三声述,迄不得谅,只得允之,但约销假无期,一时无把握可销此疲神也。

11 月 1 日(丙寅九月二十六日　甲午)星期一

晴。上午 58°,下午 60°。

依时入馆工作。

日来体又不舒,百不兴奋,气候之影响欤,抑本质有亏乎? 不可知矣。然长此颓唐,终非久计,岂予之一生即此已乎! 兴念及此,益复无憀。

11 月 2 日(丙寅九月二十七日　乙未)星期二

晴,将变,日中有雨。上午 59°,下午 62°。

依时入馆工作。

遇东华于小说月报社,谈杭州事甚悉,北兵蹂躏之状闻之令人发指。夏超死讯,传遍各报,或者不虚,不图昙华一现之解放运动,适足致寇而召乱,当非夏氏始料之所及也。浙人人各一心,不虞外寇而务内竞,其亦沦奴之最大主因乎!

立达文学系全体学生举毛信翰君为代表,来家问疾。予适在馆未之遇。甚感其敬爱之盛心,而自愧乏废课之勇气,拟作书谢之,并陈辞职始末。

11月3日(丙寅九月二十八日　丙申)星期三

阴雨,午后微晴。60°。

依时入馆工作。

午刻在晓先所吃饭,赴其子汤饼会也。饭时,沈骏声送百元来,酬圣陶标点《世说新语》之费也。

午后,孟真来访,盖由英伦返国,方自船上登岸也。谈久之,当由伯嘉任招待觅地住宿,而予遂别去。大约住俭德储蓄会,俟颉刚电至,彼将赴厦大耳。《新潮》复兴,当可俟矣。

莲轩代予弄到李编《中国近百年史》,将以寄志希,俾了心愿。感极!

夜看《翁文恭公日记》。

11月4日(丙寅九月二十九日　丁酉)星期四

晴。上午58°,下午63°。

依时入馆工作。

写信致志希,寄李编《近百年史》去。并分别书复子玉、骏声及立达文学系诸同学。

看《东方》、《一般》、《科学》之最近期,均略翻而已。

11 月 5 日 (丙寅十月初一日　戊戌) 星期五

晴。上午 61°,下午 62°。

依时入馆工作。为开明校《国学》。

散馆时忽得谣言,谓浙江又不稳,沪杭路又断云云。与圣陶、晓先同往车站探之,无甚异状。旋即闲步而归。予思九江或已吃紧,此间神经过敏者遂有此宣传耳。以上次浙变,宣传亦复言之凿凿。一若实有其事者然,今不敢遽信矣。

夜看《翁文恭日记》。

11 月 6 日 (丙寅十月初二日　己亥) 星期六

晨大雾,日现赤色,旋晴。上午 60°,下午 63°。

依时入馆工作。续校《国学》,并为所编《参考书》编目次付排字人。得允言书,知书已寄出矣。

阅报,知孙调驻杭军队赴宁,车运因以阻格,遂有昨谣。但九江必已危甚,否则孙不必抽此箱底之衣也。声言援赣,其实因宁防耳。时局有急转直下之势,三日内或有分晓乎!

夜六时,赴餐会,在俭德储蓄会会食堂,此次由乃乾、雪村召集,到十一人:六逸、愈之、雁冰、调孚、振铎、若谷、仲云、圣陶、召集者及予。

归后读《翁日记》,看完戊寅一年,十一时睡。至十二时,又为香兴里火警所惊起。该里时有火,致保险公司不愿承保,真恶邻也。

11月7日（丙寅十月初三日　庚子）星期日

晴暖。上午64°，下午68°。

晨看报，知九江已陷，孙传芳退宁。然则时局又有剧变矣。

十二时，与圣陶赴新女性社宴，仍在俭德储蓄会。到者二十馀人，至二时许始散。予与圣陶至本馆发行所为梦九配书，仍托章先生代寄之。继至先施购物，即归。

珏人昨夜即已零碎腹痛，当已做动，恐将临盆，予不敢睡，看《翁文恭公日记》。翌日上午三时二十分，珏人分娩，幸获一男。产婆去，天犹未明也。是夕，未睡。

11月8日（丙寅十月初四日　辛丑　立冬）星期一

晴暖。早67°，午69°，晚65°。

是日寅初，同儿生。十馀年来望眼欲穿之男孩乃于心灰意寒之馀得之，不可谓非大喜也。以其与祖若父同属寅，而且适复乃祖一周甲，故以同名之。

虽倦，仍到馆，因产母甚安也。散馆后往先施购代乳粉，取归为同儿开乳。

夜数起，视产母及子。

看《翁文恭公日记》。

写信分告仲弟、怀之及义坤表兄。

11月9日（丙寅十月初五日　壬寅）星期二

晴，下午阴，傍晚雨。上午65°，下午70°。

依时入馆工作。与晓先、江春剧谈。

夜写三信分致子玉、硕民、剑秋,告同儿生。

看《翁文恭公日记》。

报载赣、皖俱不稳,孙阀或将难支乎!

11 月 10 日 (丙寅十月初六日 癸卯) 星期三

晴暖。上午 65°,下午 67°。

依时入馆。校重订《地理教科》印样四十页。

看《翁文恭日记》。

近夕以同儿喂乳故,不得好睡。夜必数起,日间乃大困。

报载南昌、九江俱入革军手,鲁军已集中临城,恐将乘机窥苏也。果尔,则苏人再罹张军之铁蹄亦意中事耳。

11 月 11 日 (丙寅十月初七日 甲辰) 星期四

晴暖。上午 68°,下午 70°。

依时入馆。散归抱同儿,未做事。夜为《文学》办事一小时。旋看《翁文恭公日记》。

得靖澜讣告,知其尊人铁如先生作古矣。

予自儿生之夕,沽酒酌一杯。每日如此,不增减,迄今已五度黄昏矣。予思小饮如无碍病体,当续之以致兴,俾精神稍得自持。但外出赴席,则仍绝饮,以靳有所制限也。

11 月 12 日 (丙寅十月初八日 乙巳) 星期五

晴,燠闷不舒,晨浓雾小雨。上午 69°,下午 72°。

依时入馆。

夜小饮。饭后写信并为《文学》一四九、一五〇期办发报手续。自此之后,已与开明书店说妥,归该店承办发行矣。一五一起,改小本,装钉成册,或亦革新之机乎!

硕民书来贺同儿生。

11 月 13 日(丙寅十月初九日　丙午)星期六

阴寒,薄暮微雨。。上午 70°,下午 66°。

依时入馆。散馆后与晓先同出,浴于又日新。七时许归,仍小饮,八时三十分,晚饭始毕。旋看《翁文恭日记》。

久不浴,一旦濯垢,甚快。精神为之爽松,后当勤斯也。

11 月 14 日(丙寅十月初十日　丁未)星期日

午前微阴细雨,午后霁。60°。

晨看报毕,振铎来,约圣陶同过春台,邀至其家茶话。途遇仲云,拉之同往。十二时,各散归饭。饭后,圣陶、调孚偕至,乃同赴新中央戏院观剧。

剧为戏剧协社洪深排演之《第二梦》,脚本已见《东方》。表演甚佳,尤以陈宪谟君所饰之董国材为更上一层。此剧内容充实,颇耐寻味,予欣赏久之。晚七时乃散。

夜仍小饮。

11 月 15 日(丙寅十月十一日　戊申)星期一

阴寒。54°。

依时入馆。

《文学》发报户名片及代售店户册已交由调孚转开明矣,账籍则尚待整比一下,然后交圣陶。

写信二通。

夜看《翁文恭日记》。晓先来,商其妹婚事。

11 月 16 日(丙寅十月十二日　己酉)星期二

阴雨。上午 55°,下午 57°。

依时入馆。校《国学月刊》稿。

散馆后即冒雨往振铎所,以今夕予与圣陶假其斋宴客也。客为孟真、志希、雪村、乃乾、愈之、仲云、调孚、振铎、雁冰九人,合主为十一人。六时入席,八时毕。旋散坐杂谈,孟真议论风生,志希备述在南昌遇兵劫,均倾动一座。至九时四十分乃各散归。

夜起为同儿煮水调乳粉,三时后即未熟睡。

午后在振铎所发《文学》二四九、二五〇期,此为“自己动手”之最后一回,下次即须由开明书店任发行事务矣。

11 月 17 日(丙寅十月十三日　庚戌)星期三

阴雨,午后风起。上午 55°,下午 57°。

依时入馆。下午二时开同人大会于俱乐部大会场,直至五时未毕,商议明年加薪事也。予以事先行,即遄返。

校《国学月刊》稿。

写信复蒋崇年,汇款十七元二角八分归朴社代售书欠账。

夜作小文介绍《科学》中国科学史料号,应《一般》。

11 月 18 日(丙寅十月十四日　辛亥)星期四

阴,细雨。午后止。上午 55°,下午 58°。

依时入馆。校《国学月刊》。昨日同人会大会未决加薪案,今日召集评议会,对执行部提案予以谅解,自动的撤销评议部原案,俾示一致。

夜色初上,正待开樽,而晓先、致觉联翩至,约予及圣陶同出小饮。以时值戒严,恐晚归不便,乃就宝山路复兴园占座焉。且饮且剧谈,至快。八时半乃散,分头各返。

归后,看《翁文恭公日记》。十时睡。

11 月 19 日(丙寅十月十五日　壬子)星期五

晴。上午 53°,下午 55°。

依时入馆。校《国学》毕。

夜写信三封。看《翁文恭日记》。

所有《文学》存报及联定存根等件,今日悉数交开明,由雪村派学徒来车去。

11 月 20 日(丙寅十月十六日　癸丑)星期六

晴,夜月色好。上午 52°,下午 56°。

依时入馆。

点《史通通释》。

夜五时半在安乐园聚餐,由六逸、雁冰召集。同座有雪村、愈之、调孚、东华、彦长、若谷、仲云、圣陶、振铎、予同及予,凡十三人。畅饮尽欢,八时半始散。出时仰见月色,乃纵步所至,由北四川路径达天通庵车站。仍趁月色由宝山路北头归。抵家已十时矣。迩来久无此兴,一夕得之,快适乃无伦也。

11 月 21 日(丙寅十月十七日　甲寅)星期日

阴霾,时见濛雨。上午 56°,下午 60°。

晨看报讫,振铎来,因共过圣陶赴先得楼吃羊肉面。食后即归,迄未出门。以昨晚铁笙见过未值,约今日来,故竟日候之。但索然而坐终无聊,乃打牌八圈而罢。已晚色浓上矣。开樽小饮,怡然而醺。

11 月 22 日 (丙寅十月十八日　乙卯) 星期一

阴霾,微寒。上午 56°,下午 58°。

依时入馆。三时半在俱乐部续开同人大会,决定加薪标准办法。旋在草地上摄影而散,已五时矣。

夜点《史通通释》。

铁笙来,知渠曾赴溧阳访味辛。

北大研究所同人黄文弼过此,特来访予,因指乃乾住所请径洽。

11 月 23 日 (丙寅十月十九日　丙辰　小雪) 星期二

晴。上午 53°,下午 58°。

依时入馆。与觉明谈良久。

散馆后至本馆发行所购物,并为小儿买色笔。

夜写信分复梦九、硕民。并点读《史通通释》。

11 月 24 日 (丙寅十月二十日　丁巳) 星期三

晴。上午 53°,下午 60°。

依时入馆。

散馆后步往南京路购酒于王宝和。挟之而归,乘电车矣。夜饮后,仍点读《史通通释》。此次重开酒戒,有一事足记者,前此饮后即废事,今则反能兴来就事耳。

11 月 25 日 (丙寅十月二十一日　戊午) 星期四

晴。上午 56°，下午 58°。

依时入馆。

夜写信，并点读《史通通释》。

明日将令内弟组青返苏，分致红蛋于亲友。盖同儿生已兼旬，循例需此一行也。若坚持不行，亲友亦将以矫情见讥矣。不图排行老九之同儿，亲友之属望乃较头生为殷厚也！男女之分如此，将何日打破此观念耶！

11 月 26 日 (丙寅十月二十二日　己未) 星期五

晴。上午 52°，下午 54°。

依时入馆。仍编《参考书》。

晚饮后点读《史通通释》。

复颉刚公函及答翼之由甬来书。

11 月 27 日 (丙寅十月二十三日　庚申) 星期六

晴。上午 52°，下午 55°。

依时入馆。

点读《史通通释》。

夜潘儿自立达归，打牌四圈而后寝。

11 月 28 日 (丙寅十月二十四日　辛酉) 星期日

阴，毛雨如雾。60°。

晨看报，既而整理书册，晓先来谈。

午刻赴振铎宴，圣陶以昨晚过饮，宿酒未醒，一到即归卧。席散已二时，又聚谈，至三时乃散。

傍晚，晓先、振铎、予同俱来，谈至上灯乃去。

夜看《翁文恭日记》。

11 月 29 日 (丙寅十月二十五日　壬戌) **星期一**

阴雨湿润，一如昨日。。上午 58°，下午 60°。

依时入馆工作。写信。

组青由苏归，各处红蛋已送矣。

夜点《史通通释》，尽第一册。

11 月 30 日 (丙寅十月二十六日　癸亥) **星期二**

阴雨连绵。上午 60°，下午 62°。

依时入馆。

夜写长信二通，寄苏州，一致仁斋姻丈，一复勖初。

九时起，点《史通通释》，十一时止。

同儿夜啼，卧为之不稳。

12 月 1 日 (丙寅十月二十七日　甲子) **星期三**

嫩晴，湿气犹重也。上午 59°，下午 61°。

依时入馆。稼轩以秋帆所著《水浒改错》见赠，此公久不见，乃有兴如此。

复翼之信。

傍晚，铁笙来，久之始辞，因同出。至车站附近，始别。予乃径归。

夜点《史通通释》。

12 月 2 日(丙寅十月二十八日　乙丑)星期四

晴不甚朗。上午 58°,下午 60°。

依时入馆。

夜点阅《史通通释》。

12 月 3 日(丙寅十月二十九日　丙寅)星期五

阴雨,晨晴。上午 56°,下午 55°。

依时入馆。

夜点《史通》。

君畴来,谈久始去。

12 月 4 日(丙寅十月三十日　丁卯)星期六

阴,细雨。较寒矣。上午 55°,下午 53°。

依时入馆。

散馆后往贺小鹣之婚于一品香。至则已开筵,别张一席以坐焉。合坐俱生人,幸与圣陶、振铎同去,否则窘矣。食半,君畴、湖帆、伟士、韵韶诸同学来,又晤叔亮、为章。但不久即行,径归。

夜点《史通》,毕第二册。睡时已十一时半,但甚喜有功也。

12 月 5 日(丙寅十一月初一日　戊辰)星期日

阴雨,湿腻。上午 53°,下午 54°。

晨起看报毕,点《史通》。至十一时半,乃出门径往法大马路鸿运楼参加文学会同人聚餐。是日到东华、雁冰、予同、彦长、若谷、雪村、仲云、调孚、振铎、乃乾、六逸及予十二人。肴核之精美丰盛，虽不逮安乐园，而视已经尝过之各家则实为价廉而物美矣。

一时半散，予与予同、乃乾径归。

夜仍点《史通》。

12 月 6 日 (丙寅十一月初二日　己巳) 星期一

上午阴雨，下午略晴。上午 56°，下午 60°。

依时入馆。

夜点《史通》。

日来一切简单，止求快点《史通》，俾交书取酬，应付各项也。但一步不到即一步不了，当然不能一蹴而及。心愈焦，工愈缓，不识年内能否竣事耳？

12 月 7 日 (丙寅十一月初三日　庚午) 星期二

阴霾。大风，骤寒。早 54°，午 52°，晚 45°。

依时入馆。觉明借《太平御览》去，云二星期归还。

夜仍饮，自生同以来，未之辍。饮后，点《史通》。

写信五通，分致仲弟及硕民、允言、怀、翼兄弟。

12 月 8 日 (丙寅十一月初四日　辛未　大雪) 星期三

晴，大风。上午 35°，下午 34°。

依时入馆。夜点《史通》。下午未入馆办事。

今日为同儿弥月之期，屏除一切"斋星宫"等俗例，特治馔祀先，告添丁。盖宗祀之延实赖之，以宗法目光衡之，当然以告祖为亟也。年未四十，望男已殷，不自知其落套可笑矣。

昨日见雪,骤寒。闻因冻而殪者颇不乏人。

12 月 9 日（丙寅十一月初五日　壬申）星期四

晴,风。上午 33°,下午 36°。

依时入馆。夜点《史通》。

孟真见访,与圣陶偕来,自晚七时谈至十时始去。孟真健谈,妙绪环生,极浃洽。

12 月 10 日（丙寅十一月初六日　癸酉）星期五

晴不甚朗,晚有雨意。早 58°,午 44°,晚 46°。

依时入馆。夜点《史通》。

怀之夫人及其姊妹来贺同弥月,下午四时由苏州至。

君畴、伟士见访,谈久始去。

12 月 11 日（丙寅十一月初七日　甲戌）星期六

阴,入夜雨。上午 46°,下午 49°。

上午入馆。下午未去。

午刻治筵宴客,两女桌,一男桌,为同弥月作汤饼会也。特与此者俱至稔极熟之人,盖不敢稍涉扩大以自放耳。故亲戚而外,止及圣陶、晓先两门。

夜往振铎所晚饭,因伊是日生辰,且《文学大纲》第一册适于今日印成也。

12 月 12 日（丙寅十一月初八日　乙亥）星期日

阴雨。上午 51°,下午 53°。

竟日未出,下午与苏州亲戚打牌。

晴帆来访,谈近事甚悉。

12 月 13 日 (丙寅十一月初九日　丙子) 星期一

阴,夜雨。上午 55°,下午 56°。

依时入馆。

夜点《史通》,因顺用朱笔补记六日以来日记。盖日来杂事纷扰,竟无写记之隙也。

12 月 14 日 (丙寅十一月初十日　丁丑) 星期二

阴雨。上午 56°,下午 58°。

依时入馆。

夜饭时,晴帆来访,属撰文两件。允之,约后日取去。饭罢,打牌四圈,旋仍点阅《史通》。

12 月 15 日 (丙寅十一月十一日　戊寅) 星期三

阴霾。上午 54°,下午 53°。

依时入馆。

散馆后与圣陶、振铎同访孟真于俭德储蓄会宿舍。因在其舍对门之大富贵晚餐。餐后复入谈,至十时始归。孟真于欧洲风俗言之娓娓,故不觉其言之长也。

12 月 16 日 (丙寅十一月十二日　己卯) 星期四

阴雨。上午 51°,下午 52°。

依时入馆。君畴来谈。

为晴帆撰文告二事。

晚五时许，往饮圣陶家，座客为君畴、靖涛、芝九、鸣九、味之、致觉及予。晓先则与圣陶共为东道也。谈次，欢然及志事，予因与君畴同时参加国民党，即书愿书焉。加入革新运动，此心早经默契，今特补具形式耳。

12月17日（丙寅十一月十三日　庚辰）星期五

阴，午后放晴。上午49°，下午48°。

依时入馆。下午四时，君畴来访，乃与晓先等同往致觉家开苏州市特务会。到圣陶、芝九等八人，于将来苏州教育事颇多规画。吾侪俱不脱酸相，所能努力者只有教育一途耳。七时许散，即归小饮。

晚饭后点《史通》。

晴帆约昨晚来，迄今不至，至念，不识近状何如也。

12月18日（丙寅十一月十四日　辛巳）星期六

阴晴兼施，上午45°，下午47°。

依时入馆。

散馆后至本馆发行所代翼之购书，遇芝九、清涛、介眉、味之、铭九等。未几即别，予乃至善元泰楼下独饮焉。七时许归。打牌四圈。九时后仍点《史通》。

12月19日（丙寅十一月十五日　壬午）星期日

阴雨。48°。

早起看报讫，与圣陶往赴粤南楼聚餐之约。是午到雁冰、振铎、六逸、彦长、若谷、调孚、予同、愈之、仲云及予与圣陶共十一人。

饭后摄影,旋散。予与愈之、圣陶冒雨至丽华购物,便雇车径归。知晴帆曾来不晤,而文件尚未取去。乃乾亦未见至,颇有欲语者不得一吐为快。因即走笔作书分致之。

夜点《史通》。

12 月 20 日 (丙寅十一月十六日 癸未) 星期一

阴霾,时雨。上午 48°,下午 46°。

依时入馆。散馆后至丽昌取照片,未得,以尚未洗印也。怅然而归。晚饭后点《史通》,已毕五册矣。

是日编译所同人会又开评议会,解答公司所定加薪办法。反对按薪水额百分比率,坚持平均增加率。以前者助长大薪水诸人,而后者则普遍无所盈亏也。

12 月 21 日 (丙寅十一月十七日 甲申) 星期二

晴,骤寒。上午 46°,下午 45°。

依时入馆。晴帆来,面取文件去。

散馆后至丽昌取照。归途在北新购得《新文化》创刊号。

夜饭后打牌四圈,旋点《史通》,开始点第六册。

乃乾饬人送《一统志》来,予适不在家,因未将《曲苑》等交来人携去。

12 月 22 日 (丙寅十一月十八日 乙酉 冬至) 星期三

晴寒。上午 40°,下午 41°。

依时入馆。

夜点《史通》。未点之前,打牌四圈。

怀之之大姊今日归苏,珏人送至车站。

12月23日（丙寅十一月十九日　丙戌）星期四

晴朗。朔风淬烈。上午35°,下午36°。

依时入馆。

看《性史外集》。

夜点《史通》。

孙传芳部将孟昭月昨晚入杭州,缴第一师留杭部队之军械。浙自治已成绝影矣。天心不厌祸,恐将复寻干戈也。周凤岐犹在富阳,再进则两军交绥正难幸免耳。

12月24日（丙寅十一月二十日　丁亥）星期五

晴。朔风淬烈,冻结。上午38°,下午39°。

依时入馆。

夜点《史通》。

12月25日（丙寅十一月二十一日　戊子）星期六

晴寒。上午35°,下午34°。

依时入馆。

夜在振铎所公宴吴文祺,请六逸、雁冰作陪。主则振铎、仲云、调孚、愈之、圣陶、均正、予同及予八人也。饭后剧谈,至十时,兴犹浓,以时方戒严,恐不能通行,即截然而止,分途各归。

12月26日（丙寅十一月二十二日　己丑）星期日

晴。上午39°,下午41°。

上午在家看报,旋出理发。

午后,振铎、文祺、君畴俱来谈,圣陶亦至。至三时许,振、文二君去。予三人乃共出,啜咖啡于福禄寿。旋向永安公司购物而归。抵家已五时矣。

夜作书二通。点《史通》。

12 月 27 日(丙寅十一月二十三日　庚寅)星期一

晴。上午 41°,下午 40°。

依时入馆。

夜点《史通》。

12 月 28 日(丙寅十一月二十四日　辛卯)星期二

晴。上午 39°,下午 42°。

依时入馆。写信复乃乾。

散馆后往本馆发行所,为翼之定《文学大纲》预约四份。六时许归,仍从容饮酒。晚饭后,写信复翼之。旋即点《史通通释》。

12 月 29 日(丙寅十一月二十五日　壬辰)星期三

晴。上午 44°,下午 43°。

依时入馆。作"介绍《近世文化史》"一则,应《一般》。

仲弟挈眷自天津来,暂止于家,不日将赴汉皋也。

夜点《史通通释》,快毕矣。

12 月 30 日(丙寅十一月二十六日　癸巳)星期四

晴,早见浓霜地润。上午 41°,下午 50°。

依时入馆。作书二封分寄剑秋及子玉。

《史通》已点毕,甚快。明日当着手作序矣。回忆初点时,已四十日,可见凡事不易,非持之以恒,决无有成也。三日内如得将序作成,送交大东,则枯囊当得稍润耳。

12 月 31 日(丙寅十一月二十七日　甲午)星期五

晴,热湿陡增,恐将雨。上午52°,下午53°。

依时入馆。

散馆后与圣陶过访愈之,遇彦长、若谷,因同往小有天聚餐。此次特因除夕,提前一天举行之。到十三人,仲云、调孚、愈之、彦长、地山、六逸、雁冰、振铎、乃乾、东华、圣陶、希圣及予也。七时许散,同往一品香谈,盖铎等预定房间,备度永宵者也。九时许归。

岁月匆匆,又是一年,回忆一年中果何所得耶?思之恶已。

收信表

日期	人名	地址	事由	备考
1月5日	顾颉刚	北京大石作	嘱组朴社分店。	
1月6日	邱晴帆	本埠南市职校	约十日往观剧。	
1月7日	曹铁笙	本埠善庆里	索所作稿。	
1月8日	陈子清	苏州市一校	托代制徽章三百枚。	
1月8日	王翼之	角直公一校	托定《新女性》。	
1月15日	邱晴帆	本埠职校	约星期过我。	
1月23日	王翼之	角直公一校	告已归苏为母治葬。	

续表

日期	人名	地址	事由	备考
1 月 27 日	陈子清	苏州迎风桥街	汇款十五元来托制徽章。	
1 月 31 日	王翼之	甪直公一校	告复赴甪接聘并速我早到苏。	
2 月 1 日	顾颉刚	北京大石作	嘱推销平伯之忆。	
2 月 2 日	又	又	代收北新账十八元汇来。	
2 月 2 日	张建初	苏州司前街	复表同情于《苏州评论》。	
2 月 8 日	王翼之	苏州护龙街	送喜糕来，盖其五妹、六弟均订婚矣。	
2 月 14 日	曹铁笙	南京石坝街	告在成德中学代守并慰病。	
2 月 16 日	王翼之	苏州护龙街	慰问我病。	
2 月 16 日	邱晴帆	南京城北红庙	慰病并戒饮。	
2 月 24 日	张建初	苏州司前街	问我何时到苏。	
2 月 28 日	郑梦九	徐州铜县师	催询陈梦星学工事。	
3 月 1 日	张建初	苏州司前街	告剑秋须五日归。	
3 月 2 日	吴颂皋	本埠哈同路	告已辞去商务，将赴法，先赴京。	
3 月 2 日	陈子清	苏州迎风桥街	催询徽章。	
3 月 3 日	陈海澄	苏州盛家带	询《马可波罗游记》译本。	
3 月 13 日	王翼之	苏州护龙街	告照片须过四五天始可寄来。	

日期	人名	地址	事由	备考
3月13日	邱晴帆	本埠职校	约明日上午与道始会我家。	
3月16日	陈子清	苏州女职中	谢代制徽章,并托以馀款定《文学》。	
3月20日	仲弟	本埠法租界	告已迁八仙桥附近荣庆里一〇五号。	
3月22日	王翼之	甪直公一校	托代定《新女性》、《文学》等。	
3月23日	又	又	托买惠罗一元货。	
3月24日	顾颉刚	北京大石作	复送款信,并慰我病。	
3月29日	邱晴帆	本埠职校	托抄曲目。	
3月31日	张建初	南京一女师附小	托定《语丝》,并告我已转蒋君送原稿。	
4月1日	吕钰卿	杭州商品馆	托代撰寿诗。	
4月1日	郑梦九	徐州铜县师	谢代买书。	
4月1日	王翼之	苏州护龙街	告珏人今日不即行。	
4月8日	邱晴帆	本埠职校	约游半淞园。	
4月18日	吕钰卿	杭州商品馆	谢代撰寿诗。	
4月18日	王翼之	甪直公一校	谢悟善处骨肉,并为逖先补定《语丝》。	
4月25日	又	又	为柏寒索诔挽。	
5月1日	又	又	答允代送柏寒礼。	
5月10日	又	又	告其家近况。	
5月25日	又	又	再告其父兄近况。	

日期	人名	地址	事由	备考
5 月 25 日	顾颉刚	北京大石作	问寄书到否。	
5 月 27 日	吕铭堂夫人	苏州庙堂巷	邀庶母去游。	
5 月 30 日	郭绍虞	开封中州大学	慰问我病。	
6 月 2 日	王翼之	甪直公一校	寄谢帖来。	
6 月 2 日	郑梦九	徐州铜县师	函请复核书价是否照同人例。	
6 月 11 日	郭绍虞	开封中州大学	告将返苏复书可寄苏州。	
6 月 23 日	陈海澄	苏州盛家带	询傅孟真行踪。	
6 月 26 日	章子玉	山东二十里堡税局	复前函,并告近状。	
6 月 29 日	顾颉刚	北京大石作卅 2	告近状,并问《古史辨》意见。	
6 月 30 日	陈乃乾	本埠北西藏路	告将办《国学月刊》,请撰文。	
7 月 1 日	王翼之	甪直公一校	告将放假并及其家中近况。	
7 月 1 日	邱晴帆	本埠职校	告将暑假回宁搬眷。	
7 月 11 日	邱晴帆	本埠职校	告帮办《太平导报》。	
7 月 13 日	章子玉	淮县货捐局	复前书。	
7 月 17 日	张剑秋	淮属清乡局	通复近状。	
8 月 1 日	陈乃乾	本埠新闸路	属催允言寄书来沪。	
8 月 3 日	张剑秋	淮属清乡专局	复前书。	

续表

日期	人名	地址	事由	备考
8月3日	王受百	苏州金狮河沿5	托为张绳武谋事。	
8月6日	顾颉刚	北京大石作	告将乘新丰轮南下。	
8月7日	王翼之	苏州护龙街	询近状,并托买书。	
8月14日	郑振铎	莫干山滴翠轩	询颉刚来否,并托访书。	
8月14日	邱晴帆	本埠职校	告已来此,约明日上午来谈。	
8月14日	顾颉刚	杭州仁和场署	快函托代措资。	
8月18日	陈乃乾	本埠大东书局	告由杭返并约晤。	
8月19日	顾颉刚	杭州仁和场署	告将到沪返厦。	
8月20日	周允言	溧阳	告书件当于返京后交出。	
8月27日	王翼之	甪直一校	告已到校,并托代定一般。	
8月30日	又	又	告发票已到。	
8月30日	仲弟	天津	告近状甚劣,将回南。	
8月30日	张剑秋	淮安	告将结束回苏。	
9月2日	陈乃乾	本埠大东书局	告款将于今日送来。	
9月2日	顾颉刚	厦门大学	告已安抵厦门。	
9月2日	潘介泉	厦门大学	告已安抵厦门。	
9月2日	陈万里	厦门大学	告已安抵厦门。	
9月4日	顾欣伯	苏州千将坊	托吹嘘所著稿。	
9月4日	葛昌礼	甪直界路	托介绍理化新书。	

续表

日期	人名	地址	事由	备考
9月5日	曹表侄	浒关	告姨母病,并言将偕表嫂来沪。	
9月4日	郑梦九	徐州铜师校	汇款四十元托购书。	
9月10日	王翼之	甪直第一校	托索《一般》。	
9月13日	钱江春	松江初中	托代物色教员。	
9月15日	顾颉刚	厦门大学	复前函,并嘱将介绍雪村书寄京。	
9月18日	朴社出版部	北京景山东街	开账单索代售书价。	
9月18日	王翼之	甪直公一校	寄沈氏谢帖来。	
9月20日	郑梦九	徐州铜师校	续汇四十元托再办书。	
9月21日	吕钰钦	杭州商品馆	贺秋节。	
9月22日	仲弟	天津法界六号路	告将回沪。	
9月28日	吕铭堂夫人	苏州庙堂巷13	询庶母近状。	
9月30日	顾颉刚	厦大研究院	告近状,并托转各信。	
9月30日	沈骏声	本埠大东书局	约今晚大加利吃饭。	
10月1日	郑梦九	徐州铜师校	告书已接得,款暂留我处。	
10月2日	章子玉	淮县税局	告秋收方旺,暂不南归。	
10月6日	邱晴帆	本埠职校	送戏剧协社演《第二梦》券来。	

日期	人名	地址	事由	备考
10 月 8 日	仲弟	天津旅次	复我前信不及他。	
10 月 12 日	陈乃乾	本埠福康路	告湿疾尼行不往厦门矣。	
10 月 12 日	张剑秋	淮安清乡署	告将归,约游金焦。	
10 月 15 日	顾颉刚	厦大研究院	快函询近状,并告朴社一切进行状。	
10 月 17 日	王怀之	苏州护龙街	邀吃其妹喜酒。	
10 月 24 日	又	又	再邀吃喜酒,并告翼之病。	
10 月 25 日	张剑秋	苏州司前街	告暂归苏,即将返淮。	
10 月 25 日	朱菱阳	甪直	托谋事。	
10 月 29 日	陈乃乾	本埠福康路	请催允言交书。	
10 月 30 日	又	又	再催允言交书。	
10 月 30 日	章子玉	青岛警厅	告近兼厅会计事。	
11 月 3 日	沈骏声	本埠大东书局	送一百元来作圣陶酬金。	
11 月 4 日	沈骏声	本埠大东书局	索昨送百元之收据。	
11 月 4 日	蒋崇年	北京朴社经理	寄清单轧见十七元二角七分七厘。	
11 月 6 日	周允言	苏州二中校	告书已寄出矣。	
11 月 7 日	郑梦九	徐州铜山师校	托配《公民》、《地理》等书。	
11 月 12 日	计硕民	苏州卫前街	贺生儿。	
11 月 12 日	张幼石	又　铁瓶巷	又。	

续表

日期	人名	地址	事由	备考
11 月 12 日	陈乃乾	本埠大东书局	告《说文诂林》及《一切经义》须六十元。	
11 月 14 日	王翼之	苏州护龙街	告近状,并贺同儿生。	
11 月 14 日	曹义坤	浒墅关	复贺生儿。	
11 月 15 日	陈乃乾	本埠福康路	复厨司他适不能代唤。	
11 月 15 日	计硕民	苏州卫前街	复允代送仲宅吊礼。	
11 月 15 日	周允言	又 二中	贺生儿,并托代购大东《四库提要》。	
11 月 15 日	仲弟	天津中和栈	告将返沪。	
11 月 15 日	蒋崇年	北京朴社总部	复《戴氏三种》无版税,并催欠款。	
11 月 16 日	吕钰钦	杭州商品馆	告近状,并言其母将来吾家。	
11 月 18 日	顾颉刚	厦门大学	复慰病愈。	
11 月 19 日	张剑秋	淮安清乡局	复贺生儿。	
11 月 20 日	郑梦九	徐州铜山师范	告书发票已到而书迄未到,请查询。	
11 月 22 日	顾颉刚	厦门大学	公函告朴社同人请努力半月刊。	
11 月 23 日	计硕民	苏州卫前街	寄谢帖来,谓仲礼已送矣。	
11 月 25 日	仲弟	天津中和栈	告慰同儿之生,并告即将南旋。	
11 月 25 日	沈兼士	北京地内太平街	谢过沪招待。	

日期	人名	地址	事由	备考
11 月 26 日	王翼之	甪直公一校	告病愈返校。	
11 月 27 日	陈乃乾	本埠福鑫里	复安乐聚餐不能到之故。	
11 月 27 日	蒋崇年	北京朴社本部	复告款已收讫,并致收据。	
11 月 28 日	薛道申	浒关	告自曹氏交涉不利状。	
11 月 31 日	吴勖初	苏州晏成	贺生儿。	
11 月 31 日	王翼之	甪直公一校	托定《一般》。	
12 月 2 日	陈乃乾	本埠福康路	复前信,并言聚餐必到。	
12 月 3 日	王翼之	甪直公一校	复告往来账欠予二元四角四厘。	
12 月 6 日	仲弟	天津中和栈	复告冬月初十左右将回南。	
12 月 6 日	王怀之	苏州护龙街	告其姊妹及夫人将来贺。	
12 月 11 日	顾颉刚	厦大研究院	复贺同儿,并托转各函件。	
12 月 12 日	郑梦九	徐州铜山师校	告第一批书已到,第二批未到。	
12 月 17 日	王翼之	甪直公一校	托定徽章、代订书、代买书。	
12 月 18 日	陈乃乾	本埠福康路	告《一统志》有矣,要十元。	

续表

日期	人名	地址	事由	备考
12 月 15 日	王怀之	苏州护龙街	告内眷已安返,并道扰谢。	
12 月 21 日	陈乃乾	本埠福康路	送《一统志》来。	
12 月 26 日	仲弟	天津中和栈	告已乘华宜来申。	
12 月 26 日	张剑秋	淮安清乡局	托为建初荐事。	
12 月 28 日	王翼之	角直公一校	托代购《文学大纲》。	
12 月 28 日	陈乃乾	本埠福康路	问《一统志》到未。	

发信表

日期	人名	地址	事由	备考
1 月 4 日	郑梦九	徐州县师校	复为代购《教育丛著》。	
1 月 5 日	王翼之	角直公一校	复代留意且告组织《苏州评论》。	
1 月 7 日	邱晴帆	本埠南市	复十日如无事当赴约。	
1 月 8 日	曹铁笙	本埠善庆里	寄还所作稿。	挂号。
1 月 11 日	陈子清	苏州市一校	复告徽章须十五元。	
1 月 11 日	王翼之	角直公一校	复《新女性》已定,亦由该社径寄。	
1 月 11 日	顾颉刚	北京大石作	复忆已到,并告近事。	
1 月 17 日	张剑秋	苏州司前街	寄《苏州评论》。	
1 月 17 日	张建初	南京中正街	同上。	

续表

日期	人名	地址	事由	备考
1 月 25 日	王翼之	苏州护龙街	复昨书。	
1 月 30 日	陈子清	苏州迎风桥街二	复徽章已交制。	
2 月 9 日	顾颉刚	北京大石作	复前书,并告病状。	
2 月 9 日	王翼之	苏州护龙街	复书已代定,并寄定单,且告病。	
2 月 9 日	邱晴帆	南京红庙	复前书,并告病。	
2 月 9 日	张建初	苏州司前街	复告明正当赴苏晤谈。	
2 月 15 日	曹铁笙	南京石坝街	复谢慰病。	
2 月 15 日	顾颉刚	北京大石作	寄《廿史朔闰表》预约,托代取书。	
2 月 23 日	又	又	寄同意票及问前信到未。	
2 月 27 日	王翼之	苏州护龙街	复告十八日到苏。	
2 月 27 日	萧久黎	甪直南街	贺其哥子婚,并致仪一元。	
2 月 27 日	张建初	苏州司前街	复十八日到苏。	
3 月 10 日	庄绍寅	天津日界蓬莱街正里政公会	致赙邮一元唁其父。	
3 月 10 日	王翼之	苏州护龙街	告归途情形。	
3 月 10 日	吴颂皋	本埠哈同路	复前信,并托致声京中诸友。	
3 月 10 日	陈海澄	苏州盛家带 21	复《马可波罗游记》译本当查告。	

日期	人名	地址	事由	备考
3 月 10 日	陈子清	苏州女职中	复徽章已由周勘成带奉。	
3 月 10 日	练为章	本埠大吉路	告景贤薪已代取,请即来携去。	
3 月 12 日	郑梦九	徐州铜县师	寄《教育丛著》发票,并告所托难成。	
3 月 17 日	陈子清	苏州女职中	复寄《文学》定据。	
3 月 17 日	王翼之	角直公一校	复前书已到。	
3 月 19 日	邱晴帆	本埠职校	约星期日会其所。	
3 月 20 日	郑梦九	徐州铜县师	告《教育丛著》须稍缓始寄。	
3 月 20 日	王仁斋	苏州护龙街	速驾即来沪游。	
3 月 20 日	张建初	南京一女师附小	索取蒋品鉁译书原本。	
3 月 24 日	郑梦九	徐州铜县师	挂号寄《教育丛著》二部去。	
3 月 24 日	顾颉刚	北京大石作	挂号寄赠《欧亚纪元合表》去。	
3 月 25 日	王翼之	角直公一校	复所托事办妥,寄收据去。	
4 月 1 日	张建初	南京中正街	寄定据。	
4 月 5 日	王翼之	苏州护龙街	讽其善处骨肉。	
4 月 6 日	吕钰卿	杭州商品馆	复允代撰文。	
4 月 9 日	又	又	寄寿诗去。	

续表

日期	人名	地址	事由	备考
4月9日	邱晴帆	本埠职校	告不能往,因已先约游镇、扬。	
4月25日	王翼之	甪直公一校	托代送柏寒礼。	
5月18日	邱晴帆	本埠职校	寄《性史》去,属看后转赠铁笙。	
5月19日	郑飞卿	本埠钱肩吾转	函送发票及馀款。	
5月29日	吕铭堂夫人	苏州庙堂巷	告庶母已出门赴宜昌矣。	
5月29日	王翼之	甪直公一校	复前信,并询索代送吊礼之谢帖。	
5月29日	郑梦九	徐州铜师校	询代配各书都送到否。	
5月29日	章子玉	高密税局转	探寻行踪。	
5月29日	顾颉刚	北京大石作	复告绝饮,并告寄书都到。	
5月31日	郭绍虞	开封中州大学	复谢慰病,并告近状大瘳。	
6月5日	郑梦九	徐州铜师校	复寄发票,并挂号寄书,且说明折扣。	
6月23日	郑梦九	徐州铜师校	寄徽章去算清账目。	
6月23日	陈海澄	苏州盛家带	复告傅孟真行踪不深悉。	
6月29日	章子玉	胶济线二十里堡	复告引慰。	

续表

日期	人名	地址	事由	备考
6 月 29 日	顾颉刚	北京大石作	告《古史辨自序》意见，并请加寄。	
6 月 29 日	王翼之	甪直公一校	复前函，并告近状。	
7 月 8 日	周为群	江湾立达学园	寄史地试题去。	
7 月 16 日	章子玉	胶济货捐淮县分局	复告前病状，并告颖年已返。	
7 月 16 日	邱晴帆	南京北城估衣廊 79	复谢赠《太平导报》。	
7 月 17 日	顾颉刚	北京大石作	托设法寄《文论集要》。	
7 月 17 日	张剑秋	淮属清乡专局	复顷接书。	
8 月 1 日	陈乃乾	本埠新闸路	复已去书催允言寄书。	
8 月 1 日	周允言	苏州省立二中	告乃乾催寄书，请即寄。	
8 月 3 日	王受百	又　金狮河沿	复一时无从设法。	
8 月 8 日	王翼之	又　护龙街	复允代买书。	
8 月 8 日	张剑秋	淮属清乡局	复前书。	
8 月 14 日	郑振铎	莫干山滴翠轩	复告颉已来，且允待访。	
8 月 14 日	顾颉刚	杭州仁和场署	快复所属事当照办。	
8 月 19 日	陈乃乾	本埠大东书局	复明日约谈。	
8 月 20 日	又	又	请即将书送来，并为译一英名去。	

日期	人名	地址	事由	备考
8月27日	顾颉刚	厦门大学	补寄选举票,并询近状。	
8月27日	王翼之	甪直公一校	寄代买书发票。	
9月1日	陈乃乾	本埠大东书局	请先借百元。	
9月3日	顾颉刚 介泉 万里	厦门大学	复告一切,并答东岳职名。	
9月5日	曹表 侄女	浒关	复问姨母病,并准在站相候。	
9月8日	郑梦九	徐州铜师校	寄书券及发票去。	
9月13日	章子玉	淮县路捐局	询近状,并及归期。	
9月15日	蒋仲川	北京东四九条46	寄介绍雪村书去。	
9月15日	钱江春	松江初级中学	复无人可推。	
9月18日	朴社 出版部	北京景山东街	请以后勿再寄书来,并告存书已移开明。	
9月23日	仲弟	天津中和栈70	复昨信,并告庶母病危。	
9月24日	郑梦九	徐州铜师校	寄第二批书券及发票去。	
9月29日	吕铭堂 夫人	苏州庙堂巷	复告庶母近状。	
9月29日	吕钰钦	杭州商品馆	复贺节,并告庶母近状。	
10月1日	陈乃乾	本埠福康路	请明日午后六时在吉花楼一叙。	
10月14日	又	又	复告病状。	

日期	人名	地址	事由	备考
10 月 14 日	仲弟	天津旅次	复告病状,并及庶母近况。	
10 月 14 日	章子玉	淮县货捐局	复告病状。	
10 月 14 日	邱晴帆	本埠职校	又。	
10 月 14 日	钱江春	松江初中	复告病状,并陈明车资面缴。	
10 月 19 日	王怀之	苏州护龙街	复陈不能赴苏吃喜酒。	
10 月 19 日	张剑秋	淮安清乡署	复告病不能赴京口游。	
10 月 19 日	蒋崇年	北京景山东街	寄开明收据,嘱另开单。	
10 月 20 日	顾颉刚	厦大研究院	复告病状,并辞朴社上海经理。	
10 月 26 日	陈乃乾	本埠福康路	托代购丁氏书预约。	
10 月 26 日	张剑秋	苏州司前街	复前书已寄淮。	
10 月 26 日	王怀之	又　护龙街	复不能前往,并慰翼之病。	
10 月 26 日	朱荄阳	甪直镇	复无法荐事。	
10 月 29 日	陈乃乾	本埠福康路	复即出信催允言。	
10 月 29 日	周允言	苏州二中	催即日送书交寿祺。	
10 月 30 日	陈乃乾	本埠福鑫里	复已出信催,并再附书请面洽。	
11 月 4 日	立达文学系	江湾	复谢存问,并陈明病状、辞职经过。	

日　期	人名	地　址	事　由	备考
11 月 4 日	罗志希	南京东南大学	寄《近百年史》赠之。	
11 月 4 日	章子玉	青岛路局	复告近状。	
11 月 4 日	沈骏声	本埠大东书局	复寄圣陶收据去。	
11 月 7 日	周允言	苏州二中校	复已收到书矣。	
11 月 6 日	蒋崇年	北京朴社本部	复请查付版税抵欠项。	
11 月 8 日	郑梦九	徐州铜山师校	寄配书发票去。	
11 月 8 日	仲弟	天津中和栈	告同儿生。	
11 月 8 日	王怀之	苏州护龙街	又。	
11 月 8 日	曹义坤	浒关落乡	又。	
11 月 10 日	张剑秋	淮安清乡局	又。	
11 月 10 日	计硕民	苏州卫前街	又。	
11 月 10 日	章子玉	青岛路局	又。	
11 月 13 日	计硕民	苏州卫前街	托代送仲宅吊礼。	
11 月 13 日	陈乃乾	本埠福康路	托代唤扬州府司,并谢问《诂林》价。	
11 月 15 日	又	又	告已别定菜即请明日来饮。	
11 月 15 日	王翼之	苏州护龙街	复谢贺生儿,并询其病况。	
11 月 17 日	蒋崇年	北京朴社本部	汇款十七元二角八分归欠讫。	
11 月 20 日	顾颉刚	厦门大学	复昨信,并告同生。	

日期	人名	地址	事由	备考
11 月 20 日	吕钰钦	杭州商品馆	复前信。	
11 月 20 日	张剑秋	淮安清乡局	复谢贺同生。	
11 月 22 日	曹铁笙	本部善庆里	谢送零头。	
11 月 21 日	陈乃乾	又　福康路	询聚餐何不到,并问代购书价。	
11 月 24 日	郑梦九	徐州县师校	复告书确寄出矣。	
11 月 24 日	计硕民	苏州卫前街	复谢代送仲礼。	
11 月 26 日	又	又	托转致红蛋五份。	
11 月 26 日	仲弟	天津中和栈	复催即南旋。	
11 月 26 日	王翼之	甪直公一校	复慰病愈。	
11 月 26 日	顾颉刚	厦门大学	复前公函不担编辑责任。	
11 月 29 日	陈乃乾	本埠福康路	复前函。	
11 月 29 日	沈兼士	北京太平街 16	复招待不周,称谢为愧。	
11 月 29 日	薛道申	浒关	复以后不必再过问予。	
11 月 30 日	王仁斋	苏州护龙街	谢送贺礼,并邀在苏戚属来饮。	
11 月 30 日	吴勘初	苏州晏成	谢贺生儿。	
12 月 1 日	王翼之	甪直公一校	寄《一般》定单去,并请查账。	
12 月 7 日	仲弟	天津中和栈	复催即南归,并告庶母病状。	

日期	人名	地址	事由	备考
12月7日	王怀之	苏州护龙街	复催速来赴宴。	
12月7日	计硕民	又　卫前街	请代收允言书款。	
12月7日	周允言	又　二中校	请将书款付硕民。	
12月7日	王翼之	甪直公立一校	复告账已登记矣。	
12月8日	郑梦九	徐州铜师校	告又垫九角六升。	
12月13日	傅孟真	本埠俭德会	转颉刚函去。	
12月14日	又	又	约明日下午五时往访。	
12月14日	计硕民	苏州卫前街	谢送贺礼。	
12月14日	王彦龙	又　铁瓶巷	又。	
12月18日	王翼之	甪直公一校	复所托三项。	
12月19日	陈乃乾	本埠福康路	复要《一统志》。	
12月19日	邱晴帆	又　职校	请来取文件,并道失迓。	
12月27日	胡庭芳	本埠嵩山路	转仲弟信去。	
12月27日	王怀之	苏州护龙街	问其大姊归去安否。	
12月28日	陈乃乾	本埠福康路	告《一统志》等已收到。	
12月29日	王翼之	甪直公一校	寄《文学大纲》预约券实存予处大洋七角耳。	
12月30日	章子玉	青岛警察厅	询何以无复,并道谢其家送贺礼。	
12月30日	张剑秋	淮安清乡局	复当设法为建初事留意。	

收支一览表

月	日	收入要目	收入数额	月	日	支出要目	支出数额
1	1	上年存项	1.25	1	1	善元泰夜饮	2.60
1	7	一月上半薪	60.00	1	7	《申报》一月	0.90
1	21	一月下半薪	60.00	1	7	家用	50.00
				1	7	垫付庶母息	10.00
				1	10	日历、食物	0.65
				1	10	车力	0.20
				1	10	代翼定报	1.20
				1	16	济难会券	1.00
				1	17	正和馆饭	1.40
				1	18	《现代评论》	0.40
				1	21	家用	50.00
				1	23	娄立斋礼	1.00
				1	25	谢六逸礼	4.00
		共收	121.25			共支	123.35
		一月份综计				不敷	2.10
				2	1	承前不敷	2.10
2	7	二月上半薪	60.00	2	1	《苏州评论》	1.00
2	10	二月下半薪	60.00	2	7	《申报》一月	0.90
2	10	代乃乾收账	6.00	2	8	徐应昶礼	2.00
				2	8	补医药	3.00
				2	10	家用	100.00

月	日	收入要目	收入数额	月	日	支出要目	支出数额
				2	10	还乃乾	10.00
				2	10	还来青阁	10.00
				2	10	医药、车力	4.20
				2	13	福禄寿点	1.50
				2	13	车力等	0.30
				2	15	澄华压岁	1.00
				2	26	神仙世界	0.80
				2	26	《甲寅》等	0.28
		共收	126.00			共支	137.08
		二月份综计				不敷	11.08
				3	1	承前不敷	11.08
3	9	景贤薪水	30.00		7	赴苏总用	32.00
3	9	三月上半薪	60.00		9	捐入景贤	10.00
	20	三月下半薪	60.00		9	珏人用	10.00
				3	9	《甲寅》等	0.24
				3	9	《申报》一月	0.90
				3	9	家用	50.00
				3	11	葡萄酒	0.90
				3	11	北万馨点	0.40
				3	16	《甲寅》、《现代》	0.10
				3	17	捐《苏评论》	1.00

月	日	收入要目	收入数额	月	日	支出要目	支出数额
				3	23	《纪元表》等二册	2.88
				3	23	《教育丛书》二册	10.00
				3	29	游锡总用	8.00
				3	30	家用	50.00
		共收	150.00			共支	187.50
		三月分综计				不敷	37.50
4	2	景贤本学期夫马费	10.00	4	1	承前不敷	37.50
4	7	本月上半薪	60.00	4	5	《申报》一月	0.90
4	21	本月下半薪	60.00	4	5	取照片	0.50
				4	7	家用	50.00
				4	8	理发	0.20
				4	9	软片一打	0.66
				4	9	儿食及车力	0.25
				4	13	游镇、扬总用	17.90
				4	13	《甲寅》、《评论》等	0.10
				4	14	游龙华往回	0.50
				4	14	新半斋面点等	4.00
				4	20	《九朝纪事本末》	8.00

续表

月	日	收入要目	收入数额	月	日	支出要目	支出数额
				4	20	车力及另用	0.60
				4	21	家用	50.00
				4	22	周越然母寿	3.00
				4	30	吊胡子贻父丧	2.00
		共收	130.00			共支	166.11
		四月分综计				不敷	36.11
5	7	本月上半薪	60.00	5	1	承前不敷	36.11
5	21	本月下半薪	60.00	5	3	《申报》一月	0.90
5	29	十四年度花红	198.00	5	2	高长兴夜饮	1.80
5	29	又特别储蓄	59.40	5	7	家用	50.00
				5	9	悦宾楼聚餐	1.00
				5	9	套鞋	2.80
				5	9	冰食	0.40
				5	10	鱼肝油丸	0.95
				5	10	北万馨点心	0.80
				5	10	新新屋顶	0.60
				5	10	车资	0.40
				5	13	宝华楼面	0.40
				5	13	车资	0.40
				5	16	车资	0.25
				5	17	车资	0.10

续表

月	日	收入要目	收入数额	月	日	支出要目	支出数额
				5	17	茶叶	0.20
				5	17	《性史》二本	0.80
				5	17	车资	0.10
				5	21	家用	50.00
				5	21	发行所职工捐	2.00
				5	25	印照片	0.50
				5	26	剪发	0.20
				5	26	早点	0.16
				5	27	江湾车	0.30
				5	27	衣料	8.00
				5	27	鱼肝油丸半打	5.00
				5	28	印照片	0.25
				5	29	微微饮冰	0.60
				5	29	印照片	0.10
				5	29	存特储	59.40
				5	30	看飞机	1.00
				5	30	点心	0.40
				5	31	茶叶、糖果	0.50
		共收	377.40			共支	226.42
		五月综计存	150.98				
6	1	上月存	150.98	6	1	公请立达同人	2.00

月	日	收入要目	收入数额	月	日	支出要目	支出数额
6	4	支上三年特储	100.00	6	1	立达捐款先付	30.00
6	7	本月上半薪	60.00	6	1	还讫馆书账	48.83
6	21	本月下半薪	60.00	6	2	珏人	49.16
				6	3	《科学》地学号	0.25
				6	3	《历朝统系图》	0.80
				6	3	车力	0.20
				6	4	存入本馆活期	200.00
				6	5	茶房节赏	2.00
				6	6	车力	0.20
				6	7	家用	50.00
				6	11	另用	0.20
				6	12	还来青阁	2.00
				6	12	公贺予同	1.00
				6	13	还中国书店	6.00
				6	13	枇杷及车力	1.15
				6	15	同人会年费	0.30
				6	19	历史地图	3.60
				6	22	同人会餐券	1.00
				6	22	家用	50.00
				6	22	《清华学报》	0.27
				6	23	送人礼物	2.00

续表

月	日	收入要目	收入数额	月	日	支出要目	支出数额
				6	29	胎产金丹	1.20
				6	29	公请佩弦	1.80
				6	29	车力、杂用	0.20
		共收	370.98			共支	454.16
		六月综计				不敷	83.18
7	7	本月上半薪	60.00	7	1	承前不敷	83.18
7	21	本月下半薪	60.00	7	1	《申报》一月	0.90
				7	1	王宝和请佩	4.00
				7	1	车力	0.40
				7	4	看电影及车力	0.80
				7	7	家用	50.00
				7	8	取照片	0.80
				7	11	新世界茶	0.40
				7	11	买鞋一双	2.60
				7	11	补昨日江湾车	0.70
				7	13	取照片	0.60
				7	13	车力、另用	0.60
				7	17	参加大马会	1.50
				7	17	车力等	0.20
				7	21	家用	50.00
				7	24	干片	1.36
				7	24	痧药水	0.35

月	日	收入要目	收入数额	月	日	支出要目	支出数额
				7	24	清用颜色	0.18
				7	24	蚊烟香	0.56
				7	24	卡尔登电影	0.50
				7	24	蓝灯泡	0.75
				7	24	车力	0.20
				7	25	请允言	1.00
				7	29	捐助本馆工会	1.00
		共收	120.00			共支	202.58
		七月综计				不敷	82.58
8	7	本月上半薪	60.00	8	1	承前不敷	82.58
8	21	本月下半薪	60.00	8	1	《申报》一月	0.90
				8	7	家用	50.00
				8	7	《近百年史料》	1.00
				8	7	饮冰及车力	0.50
				8	9	还乃乾 垫（托绍）	1.70
				8	9	先付荷兰水	1.00
				8	9	汗衫及修眼镜	5.00
				8	12	恤梅生	2.00
				8	12	请颉刚	5.20
				8	12	车力	0.20
				8	18	请介泉、万里	5.00

月	日	收入要目	收入数额	月	日	支出要目	支出数额
				8	18	借给小鹅	5.00
				8	19	车力	0.20
				8	21	家用	50.00
				8	21	代翼买书	3.79
				8	21	蚊香、药片等	1.00
				8	21	通保嗬账	1.00
				8	24	代翼城中	0.40
				8	24	车力	0.10
				8	24	公饯伏园	1.72
				8	26	中国矿产等	2.14
				8	26	补昨输雀	1.50
				8	29	赴苏火车	3.36
				8	29	晚膳	1.80
				8	29	《申报》一月	0.90
				8	29	在苏车力	1.20
		共收	120.00			共支	229.19
		八月综计				不敷	109.19
9	2	乃乾稿费	100.00	9	1	承前不敷	109.19
9	7	本月上半薪	60.00	9	2	珏人手表	10.00
9	18	本月下半薪	60.00	9	2	北万馨点心	1.60
9	26	圣还宴乃乾	2.75	9	2	糖果等	0.20
9	27	予还宴乃乾	1.50	9	3	清、汉学费	15.00

月	日	收入要目	收入数额	月	日	支出要目	支出数额
9	27	支储会	60.00	9	5	潜学、旅等费	68.00
9	28	铎还宴乃乾	2.75	9	5	往返江湾车	0.80
				9	7	为潜儿买书	1.84
				9	7	家用	50.00
				9	8	车力	0.20
				9	12	送乡亲礼物	5.00
				9	12	车力、茶资	0.30
				9	14	送乡亲车	2.00
				9	15	江湾往还车	0.30
				9	15	吊仲威代箔	0.50
				9	16	清儿旅行费	0.40
				9	17	茶房节赏	2.00
				9	18	印照片	0.20
				9	19	栗子	0.20
				9	22	江湾往返车	0.40
				9	23	火腿	0.80
				9	23	虚字折中	0.28
				9	23	栗子、车力	0.30
				9	25	代公宴乃乾	10.00
				9	28	《四部备要》	90.00
				9	28	车力	0.20
				9	29	江湾往返	0.20

续表

月	日	收入要目	收入数额	月	日	支出要目	支出数额
				9	30	出晚餐车力	0.20
				9	30	付清《申报》	1.00
		共收	287.00			共支	371.11
		九月综计				不敷	84.11
10	7	本月上半薪	60.00	10	1	承前不敷	84.11
10	11	《戴氏三种》版税	7.40	10	2	中华买书	1.60
10	21	下半月薪	60.00	10	3	赴浒关车	0.95
				10	7	家用一月并补前半月	150.00
				10	7	请医生	10.00
				10	16	花露水等	1.00
				10	19	贺沈仲杲	1.00
				10	23	代颉介捐苏	10.00
				10	23	聚餐	2.00
				10	31	看电影	0.80
				10	31	请兼士	4.35
		共收	127.40			共支	265.81
		十月综计				不敷	138.41
11	6	上半月薪	60.00	11	1	承前不敷	138.41
11	8	梦九书款	20.50	11	4	《科学》	0.23
11	16	借圣陶	20.00	11	6	职教社会费	2.00
11	21	下半月薪	60.00	11	6	文会聚餐	2.00

续表

月	日	收入要目	收入数额	月	日	支出要目	支出数额
				11	6	家用	50.00
				11	7	鱼肝油丸	4.75
				11	8	奶粉等	1.96
				11	8	酒及熏鱼等	0.80
				11	8	代梦九购书	11.54
				11	13	洗浴与晓	1.00
				11	14	看《第二梦》	1.00
				11	17	汇祭年	17.17
				11	21	补请孟真	8.20
				11	21	文学同人聚餐	2.00
				11	21	吊周勚成母	1.00
				11	22	先得楼与铎	1.00
				11	22	莲子糖	0.20
				11	23	色笔等物	0.38
				11	23	羊肉、车力等	0.32
				11	24	酒及酱鸭	0.60
				11	28	《音乐入门》	0.60
		共收	160.50			共支	245.16
		十一月综计				不敷	84.66
12	1	商务卅年席金	12.00	12	1	承前不敷	84.66
12	7	本月上半薪	60.00	12	4	为梦九书找	9.65

续表

月	日	收入要目	收入数额	月	日	支出要目	支出数额
12	13	支存储款	100.00	12	4	贺小鹣婚	3.34
12	21	本月下半薪	60.00	12	5	文学会聚餐	2.00
				12	5	为翼之定《一般》	2.00
				12	7	家用	50.00
				12	7	叔千会	10.00
				12	11	《健康的性生活》	0.40
				12	13	沈仲成吊礼	2.00
				12	13	珏人提用	90.00
				12	18	善元泰饮酒	0.40
				12	19	粤南楼聚餐	2.00
				12	21	家用	50.00
				12	21	取照及《新文化》	0.45
				12	26	理发	0.30
				12	26	牙刷	0.40
				12	28	《常识日历》	0.50
				12	28	熏鱼	0.20
				12	31	聚餐	2.00
		共收	232.00			共支	301.61
		十二月综计				不敷	69.61

1927 年(民国十六年)

1 月 1 日(丙寅十一月二十八日　乙未)星期六

晴朗。上午 48°,下午 50°。

晨起看报,过圣陶谈。十时许返,适晴帆来,乃共出,饭于正兴馆。久不往彼吃饭,竟大事扩充矣。一时食毕,分别各归。本欲赴爱普庐看《如此巴黎》,以时晏不及而罢。

夜略翻《四库提要》史评类,备作《史通》新序。

1 月 2 日(丙寅十一月二十九日　丙申)星期日

晴。上午 46°,下午 48°。

晨餐后在家闲翻典籍,铁笙乃来。因与俱出,小饮于福州路之同四美。饭罢,偕游法国公园。此园予实初往,确清旷可爱,其西南一角,林壑尤美,有潺缓之飞泉,有漪洄之曲池,置身其间,宛在山中,是诚妙工矣。四时许始出园归。

夜打牌四圈。

1 月 3 日(丙寅十一月三十日　丁酉)星期一

晴。上午 45°,下午 48°。

依时入〈馆〉,续编《本国史参考书》。

夜七时,在振铎所公钱仲云、文祺及学昭女士,盖明日渠等将有汉皋之行也。同坐至多,共二十三人。饭毕,分批散去。予与晓先、圣陶稍后行,至宝通路口,岗警坚阻不许行,盖日间杭州附近已开火,此间又特别提早戒严耳。予等横遭非礼,莫可奈何,只得别绕荒径而返。噫! 如此年头,诚非人间世矣!

1 月 4 日（丙寅十二月初一日　戊戌）星期二

晴,早有大雾。上午 46°,下午 51°。

依时入馆。看《甲寅》三十六期,盖又复活出版矣。

晚勉作《史通》新序,未有成稿。

报载杭战已实,火车今日有来无往。形势大约十分严重也。

江春发起组新建设社,约予及圣陶、予同、晓先、石岑、振铎、希圣、愈之、思平谈商之结果,先从切实者做去,拟即组"上海著作人公会",推思平及希圣起草缘起及简章。明日再讨论。

今日知《少年百科全书》之末一批已出版,因即饬役持券往兑,立刻封妥挂号寄梦九。

1 月 5 日（丙寅十二月初二日　己亥）星期三

早浓雾,旋开霁。上午 48°,下午 58°。

依时入馆。

今日续开讨论,将陶、梅二先生所拟之件再加添益,仍嘱二先生重草。俟拟妥通过后,即开始征求同志,声气稍广时再开成立大会。现在原有之十人即为发起人。

杭州战报,报纸甚不明晰,不识真相若何,颇觉闷损。

1 月 6 日 (丙寅十二月初三日　庚子　小寒) 星期四

拂晓雨,旋止,午后晴。上午 56°,下午 61°。

依时入馆。加薪事已解决,至少每人得加四元半。

夜作《史通》新序。

1 月 7 日 (丙寅十二月初四日　辛丑) 星期五

阴霾,午后晴。上午 50°,下午 55°。

依时入馆。写信与慰元,托代梦九索月份牌。

夜作《史通》新序。

报载昨日上海防守司令李宝章召各报记者谈话,嘱勿登载军事消息。从此,杭州战讯将无由征实矣。一般悬之于家乡安否之徒其何以慰此方寸乎!

1 月 8 日 (丙寅十二月初五日　壬寅) 星期六

阴雨,下午起风,有晴意。上午 51°,下午 46°。

依时入馆。"著作人公会"之宣言及简章已讨论通过,将付印,取便分头征求也。惟开会时愈之及江春未到,因少开许多拟征入会之人。

《史通》新序已成一半,夜间仍赓作之。

立达已放寒假,濬儿今日归来。

1 月 9 日 (丙寅十二月初六日　癸卯) 星期日

阴霾,有风,午后飘雪。上午 44°,下午 40°。

晨间阅报讫,本拟续作《史通》新序,适振铎见访,因同偕圣陶出。先过乐园茶馆,晤乃乾,继乃至金陵春午点。四人外又邀沈伯经、王建民共餐焉。饭后出,冒雪行,至俭德储蓄会访黎锦晖。未晤,径归矣。

夜未作何事,以日间多走路,积倦甚疲矣。

1 月 10 日 (丙寅十二月初七日　甲辰) 星期一

晴。上午 41°,下午 43°。

依时入馆。

夜续作《史通》新序。十时写毕,凡六千七百言。

1 月 11 日 (丙寅十二月初八日　乙巳) 星期二

晴。上午 46°,下午 48°。

依时入馆。

散馆后与圣陶闲步,旋归小饮。晚饭后,誊写圣陶所作《淳南辨惑序》。

写信与怀之,仍托代完坟粮。

1 月 12 日 (丙寅十二月初九日　丙午) 星期三

晴,傍晚阴霾。上午 44°,下午 49°。

依时入馆。

散馆后与振铎同往晋隆定座,以本届聚餐提前举行,特于明午顺为雁冰祖道也。雁冰将有事于汉皋,故提前凑之,饭后拟作一度乐游焉,自晋隆出,购物于永安,然后归。

夜小饮后,打牌四圈而寝。

1 月 13 日(丙寅十二月初十日　丁未)**星期四**

晴,傍晚细雨,夜半风。上午 47°,下午 51°。

上午入馆,下午未往。

十二时,径往晋隆。到者有石岑、振铎、雪村、六逸、调孚、东华、圣陶、愈之、予同、雁冰及予十一人。二时许毕,大家散出,予与调孚、圣陶、愈之、予同、六逸、振铎复登新新屋顶花园啜茗焉。四时许出,调孚先归,予等六人又往言茂源小酌。谈笑甚欢,而不敢畅,恐过时路阻,所谓戒严也。八时许即散归。

1 月 14 日(丙寅十二月十一日　戊申)**星期五**

晴,晨下雨旋止,湿润。上午 52°,下午 58°。

依时入馆工作。

散馆后即归,与珏人大谈。旋即小饮。

晚饭后本拟开点《论衡》,但因闲翻之故,竟未果行。

写信复仲弟,以今日得渠信也。

1 月 15 日(丙寅十二月十二日　己酉)**星期六**

阴霾。上午 57°,下午 55°。

依时入馆。午后四时许,馆侧空弄中忽有烟起,于是警笛大鸣。予乃出视,知其为火也,因即出馆;旋亦打钟散馆矣。归后又与圣陶偕出,购物于本馆发行所。路遇晴帆,略谈而别。六时许返,仍小饮。饭后,打牌四圈而寝。

予出时,苏州来之表连襟蔡震渊过我家,未晤,知渠暂住静安寺路同福里,当于明日往访之。

1月16日(丙寅十二月十三日　庚戌)星期日

霰雪交飞。上午49°,下午同。

晨看报讫,振铎适来,因与偕访乃乾于新闸福康路。谈至十一时,辞出。铎径归,而予则寻同福里震渊之住址。乃往返于静安寺路良久,竟未获访,只得怅然登车而返。

《史通通释》及《淖南辨惑》俱于今日面交乃乾。乃乾以所印《经典集林》及《清经解提要》见赠。

1月17日(丙寅十二月十四日　辛亥)星期一

阴霾,时见濛雨。50°。

依时入馆。

佩弦由京来,将返白马湖接眷。沪友于午刻在新有天宴之,到丏尊、雪村、石岑、予同、振铎、圣陶、愈之、春台及予。饭后谈至二时乃散。仍入馆。

写信寄震渊,由怀之转。

1月18日(丙寅十二月十五日　壬子)星期二

晴。46°。

依时入馆。

夜小饮,未有所事,九时即偃然卧矣。如此懒散,将奈何哉!

1月19日(丙寅十二月十六日　癸丑)星期三

晴。上午42°,下午44°。

依时入馆。

散馆后,骏声、晴帆见过,骏约明日送款来,晴则告明日将返宁也。

夜小饮,旋即睡。

1 月 20 日(丙寅十二月十七日　甲寅)星期四

晴。上午 42°,下午 44°。

依时入馆。

大东书局送酬资三百元来,眼前为之一松。圣陶为予加助不少,拟赠一羊裘表意焉。今日午后即由珏人往先施购办之。

夜,致觉请芝九、晓先、圣陶及予在新有天小酌,八时许散归。

1 月 21 日(丙寅十二月十八日　乙卯　大寒)星期五

晴。上午 34°,下午 36°。

依时入馆。

夜在家小饮,九时后寝。

送一羊裘与圣陶,坚不受,明日当别购他物赠之。

1 月 22 日(丙寅十二月十九日　丙辰)星期六

晴。上午 33°,下午 35°。

依时入馆。

夜小饮闲谈,九时即睡。

1 月 23 日(丙寅十二月二十日　丁巳)星期日

晴。上午 36°,下午 38°。

晨十时往乃乾所谈,还其代买书账。十二时同出,共饭于福州路聚昌馆。二时许归,知振铎、六逸、予同来看我,刻在圣陶所待我。乃复出往探之,因共诣豫丰泰饮。先过愈之,未遇,故只四人与此。八时许即赶归,恐戒严路阻也。

1 月 24 日(丙寅十二月二十一日　戊午)星期一

晴不甚朗,寒。上午 38°,下午 40°。

依时入馆。

佩弦自白马湖移家过此,将于明日乘船北上,卜宅京华。散馆后,予与振铎、圣陶、愈之、石岑、予同、光焘、思平同饯之于言茂源。且谈且饮,不觉已十时半矣,知戒严时间已到,欲归不得,乃共往一品香开一房间投止焉。未归旅舍前,曾共往法界一私门子略坐之,叫三人,最可意者为爱香。玩归旅舍,无由安睡,乃打牌十二圈以俟天曙。如此浪游,生平实未多觏,偶一为之,亦甚觉有趣也。天明即行。

1 月 25 日(丙寅十二月二十二日　己未)星期二

晴。上午 39°,下午 42°。

依时入馆。倦甚。

散馆归,知翼之、悦之兄弟来此,出访友,少顷将复来也。俟之六时许乃至,因大谈对饮,十时后始各归寝。知角直近状甚悉,乡间一切不关,至足羡也!予本有移家之念,颇思复返甪乡矣。

1 月 26 日(丙寅十二月二十三日　庚申)星期三

晴寒。上午 41°,下午 43°。

依时入馆。

下午四时出,与翼之同至本馆发行所及中华书局定购各书,比归,已暮色深莽矣,即与其兄弟小酌,直至九时乃罢。谈至十时许乃睡。

今日本须往都益处贺仲彝结婚,以伴翼之故,未果行。

1 月 27 日 (丙寅十二月二十四日 辛酉) 星期四

晴。上午 44°,下午 45°。

依时入馆。

翼之、悦之兄弟于今日下午六时去,径归苏矣。

夜补记十日来日记,久牵事未遑作,乃一延十日,真可惧也!

1 月 28 日 (丙寅十二月二十五日 壬戌) 星期五

晴。上午 48°,下午 44°。

依时入馆。

今日感冒,体甚倦,百不舒服。夜虽小饮,勉强行之,饭后小坐即睡。但日间却连写三信也。

1 月 29 日 (丙寅十二月二十六日 癸亥) 星期六

晴。上午 44°,下午 46°。

依时入馆。

感冒稍好而精神阑珊,虽竟日伏案,亦无所得也。

1 月 30 日 (丙寅十二月二十七日 甲子) 星期日

晴。上午 43°,下午 45°。

今日仍照常入馆,盖馆中以旧历新年之故,特预移下月五日之工作于此,俾元旦直休至初六日始上工耳。

日来各报停刊休假,举凡一切隔膜影射之消息亦无处索之,殊感闷损也。此一星期中,不知将有若何之新局势转变否?

1 月 31 日(丙寅十二月二十八日　乙丑)星期一

晴。上午47°,下午48°。

依时入馆。

散馆后与圣陶至先施购物,安步往返,抵家已暮矣。

自明日起,馆中年假,二月七日始开工。

2 月 1 日(丙寅十二月二十九日　丙寅)星期二

晴不甚朗,夜半后微雨。上午48°,下午50°。

晨十时许,振铎来,因同往虹口菜市一观。其地为全沪最大之小菜场,闻名已久,迄未一往,今始乘兴游之。今日为旧历除夕,上市购物者倍繁畴日,市声固嚣,但此种升平景象却无处可多见也。予等登三楼徘徊久之,十二时乃返。

饭后与圣陶同游邑庙之豫园,茶于春风得意楼。薄暮,扬长而归,忘时局之颠危矣。晚饭后,振铎复来,仍偕之出,先至来青阁,继访乃乾于其家。未晤,折回,乃遇之。谈至十一时许,各归。今日军警当局特别放夜,居然通宵解严也。

2 月 2 日(丁卯正月初一日　丁卯　春节)星期三

阴霾,入夜细雨。51°。

晨起,照例用事毕,与圣陶过振铎。谈至十一时许乃同赴俭德储蓄会朴安、乃乾之约。到者稔友至少,除主人外,只吾侪三人为稍熟耳。席未散,已午后二时半,以欲往大戏院看《幸运无穷》即辞去,与铎、陶径往入座。戏尚不恶,颇饶风趣,至五时许乃出。

沿途归来,街市萧索,旧历元旦之势力真不小,无论何人,多少总受到一些影响也。然而至触目者不在此萧索之状,乃在今年特别点缀之荷枪执戈兵士耳。一般人方酣嬉升平,乘此新年,吾却深为引虑,正恐鱼游沸鼎焉。

2 月 3 日 (丁卯正月初二日 戊辰) 星期四

阴雨。上午 49°。

上午邀圣陶闲谈,方在论辨,楼忽大震,盖地震也。急下楼避之。论遂止,时正十二时。饭后一时,地又震,不知震源何处,得不成灾害否?

二时许,孟真见过,复邀圣陶共谈。至四时乃去。约明日上午九时后往访之。渠本定旧历小除夕行,以不及上船故,须后日行矣。

打牌四圈,并接龙二小时。今日避雨不出,乃大博。所与俱家人,似太失教耳。

2 月 4 日 (丁卯正月初三日 己巳) 星期五

阴雨,傍晚有雪。上午 45°,下午 46°。

上午九时许,予与圣陶同访孟真。坐甫定,振铎踵至。谈至十一时半,即就食堂午饭。饭后辞归。旋又出,三人同往卡尔登看电影。五时许散出,七时到家。

夜写信两封。

2 月 5 日（丁卯正月初四日　庚午　立春）星期六

阴,下午放晴。上午46°,下午48°。

今日各报皆照常印行,消息已大通,但无真确之信耳。

饭后本拟出看《禁宫艳史》,以地湿而止。在家打牌八圈,至晚而罢。罢后小饮,八时毕,随意翻书,至十时就寝。

2 月 6 日（丁卯正月初五日　辛未）星期日

晴。上午45°,下午47°。

午前看报,午后与圣陶及其夫人同出,往奥迪安看《禁宫艳史》。五时许归,绍虞自苏来,盖将赴武昌就中山大学教席也。是晚即共饮于圣陶家,以彼下榻在彼故耳。谈至十时乃别。

是日晴帆来访,适出看戏未晤,甚歉。有许多待询之事未得畅聆其言,则又甚怅。

2 月 7 日（丁卯正月初六日　壬申）星期一

晴,傍晚日出飞雪。上午38°,下午41°。

今日开始工作,照常入馆。

散馆后,在振铎所公饯希圣、绍虞、思平,盖彼等日内即须离此赴武昌就事也。与宴者有致觉、光焘、晓先、圣陶、衡臣、博文、予同、振铎、觉敷及予。谈至十时,乃各归。

近日风传浙省军事甚紧,而此间戒严反稍松,夜间绝断交通时间且展至十二时之后,甚奇。不识何意? 故示从容耶? 抑别有会心也!

2 月 8 日 (丁卯正月初七日   癸酉) 星期二

晴。上午 38°, 下午 40°。

依时入馆。天气陡冷, 往返道中甚感不快也。

散馆后, 与圣陶、乃乾、绍虞及至善同出, 小饮于同兴楼。九时归, 已觉微醉, 即睡。然里中喧阗如常, 就枕后反难入寐, 至苦。

终宵听火车声, 不识何事? 岂调兵援浙耶? 报纸所载信息, 百无一实, 此闷葫芦甚难安处矣。虽然, 又有何法! 如此中国, 只有小民痛苦耳。

2 月 9 日 (丁卯正月初八日   甲戌) 星期三

晴寒。上午 40°, 下午 42°。

上午入馆。下午以送绍虞登船故, 未入馆办事。

绍虞在我家午饭后, 陈彬龢来访, 因谈至二时半乃行。先至平安旅社, 未见希圣及思平, 乃随搬送行李之脚夫, 径赴虹口上南阳丸。房间已满, 只在饭厅内占二铺位耳。绍虞留守行李不能下, 予与圣陶乃辞归。

夜补记三日来日记。笔已坏, 写甚不趁手也。

2 月 10 日 (丁卯正月初九日   乙亥) 星期四

晴。上午 45°, 下午 46°。

上午入馆。下午与圣陶往爱普庐看《美人心》, 遂未入馆。

未到戏馆时, 曾往施高塔路一带看有无新屋, 虽不能即搬, 颇有移家之思也。

夜小饮, 饮后即睡。日来舍馆事外绝不做他事, 归休后惟有饮酒催眠耳。

2 月 11 日 (丁卯正月初十日　丙子) 星期五

晴。上午 42°，下午 49°。

依时入馆。

写信四封，分致晴帆、子玉、翼之、铁笙。

夜小饮，饮后闲翻架书，随意属目而已。

2 月 12 日 (丁卯正月十一日　丁丑) 星期六

晴。上午 44°，下午 51°。

依时入馆。

夜小饮，自出购宝塔牌豆腐干于虬江路口。

晚饭后写仲弟快信，询何以除夕且十日来无信状。

2 月 13 日 (丁卯正月十二日　戊寅) 星期日

阴雨。上午 47°，下午 51°。

是日未出，下午在家打牌四圈。

傍晚，铁笙至，因具酒饮之，谈至九时许，辞去。

2 月 14 日 (丁卯正月十三日　己卯) 星期一

阴雨。上午 49°，下午 53°。

依时入馆。

藕舫先生今日辞去，盖将就南开地学系主任矣。同人与之相习，且甚敬之，一旦挽之无方，颇可恚也。后继者尚未正式指定，暂由何柏丞先生代庖，将来或另聘人，或再由藕舫回来复充，皆不可知。

夜接四信,小饮后一一复之。

2 月 15 日(丁卯正月十四日　庚辰)星期二

阴雨。夜半有风。上午 51°,下午 52°。

依时入馆。

夜小饮,饭后即睡。

自旧历新正以来,未曾从事于任何写作,玩愒已甚。此后当力戒之,宜孟晋于学也。

2 月 16 日(丁卯正月十五日　辛巳)星期三

上午晴,午后乃阴。上午 48°,下午 49°。

上午入馆,柏丞到部接事,略洽便了。

下午因有亲戚来,未入馆,且打牌八圈也。今日本为上海著作人公会成立大会之期,亦以此故未去,不识结果何如。晚饭后,振铎来谈,始悉已举定渠及圣陶、晓先、江春、予同、公展、愈之为执行委员,彦长等为监察委员矣。

与振铎出,闲步市头,月色既不佳,元宵之味绝无所见。反不若除夕之攘攘也。时局之关系有如是耶!

2 月 17 日(丁卯正月十六日　壬午)星期四

阴霾。夜雨。上午 46°,下午 48°。

上午入馆。下午与圣陶往卡尔登看《邦贝末日记》,因未入馆。在跑马场附近,几于遍地是英兵及印兵,触目惊心,殊令人愤火中烧也。英人一方在汉交涉,以退兵为词,诱令签字;一方却天天增兵，来压吾境。狡猾可恨，幸外长陈友仁有以拒之也。

《邦贝末日记》描写火山爆裂尚好，其馀平平，表情远不逮所见之《禁宫艳史》及《美人心》也。

今日外报已大书杭州为国民革命军占领，孙军退松江，情状甚迫，治安危机将一触即发矣。

2 月 18 日（丁卯正月十七日　癸未）星期五

阴雨。50°。

依时入馆。午刻君畴来，因约圣陶、晓先、致觉、芝九、立斋共饭焉。

散馆归，知允言在家候予，介眉途次为予言之。及抵家，晤之。以今晚有公局在振铎所，匆匆而别，约渠明日来饭。旋往铎所赴会，到者十一人：景深、六逸、圣陶、愈之、予同、调孚、均正、雪村、石岑、振铎及予。后铎夫人亦加入，各携肴自随，不乞灵馆馐，风味胜绝。席次又得景深唱演游艺多种，更助乐趣不少。十时乃返。

今日华报已喧传联军退松江矣，而十时尚可通行，奇极！

2 月 19 日（丁卯正月十八日　甲申　雨水）星期六

阴雨。上午 51°，下午 53°。

上午入馆。允言、介眉来访，谈至十一时许，偕之归，即饭于予所。

下午以上海全市总罢工故，遂未入馆。与允言谈，至五时许乃去。

予与圣陶赴界路、海宁路一带闲步，见景象甚萧条，电车、邮局俱罢，惟公共汽车仍行驶。站岗华捕只见二人，不识何故？

此间局面,依然混沌,究不知前线何如,本地当局态度何如也。至沉闷。夜坐听雨,正难卜治安之命运耳。思之惧然。

2 月 20 日(丁卯正月十九日　乙酉)星期日

早日出,旋阴,午后晴,夜又雨。上午 51°,下午 52°。

报载防守司令昨斩散放罢工传单者二人,并有格杀勿论之布告。则形势紧张可知矣。及十一时,与圣陶出赴雪村同兴楼饭约,更见军警密布于通衢,且知大捕工人也。米价因以大涨,银元兑价因以大跌,状况之恶化,大可惴惴焉。

夜饮酒自遣,非此且不足聊慰也。

2 月 21 日(丁卯正月二十日　丙戌)星期一

阴雨。49°。

晨起待报不至,因与圣陶出,同访愈之,知今日各报相约暂停,以说话不易措词也。既而振铎踵至,悉昨又大杀被捕工人。如此大屠杀,恐自有上海以来所未之有也。吁! 其何以自解于国际法律耶! 为之叹息久之。旋与振、圣、愈同出,途遇贩报者,居然购得《时事新报》,谓今日只此一报出版,以迫于司令部之命,不得不出耳。

消息杳然,如坐瓮中,颇觉乏味,且怵于时势,真大可忧也。夜仍把杯自遣。守里门者平素不加意,今特嘱之早时下键。邻近各里俱然,当不能说先事发虚矣。

2 月 22 日(丁卯正月二十一日　丁亥)星期二

阴雨。45°。

旷古未闻之大屠杀依然进展，无论报载耳闻，俱不禁为之怃然。

晨与圣陶出访愈之，旋振铎亦至，乃共出一探时局消息。经由北站英界南京路等处，无所见，十二时许乃归。饭后，予与圣陶对弈，适允言至，乃罢。谈至傍晚，渠辞去，予即把杯浅酌。日来恐怖极矣，只有饮酒自遣耳。

2 月 23 日（丁卯正月二十二日　戊子）星期三

晴。上午 43°，下午 45°。

时局情势依然，捕杀至烈，盖昨晚曾有大暴动也。高昌庙浦面之建康、建威两舰竟开炮轰击龙华，惟未成事，终归失败耳。

振铎、晓先、予同俱来看我，愈之亦至。近来凶势，彼等告我较详，盖报上所不载，而间接闻之友人者。如此大恐怖，癸丑所不逮也。

夜小饮自遣，旋即睡。

2 月 24 日（丁卯正月二十三日　己丑）星期四

阴，下午微雨，入夜转甚。45°。

上午阅报，知总工会已有自认失败，即日复工之通告。下午闻钟声，乃入馆，果开工矣。但人数寥寥，稍停即出。归后打牌四圈，赢钱八百。夜仍小饮。

2 月 25 日（丁卯正月二十四日　庚寅）星期五

阴寒。上午 47°，下午 48°。

依时入馆，但饱听谣言，终不能安定写作耳。

报载鲁军毕庶澄已到沪,暂驻北站。果尔则谣言将愈盛,宜乎搬家外出者之多矣。

夜小饮自排,终不能措此心使安贴也。

2 月 26 日 (丁卯正月二十五日　辛卯) 星期六

阴晴兼施。44°。

依时入馆,状况一如昨日。谣言更甚,若将不可终宵者。因定明日送潽、清、汉三儿往元芳路戚串家暂顿之。

夜仍小饮,勉自求醉,处此岌岌局势中,度时正复不易也。

2 月 27 日 (丁卯正月二十六日　壬辰) 星期日

晴不甚朗,寒。44°。

晨与圣陶访愈之,知时局甚亟亟也。旋归,振铎过予,乃共出,访六逸,未晤,径赴陶乐春午宴。饭后即归,以戒严不敢稽迟耳。夜仍小饮,欲藉酒自抑杞忧也。

遣清、汉两儿往元芳路闻家。潽儿则由其同学柳静女士邀赴立达,盖明日即须开学,江湾状况甚好也。予忍遣之,然此心惴惴矣。

2 月 28 日 (丁卯正月二十七日　癸巳) 星期一

依时入馆。接立达函,知本星期四之四至六时嘱予往授文科一年级学术文,自此以为例。

谣言炽甚,中心摇摇,不可持已。

上午曾与叔迁、圣陶往施高塔路看新屋,以价昂而罢,只得听时局之开展,希冀万一之幸免耳。

夜小饮。

3月1日(丁卯正月二十八日　甲午)星期二

阴霾。上午44°,下午47°。

依时入馆。

谣言仍炽,真放心不下也。

夜小饮排遣,连日如此,聊以自慰,然中宵觉来,依旧属耳察声,不免惴惴焉。兵间生活乃一苦至是耶!

3月2日(丁卯正月二十九日　乙未)星期三

阴霾。47°。

依时入馆。

夜仍饮。

此外竟无可记,依然谣言孔多耳。

3月3日(丁卯正月三十日　丙申)星期四

阴霾。上午46°,下午49°。

依时入馆。

散馆后赴一枝香公中同学公宴。盖昨日君畴特来邀约者。到十馀人,以时晏恐为戒严所阻不得归,未终席,即与圣陶引还。归后少坐即睡,然以饱听谣言故,又失眠,转侧至近明四时,财〔才〕一合眼也。苦甚。

3月4日(丁卯二月初一日　丁酉)星期五

晴。上午49°,下午53°。

依时入馆。

夜仍小饮,饮后即睡。但依旧不甚安贴,下半夜终难成寐也。

3 月 5 日 (丁卯二月初二日　戊戌)星期六

晴。53°。

依时入馆。

谣言更紧,致觉为我在振华旅馆包定四十五号房间,嘱即搬。其意可感,而予家事复多牵,竟不能践,只得出一宵空房钱矣。

夜稍多饮,饮后又胡乱打牌四圈。牌终即睡,反较昨前两夜为宁焉。

3 月 6 日 (丁卯二月初三日　己亥　惊蛰)星期日

晴,东南风急,夜半雨。53°。

晨起看报讫,即往振华旅馆晤致觉,将房间回去。以时局依然沈闷,避之无期,只得硬着头皮坐听,藉省浮费矣。

饭后在家打牌八圈。夜仍小饮。

3 月 7 日 (丁卯二月初四日　庚子)星期一

阴雨绵延。夜大风电。早 52°,午 54°,晚 58°。

依时入馆。信息较平,中心乃较定。可见谣言之足以摇人心矣。道家有蔽聪塞明之训,其有取夫!

颉刚有信来,谓三月底将离厦返京。盖厦大风潮之后,北去者乃星散,渠已不得不行也。颉刚此次去留,颇系京友之视听,如果不行,似陷孤境矣。予意,亦以径去为佳。

夜仍小饮。

3 月 8 日(丁卯二月初五日　辛丑)星期二

阴雨,北风。55°。

依时入馆。稍稍集稿矣。

夜仍小饮。晚饭后打牌四圈而寝。

3 月 9 日(丁卯二月初六日　壬寅)星期三

晴朗。54°。

依时入馆。

复怀之信。

夜仍小饮。晚饭后仍打牌四圈。

3 月 10 日(丁卯二月初七日　癸卯)星期四

晴。有南风。53°。

依时入馆。

珏人抱同儿至尚公,请顾寿白先生种牛痘,与圣陶之三儿偕往。

夜仍小饮。

沪埠李宝章部,报载俱已撤调过江,屯驻南通。此间全由鲁军毕庶澄部接防,惟高昌庙及浦东一带仍由周荫人部自闵行开来填扎。

3 月 11 日(丁卯二月初八日　甲辰)星期五

阴霾,午后雨。50°。

依时入馆。馆中俱乐部又由毕部派兵一排驻扎,防止工潮欤?

抑预防明日中山二周纪念会欤？馆当局将何以处之！

夜仍小饮。

在馆与柏丞谈治史事甚洽。

3 月 12 日（丁卯二月初九日　乙巳）星期六

风雨交加。51°。

依时入馆。

选《史通·六家》，预备立达教科。写苏州信。

夜仍小饮。

珏人于昨日起感冒，今日未起床。日来同儿施种牛痘，适遇母病，予颇虑之。临卧解同衣察视，则尚未发出痕迹也。

今日，予生日也。

3 月 13 日（丁卯二月初十日　丙午）星期日

阴雨。50°。

晨与圣陶出，赴愈之豫丰泰约。道经北四川路，适见万国商团游行示威，途为之塞者半小时。愤怨都非，诧叹而已。十一时，抵酒店，愈之已先在，未几，振铎、丐尊、予同、互生、子恺、为群陆续至，乃开尊谈话。所议为立达事，一致挽留互生，已略有结果。

饭后归，打牌四圈。组青忽由汉归，言与仲弟冲突不容故不辞而行云云。予为大愤，何不幸至是也！夜仍小饮，饮后再打牌四圈，盖不欲空出时间，使我再涉此不幸问题也。

3 月 14 日（丁卯二月十一日　丁未）星期一

晴不甚朗。49°。

依时入馆。

夜仍小饮,晚饭后打牌四圈。

3 月 15 日(丁卯二月十二日　戊申)星期二

晴不甚朗。45°。

依时入馆。

散馆归,仲弟忽至,盖自汉追踪组青而来也。历诉经过,亦有其理,总之,仲弟性躁,组青性腻,刚柔不相容,致有此变耳。予以不德,蒙此愆戾,深自叹愧。

夜仍小饮。

同儿牛痘已发,颇吪嘈。

3 月 16 日(丁卯二月十三日　己酉)星期三

晴。45°。

依时入馆。

夜仍小饮。晚饭后打牌四圈然后寝。

3 月 17 日(丁卯二月十四日　庚戌)星期四

晴。46°。

依时入馆。下午三时十分出,乘人力车赴江湾立达学园授课。学生六人,讲一时半即行。仍坐人力车归。

是日,仲弟自外归,予适往江湾,未之晤。据云将搬眷另住矣。

夜小饮。镇日处谣言声中者数月于兹矣,不饮,夜将不寐,故小饮成常课也。可叹!

组青于今日上午八时归苏。

3 月 18 日 (丁卯二月十五日　辛亥) 星期五

晴,夜雨。51°。

依时入馆。下午三时开同人会评议会,议决要求十八条。

散馆后,晓先约在圣陶所会谈,聚晤者有芝九、致觉、圣陶、晓先及予五人。因在圣所小饮,商量将来吴县事。同人均属望予归里一行。予自问无长,颇不愿为。但格于友谊,动于乡情,竟无法摆脱之,已勉应矣。

3 月 19 日 (丁卯二月十六日　壬子) 星期六

阴雨。51°。

依时入馆。复翼之信。

散馆之顷,谣传国民革命军已到新龙华,驻北站之毕庶澄已悬党旗云云。予维事势迁流太速,不之信也。夜仍小饮,饮后即睡。

今日仲弟已将眷接去,另赁屋于五马路附近。

3 月 20 日 (丁卯二月十七日　癸丑) 星期日

晴。上午 50°,下午 55°。

报载消息与昨传不同,可见确信实不易得也。

下午与圣陶往上海大戏院看《贼史》。

夜仍小饮。

3 月 21 日 (丁卯二月十八日　甲寅　春分) 星期一

晴。50°。

社会记事:上海市民暴动,夺取军警枪械,响应北伐军。

上午入馆。看报,知国民革命军确已占领龙华矣,为之大喜。继遇晓先,又知今日下午二时,工人已约定往攻车站,分头缴取军警武器。并劝予盍挈眷暂避之。予即出馆,往尚公领归两儿,径令全家预备,立刻尽室以行,送往元芳路元芳里闻家安顿之。饭后出访圣陶于法界天祥里,同出觅栖于振华旅馆。沿途已见国旗飘扬矣。夜遇愈之、振铎、调孚诸人,知闸北已罹浩劫,枪炮之声不绝,宝山路且起火。一时人心为之大震。予他无所恋,最舍不得者半生日记与先父母之遗容耳。尤切念者,潜儿不知是否安居立达耳。即此两念蟠萦,竟夕为之不寐。

是夕与圣陶、愈之同舍卧。

3 月 22 日(丁卯二月十九日　乙卯)星期二

晴,暴热。约60°以上。

侵晨即起,愈之出买报,遇芝九、立斋,因与同来。知闸北火尚未息,危殆万状。少顷,即与同出,往成都路访致觉。后致觉、愈之与立斋出席市民代表大会,而圣陶则归天祥里一行。予与芝九乃坐车往宝山路口一探,火光虽在日中不潜也。英兵守口维严,无法通过,且彼处枪声历历,亦殊寒心,实亦不敢过去矣。睹兹危状,益觉不安,尤念潜儿之行止焉。旋独行赴元芳路报告,少坐即行,仍至振华。至则致觉、愈之、芝九、立斋、振铎俱在,圣陶亦已到。知薛岳之师已派往北站助缴毕军之械,心少慰。

饭后至西门参加市民大会,傍晚始返旅馆。因与愈之、芝九、圣陶、立斋在对门之徽馆进面当餐。后略谈即睡,但睡不熟。

3 月 23 日（丁卯二月二十日　丙辰）星期三

阴霾，午后大雨。约55°以上。

晨起，即看报，知昨日下午四时，闸北溃兵已完全缴械矣。因于早餐后冒险北归。讵各路俱不通，绕赫司克尔路而入。归家后室庐无恙，书物依然，当得大慰。但离此二宵，局面更新，已恍如隔世矣。

往慰子玉家，并访晓先。遂与晓先、芝九、圣陶复出，绕狄司威路而行。彼三人他往，约午后四时在清风阁晤谈。而予则赴元芳路告慰。潏儿未离立达，亦甚平安，盖途其师李未农言之。

饭后三时许，冒雨驱车出，径往清风阁。至则芝九、圣陶已先在，晓先则未至也。有顷，晓先至，谓市政府有文告数事相烦，即挟我登车，同往商榷。既而欲仍往振华，已无空室，乃往江南旅社休钓宿所暂驻。草草就卧，竟夜未合眼焉。职务羁人之可怕如此，予决不愿牵入此涡矣。

3 月 24 日（丁卯二月二十一日　丁巳）星期四

阴雨。53°。

晨由江南社出，冒雨至长乐看报，遇芝九、圣陶。因定今日接眷归，少坐即行，晓先、芝九则径归闸北矣。予到元芳路后，即雇车返，除庶母外，全体俱行。十一时许抵家。圣陶则下午一时半乃返。

下午复工，予与晓先、芝九、致觉、亮寰同往，遇愈之、经农、叔迁。参观工会开庆祝会毕，即散归。

夜，致觉携酒过我，因共呼圣陶合饮焉。

3 月 25 日 (丁卯二月二十二日　戊午) 星期五

晴朗。53°。

九时前入馆。同人见者各道无恙,慰甚。但诸事历乱,竟无所事,十时许,即偕稼轩、愈之、调孚、圣陶出,往火车站一视战迹。就地捡得毕庶澄出走时遗下之名片及司令部封套等件,携归纪念。十二时,赴振铎约,往新有天午饭。乃乾适来访,因与同行。

饭后入馆,为本区分部所拉,随出演讲。以未预备,走一周而已。旋返馆,议定讲题及分任人,决明日出发。遂散归。致觉及予小饮于圣陶所。

苏州事甚不洽,张一鹏竟膺选。芝九已即晚附兵车归视矣。

晓先今日接管上海教育局,夜来一谈。

3 月 26 日 (丁卯二月二十三日　己未) 星期六

晴,有北风甚大。上午 49°,下午 53°。

上午依时入馆,写信寄慰怀之。

下午未入,与圣陶往天通庵车站附近视察战迹。

夜小饮,即睡。同儿以出避往返,感受风寒,发热呓嘈,颇为不宁。小孩之不宜骤易环境如此,以后当慎之也。

3 月 27 日 (丁卯二月二十四日　庚申) 星期日

晴朗。上午 48°,下午 54°。

清晨四时许,炮声大作,举家为之惊起。惟声自西北远方来,似非租界方面所放。乃与圣陶四出探访,讫无确息。寻愈之三次未晤,寻雪村两次乃见。知炮声之起在浏河方面,因彼地仍有大批直鲁军残部蟠据,故派兵缴械,于是开炮也。此语未必的真,然甚近情。盖七时以后即未闻炮,且有一部分俘虏由浏运此耳。

下午瀶儿自校归,谓乘参加青云路市民大会之便而来,江湾甚安谧云。未久,予促之行,以时晏路上恐不方便也。

第一军第二师刘峙部开到,驻宝山路附近一带空锁民房。闻第一师薛岳部将调开,党部留薛拒刘,不知何故?予以为今日只知摧敌,左右之争,大可从缓耳。

夜仍小饮。

3 月 28 日(丁卯二月二十五日　辛酉)星期一

上午阴,下午雨。45°至50°之间。

依时到馆。看报,知昨日炮声为渤海舰队来袭淞口,为杨树庄舰队所击退,双方炮火至烈,故震及全市也。十时许,晓先来,坚邀赴市政府及教育局襄理一切。却之再三,终不见谅,重违其意,乃归束装。饭后,晓先以车来,遂共载以行。穿越英法两租界,颇难堪,盖设防重重,反较已往为密矣。蒋总司令既已来此,不识下得去否?车抵尚文路教育局,即下榻焉。少坐,即出访晴帆,晤之。因与共过为章则未晤,留言而去,乃小饮于西门之丹凤楼。六时归局,晓先亦至。未几,晓先又去而为章来谈。近十时,辞去,晓先亦归矣。因得从容洽商,拟定市政府秘书处组织概要,备明日起草。就寝已十二时,遂不能寐。

3 月 29 日(丁卯二月二十六日　壬戌)星期二

晴。与昨日相较略高。

晨起,略看报会客。九时后起草市政府秘书处暂行组织条例,至十一时而毕,凡十一条。饭后过晴帆谈,旋以渠有课不能多叙,乃归局。无聊之极,又起草市教育局暂行组织条例九条。四时甫过,已无所事,闷损甚矣,决俟晓先回后面洽一切,明晨将飘然引归耳。

傍晚出,觅饮于酒家。九时归寝。十时许晓先乃来,不及谈矣。

3 月 30 日(丁卯二月二十七日　癸亥)星期三

晴。56°。

晨兴与晓先交割文件,早餐后即归。

报载吴县行政委员会聘予任秘书长,予竟茫然。

下午入馆,处理数日来积件。

夜饭后,硕民来,盖行政会特派来此促予就职者。据云已打出三电敦促矣。但此项电文,迄未收到。因与圣陶洽商,定明日分访晓先、致觉决定之。

珏人左足为锅水所烫,甚痛楚。

3 月 31 日(丁卯二月二十八日　甲子)星期四

晴。61°。

晨与硕民、圣陶过致觉,并访晤晓先。因决定由省党部致函苏州市党部,组一委员会先行接管省立各校。其委员人选,定致觉、圣陶、硕民、味之、芝九、晓先及予七人。至秘长一席听苏州党部意旨再行决定去就。明日则一行人众必须回苏也。

四人同出,先到省党部,办妥公函。旋饭于四马路聚昌馆。饭后先与硕民归,圣、致参加党员大会,晓先则今晚即须乘船赴汉矣。

夜在圣陶所小饮,约明日九时半车赴苏。

4 月 1 日(丁卯二月二十九日　乙丑)星期五

阴雨。较昨为寒。

晨七时,与致觉、圣陶、硕民出,赴车站购票。人多不能挤上,直待至十时许始由人导登麦根路栈房中预定之车中。十一时许,开回车站。待至下午一时许始开驶。抵苏已四时半矣。以车厢拥挤故,出路俱塞,乃由窗中跃出。乘车入胥门,径往硕所。继饭于万福楼,四人外,有剑秋、彦龙、心存、芝九。晚饭后在芝九所谈接管省校事。十一时归,宿硕所,雨湿淋漓矣。

4 月 2 日(丁卯三月初一日　丙寅)星期六

阴。气温较昨为寒。

晨到公安局晤君畴,托辞县行政会议秘书长职。君畴请予等在大雅园吃饭。下午,苏地举行反英讨奉市民大会。予与致觉、圣陶俱往一观。

是夜移寓翼之所,与其家人叙阔,不及作事。

4 月 3 日(丁卯三月初二日　丁卯)星期日

晴。气较昨尤寒。

上午约圣陶、勖初、致觉会吴苑。午饭于松鹤楼。饭后游沧浪亭。四时许,至市党部候芝九谈。晚矣,犹未晤,乃返翼所。

4 月 4 日(丁卯三月初三日　戊辰)星期一

晴。气较和,而感寒矣。

上午至公安局，午饭于剑秋所。下午接收二中及一师，盖接管吴县境内省立中等各校委员会已于本日正式成立矣。基本委员由市党部推请致觉、圣陶、硕民、墨林、晓先、味之及予七人任之，外加省党部特派员王芝九，县行政委员代表汪仲周，合九人组成斯会。当经互推致觉为常务委员，予为秘书，味之为会计，硕民为庶务。该两校正式交代定七八两日分头实行。

夜宿翼所。

4月5日(丁卯三月初四日　己巳)星期二

晴。如昨。

上午在二中附设之委员会办公处开会。下午接收女师及二农。又受二中维持会之邀请，折返谈话。

夜宿硕所。

芝九赴宁。

4月6日(丁卯三月初五日　庚午　清明)星期三

晴。如昨。

是日本拟赴浒关接收女子蚕业学校，以船未接洽妥当而止。

午后，由会所散出，浴于养育巷之日新园。到勖初、致觉、硕民、剑秋、彦龙、靖澜、康民及予九人。浴后即在园小饮，陶然而散。数日来，此为最适矣。

夜宿硕所。

4月7日(丁卯三月初六日　辛未)星期四

晴。如昨。

早七时,与致觉、圣陶、味之到枣市,候船赴浒关。乃汽船仍未由公安局商借妥洽,未得成行。再往闾区警署访其署长赵君设法,亦不得要领。乃折返会所饭焉。

下午应二中师生之招,出席其维持会应付一切。延至六时许,始正式接管,委蒋炳英为该校教务主任,汪炳彣为事务主任。七时半,返翼所。

连日感冒咳嗽,又兼骤膺繁剧,颇不适,明日请假调治。

4 月 8 日(丁卯三月初七日　壬申)星期五

阴雨,有风。气又突寒。

晨餐后,偕怀之就姚星山医室求诊。案云:风寒郁恋肺胃,形寒,表热不扬。咳嗽气促,甚则泛呕,便通不畅。舌薄白。脉滑右数。法当泄化为先。药用前胡、白前、牛蒡、紫苑、杏仁、枳壳、象贝、蒺藜、陈皮、茯苓、竹茹、薄荷、蛤壳、苏子。乘车归后,即煎服头汁。服后就睡,不耐转侧,即起闲谈。二汁在临卧前服下。

4 月 9 日(丁卯三月初八日　癸酉)星期六

阴雨。与昨相仿。

晨间圣陶来,仍为所拉,到二中办事。午后,致觉等往二女师正式接收,予乃与勘初出,茶于三万昌。旋返翼所。傍晚复出,赴健君城中饭店约。九时许乃归寝。

接家中快信,知珏人足溃甚烈,且有寒热;诸儿俱咳嗽,同且连日寒热不退矣。窘极,忧极,但无可奈何也。

4月10日（丁卯三月初九日　甲戌）**星期日**

阴,夜大雨,有风。气较前又寒。

晨八时,独往宝苏局前乘船出城。九时,在胥门大码头接得圣陶。乃同往横塘九曲港先茔。予则专诚祭扫,圣则伴予商事也。祭毕归,且行且饭,仍在大码头登岸,时方未及午后一时耳。径往硕所商明日返沪接眷事,议定圣陶先归,予则留此办事,托翼之姊弟代行赴沪。

继又往剪金桥巷看屋,未成。复往会所办公,乘便访致觉。

夜赴亚伟所宴会,俱二中旧雨叙欢也。散席归,已十时矣。冒雨坐车,到翼所,竟又淋湿不堪。

4月11日（丁卯三月初十日　乙亥）**星期一**

阴雨。气如昨。

晨托翼之姊弟往沪接眷。八时,即往纯一小学礼堂预备致词,盖教育局于今日始开班实施党化教育,延予为主任也。但无办事人在,只得枯坐。至九时,乃入席,读总理遗嘱毕,致开幕词。不及十时,即赶往会所办公。

午后三时出,与硕民、致觉同茶于胥苑。阅报后即散,在养育巷理发。旋往硕所,适遇允言及彦龙,乃折回万福楼晚餐。餐后归,知翼之等已行,其戚顾氏请媒,因又邀往一坐。归睡已十一时许矣。

4月12日（丁卯三月十一日　丙子）**星期二**

阴雨,略寒。

上午入会所办公,见客甚多。柏寒来谈。

下午散出,与靖澜、剑秋、硕民茶桂芳阁。旋赴其昌小饮。入暮,乃驱车径至新和祥礼堂,贺怀之戚结婚。十一时许,乃归寝。

4 月 13 日 (丁卯三月十二日　丁丑) 星期三

晴阴兼施。较和。

晨八时至会所办公,见客依然,柏寒仍至。

午后散出,即赶归翼所,知珏人、同儿等已随翼之姊弟来苏矣。相见黯然,不自知其言之何从也。上海境况恶劣,大局突变,党派之别异益显,天下恐从此多事矣。至堪浩叹!

4 月 14 日 (丁卯三月十三日　戊寅) 星期四

晴。尚和。

晨起即至硕所,俟致觉至,即出胥门,雇舟往浒关。九时半开船,下午二时半乃到蚕校。仍挽郑辟疆继任校长,再三推辞,移时乃定。三时许出校,在附近饭馆午饭。四时半乃开回。至十里亭,军队来捉船,只得让其附舟以行。入暮始抵阊门,乃登岸各归。

4 月 15 日 (丁卯三月十四日　己卯) 星期五

晴。如昨。

仍依时往会所办公。柏寒来谈。

下午,在教育局知君畴被撤信,洞明大局非是矣。乃急求摆脱,拟将各校印记等件悉缴教育局存储,俟省政府正式成立后再定办法。本委员会以接收任务终了为词,即日宣告解散。但须得味之同意后始可定,须待明日决之矣。

夜饮剑秋所。

4 月 16 日(丁卯三月十五日　庚辰)星期六

晴。气尚和。

晨起即往硕所,与圣、硕同过味之,告以宣告解散委员会事,并征同意。尚承允可,乃将昨日预备之文件、信札、启事等发出,并将各校印记等件亲往教育局缴存。电话招书记胡仰之至,嘱以数事,即将伙食薪水等项开发了结。至十一时,全盘卸责矣。半月来重负,至此得释,甚以为快。

在硕所饭,饭后复至教育局,约齐靖澜、剑秋、建初、硕民同往吴苑。至则介泉、万里、孟恕、莘田、圣陶俱在,乃大谈。至晚,约明日与介泉等会拙政园,而予等则小酌于大雅园。九时许乃各归。

4 月 17 日(丁卯三月十六日　辛巳)星期日

晴,东南风甚大。气尚和。

晨九时,与勘初、致觉、圣陶、介泉、万里、孟恕会拙政园。至十二时,勘初归,予等乃往介泉所午饭。饭后少坐,即辞介泉等出城,与致、圣径往车站。讵知宁来客车,最早须晚间十二时始到,能否挤上,尚有问题也。于是雇车折往阊门,一探轮船究否开行。至则依然失望。盖无轮行驶已三数日矣。废然而止,乃茗著于马路上之翰苑。坐至垂晚,致、圣则坚决成行,予则不敢冒险,仍返翼所。

在车站遇震平,约俟圣陶复到同行。

4 月 18 日(丁卯三月十八日　壬午)星期一

晴,风甚烈。较昨为暖。

　　晨起复书三通,分别寄出。旋补记旅苏以来所积之日记,至午饭时,犹未及半。饭后续作,至三时许始了。半月间因公废私至此,亦可告无罪也已。

　　下午出购报,初未易得。兜行久之,在王天井巷中遇报贩,始买《申报》《时报》各一份归阅之。上海情形依然混沌,惟闸北及租界之戒严则稍松矣。

　　夜在翼所小饮。

　　珏人左足溃烂加甚,半夜痛剧,且出血,直至三时始少止。予心烦虑乱,无法处置,极难过也。

4 月 19 日(丁卯三月十八日　癸未)星期二

　　雨,夜半大雷雨。突热,约在 70°以上。

　　坐雨不出,闷甚。饭后出购报,阅悉商务总厂已开工。予不能往,颇牵挂也。傍晚,圣陶快信至,知宝山路一带荒凉寂寞,迥非昔比矣。惟仁馀里中已无一兵,盖他调别屯也。

　　火车、船只俱不畅行,苏沪交通竟赋"行路难",不知何日始得恢复原状也? 中心如焚,烦躁极矣。

4 月 20 日(丁卯三月十九日　甲申)星期三

　　雨。65°左右。

　　晨间,震平冒雨至,告轮船确有,约明日午刻会轮埠,俾同行。略谈即去。旋看《苏州明报》,知今日起,沪宁路已多开客车,常沪间恢复区间车矣。饭后,急购上海报纸阅之,路局之通告已赫然揭之焉。乃决乘车舍轮,即往震平所见商一切,约明晨会于车站而别。

途中适遇硕民,来送教育局所致之讲演薪金。予忝主任,得二十元。馀俱依时酬给耳。乃同往肴苑啜茗。彦龙、靖澜、建初、剑秋及朱君善庆陆续至,宗人薇卿亦晤之。入暮,饮于道前街之泰隆,建初作东。

4 月 21 日(丁卯三月二十日　乙酉　谷雨)星期四

晴。65°以上矣。

清晨辞王家出,坐车到车站,甫七时也。守至九时四十分,乃得上车,震平则因挤相失矣。下午一时抵沪,即归饭。饭后入馆,苍茫如隔世矣。晤圣陶、振铎、石岑、愈之、致觉,言宝山路事变之惨,不禁为之浩叹!今日事,真游、夏不能赞一辞哉!

圣陶家已迁法租界新天祥里,予块然独处,仍在家小饮。夜卧尚安,盖连日积倦,到家后凡事不管,自然入睡也。

4 月 22 日(丁卯三月二十一日　丙戌)星期五

晴。早 65°,晚 59°。

依时入馆。与致觉、圣陶在新有天午饭。

写信寄珏人及硕民。又作书与勖初。

夜在家小饮。

立达书来,谓学生到者不多,成绩考查请于学期终作一次报告可矣。此次变革,影响于学生之学业甚大,若再加以学潮之掀起,是真自杀之教育也!

4 月 23 日(丁卯三月二十二日　丁亥)星期六

晴朗。早 57°,午后 63°。

依时入馆。午饭仍与致觉、圣陶在新有天吃。

早写信与珏人,问脚疾及诸儿咳嗽好否。

夜在家小饮。

自苏归来已三日,尚未涉足租界一步,良以绕道远行之不便,抑亦怕见外兵专横之态耳。明日星期,有许多事须办,则必劳吾躬一行矣。

租界屋贵而受气更甚,报上所登不取小租之广告,全盘欺骗,不但仍须一月小租,甚至要再加三月押租始可成交也。致觉已撞过一次,故知之较详。予决听天由命,不作搬计矣。

4 月 24 日 (丁卯三月二十三日　戊子) 星期日

晴,有风。上午 65°,下午 74°。

晨起看报毕,即独出。行至四川路,晴帆适自南市来,予亦本拟往访之,途中相值,喜可知也。因与偕行至福州路,茶于清风阁。旋饭于聚昌馆。知渠明日即须归宁,或将在彼就事也。

饭后闲行,遇健君,询悉住新新廿三号,因同过憩谈。至二时,即辞出,驱车往中央戏院观《梅花落》影片。是片为明星公司出品,看客甚挤,但殊不满我意也。总之,中国影片已于《上海三女子》上得到"不好"之结论矣。六时,犹未毕,予则谢晴帆先归,约渠到宁后即写信寄我焉。

归途大绕西面,由满洲路、南林里、车站西首而行。

夜仍小饮。

4 月 25 日 (丁卯三月二十四日　己丑) 星期一

晴朗。68°。

依时入馆。

午得翼之快函,知珏人脚稍好,同及漱之咳亦略痊,惟清咳仍剧,已易医改服中药矣。甚念之也。函中并云我离苏已久,何无一信,可见连发之函俱搁中途矣。惨极!

夜仍小饮。

4 月 26 日(丁卯三月二十五日　庚寅)**星期二**

晴燠。上午 65°,下午 75°。

依时入馆。

天陡热,因思珏人等无单夹衣在苏,乃动明日送衣之念。

夜仍小饮。

4 月 27 日(丁卯三月二十六日　辛卯)**星期三**

晴燠。78°以上。

清晨赴站,乘快车返苏,一则送单夹衣去,二则预备接珏人回沪也。七时半开,十时许到,即入城径奔翼所。饭时遇翼之,悉柏寒、澹如、逖先诸人俱在苏,因托约叙焉。

饭后,予至阊门外打听轮船,知本月底戴生昌将开第二班沪轮,房舱价尚公道。予因赶回,告之珏人,约定明晨予先将汉、漱返,月底则托悦之送珏乘轮归。

五时,至品芳,践柏寒等约。继至老丹凤小饮,久不畅谈,陡得大兴,竟纵饮尽欢,至十一时始返宿于翼之所。是日与席者柏寒、澹如、逖先、翼之、瑞庭、心伯、龚先生及予。席间甪直诸同学生亦来略谈。

4 月 28 日 (丁卯三月二十七日　壬辰) 星期四

晴燠。午前 78°。

黎明即起,携汉、漱出齐门,红日始见地上也。六时四十分车尚未至,至七时乃得乘。仍苦挤,上下均由窗口也。十时半乃到沪。即归写快信寄苏,嘱决计乘轮,万勿尝试火车之挤。

午后照常入馆。遇丏尊,促往立达上课。许于下星期前往。

馆中谣言复炽,有停工三月重行改组说。每年开股东会时必有争潮,甲主如是,乙必主如彼以为抗,几成年例,亦司空见惯矣。予最恨患得患失,故颇不以为意,一般同人竟又大打恐慌,一若饭碗即将砸破者,殊觉可笑。

夜仍小饮。

4 月 29 日 (丁卯三月二十八日　癸巳) 星期五

晴,傍晚起大风。上午 73°,下午 78°。

依时入馆。

觉明由湘回,以思贤书局所刻皮鹿门《郑志疏证》八卷及《王制笺》一卷见赠,甚感其意,愧无以报也。

潜儿归省,饭而后去。予嘱其少发议论,并勿外出演讲。良以眼前时势,真是"游、夏不能赞一辞"之际也。若本良心立论,言出祸随,庸何当;若诡随欺世,正言若反,又何以对此本心乎!

夜仍小饮。

接勖初函。知硕民已将讲薪送去矣。

4 月 30 日（丁卯三月二十九日　甲午）**星期六**

晴,有东南风甚大。74°。

依时入馆。

珏人约今日乘轮归,不识究否成行也? 甚念之。

漱儿日来仍咳,晚间尤甚,往往呕痰,予因轸想苏地,清儿与同儿未知已好否,为之萦怀不释矣。

今日忘沽酒,晚上倾瓶出之,仅半杯,将就而已。明日起,只索暂停杯饮,能将新习惯养成,则吾精神身体将两受其益焉。惟持戒匪易,恐又如历次之中道易辙耳。

5 月 1 日（丁卯四月初一日　乙未）**星期日**

阴雨,午后晴。上午 74°,下午 72°。

晨兴看报毕,冒雨往戴生昌码头候珏人。讵知轮船脱班,未得接到,怏怏以返。饭时,叩门声急,启视之则翼之送珏人来矣。盖渠等昨日乘轮不着,特于今日试乘九时三十分之火车,居然不挤不脱,故以时至也。惟清儿咳甚,仍暂留苏耳。予大欢慰,而不能已于清儿之咳,耳目与精神之交流,果如是不容偏废耶!

夜与翼之长谈,对饮尽兴焉。

临卧,又闻枪声远起,约十分钟始止,不识何因也?

5 月 2 日（丁卯四月初二日　丙申）**星期一**

晴,较昨陡凉。66°。

依时入馆。晨送翼之上车站。

写信分致勖初、硕民、晴帆。

翼之之姊幽石及其弟悦之送清儿来,亦乘车行。但较昨日大不同,即挤且脱,直至下午二时始到沪也。予此次移眷往返,全赖渠兄弟辈为之照料,感实难名。

夜与悦之对饮。

5 月 3 日(丁卯四月初三日　丁酉)星期二

晴。上午 66°,下午 71°。

依时入馆。

夜小饮,饮后打牌四圈以寝。

清儿咳嗽至剧,夜不成寐,延周凤岐医士来诊,谓极棘手,为配购鱼肝油及疗肺药多种,昨日起已照方服食矣。但不甚见效,连夜竟为之数起照料也。

5 月 4 日(丁卯四月初四日　戊戌)星期三

晴,夜半雨。上午 68°,下午 74°。

依时入馆。午后二时,康民过我谈。

午刻散馆时,厂中被军队捕去工友三人。不识何故? 空气为之大不静矣。

幽石及悦之今日回苏,明后日悦将为我送箱来也。

夜仍小饮。

连夜以清儿故数数起,予又受新凉,咳呛又加剧,颇滋不适。

5 月 5 日(丁卯四月初五日　己亥)星期四

晴。70°。

依时入馆。

今日本应往立达上课,适潜儿归,云校中放假,纪念孙总理就职总统,遂未果行。

夜仍小饮。

5月6日(丁卯四月初六日　庚子　立夏)星期五

晴。上午66°,下午67°。

依时入馆。

散馆后与圣陶同出,由天保里入租界。到本馆发行所购照相软片后即归,未及购别物也。以暮色上后即不易通行,由租界绕道而返,必须特早耳。

夜仍小饮。

清儿咳嗽尚未见好,而珏人脚疾转剧,至不适。

5月7日(丁卯四月初七日　辛丑)星期六

晴。上午67°,下午68°。

依时入馆。

延周医生来诊珏人及清儿,据云,珏人脚疾尚需时日,清儿则已大好,听肺中痰声亦大减矣。仍服原药。

接晴帆书,知已就总政治部军事调查委员,甚慰。

夜仍小饮,与悦之对酌。彼于今日上午九时由苏送箱来也。

5月8日(丁卯四月初八日　壬寅)星期日

晴,夜深雨。上午65°,下午66°。

晨看报讫,植仁见过,谈甚久。十一时,与俱出,彼返爱国女学,而予则赴晋隆振铎宴也。仍由天保里入租界。同席者主人外有伯嘉、思平、乃乾、愈之、圣陶、东华、调孚、春台。

饭后散出,同至一品香开房打牌,予则略坐即行,与愈、圣、调闲逛。乘便购物数事,至四时许乃归。

夜仍小饮。

5 月 9 日(丁卯四月初九日　癸卯)星期一

午前微雨,午后放晴。上午 66°,午后 68°。

晨间晴帆过我,知渠奉派来沪,从事于总政治部驻沪办事处。谈至十二时,因共出,饭于聚昌馆。饭后,过渠校谈,直至五时,始辞归。

夜仍小饮。

5 月 10 日(丁卯四月初十日　甲辰)星期二

晴。上午 65°,下午 71°。

依时入馆。柏丞嘱予赶编《初中本国史》,以应下半年开学时所需。但自此又要昼夜攒工矣。疏懒已久,忽加羁勒,将大感不快耳。

报贩报予,界路一带之铁丝门已开放,除北山西路外,俱通行矣。为之一快。

夜仍小饮。

5 月 11 日(丁卯四月十一日　乙巳)星期三

晴。上午 69°,下午 73°。

依时入馆。起编新的《初中本国史》,——名尚未定。

夜本拟接编,以头疼体倦而止。

九时卧,卧后未久,突闻枪声二发,惊起再听,又连发四五响,不识何故?

潘儿自五五归后,今日始到校。

写信复翼之、靖澜、硕民。

5月12日（丁卯四月十二日　丙午）星期四

阴雨。上午68°,下午70°。

依时入馆,知编译所明日即将迁入俱乐部矣。所以急迁之故,以外间颇有垂涎其地而欲来占者。时至今日,乃复如此,真不知从何说起矣!

夜仍小饮,饮后略写《本国史》数行。

5月13日（丁卯四月十三日　丁未）星期五

上午阴,下午晴。上午67°,下午69°。

依时入馆。

散馆归后,将《古史的传说》一章编完。

夜仍小饮。

5月14日（丁卯四月十四日　戊申）星期六

晴,薄暮阵雨。上午69°,下午75°。

依时入馆。他部多搬入俱乐部者,惟史地部尚未动。大约须下星期始得迁移矣。

散馆后赴振铎惠通之约,遇乃乾、骏声、雪村、予同、圣陶、调孚等。旋过饮高长兴,至八时半始罢。分路各归,到家已九时许矣。日来戒严时间已略展缓,故其时犹得通行无阻也。

5 月 15 日(丁卯四月十五日　己酉)**星期日**

晴,傍晚起东南风。上午 70°,下午 67°。

晨起为家人摄景数片。旋往访铁笙,同过晴帆。易车数四,至则已出,深为怅惘。乃留柬折回,在福州路酒家小饮。饭后至大东看乃乾,亦未值。铁笙先行,予则缓步而归。打牌四圈乃进晚餐。餐后略坐即睡,以日间颇倦也。

5 月 16 日(丁卯四月十六日　庚戌)**星期一**

晴。上午 66°,下午 69°。

依时入馆。午刻与振铎、石岑、调孚、予同、致觉、圣陶在新有天饭。

散馆后仍在家编书。

夜小饮,打牌四圈。

振铎廿一日即须乘船赴欧,稔友远离,颇难舍。

5 月 17 日(丁卯四月十七日　辛亥)**星期二**

晴,陡热,午后大风。上午 68°,下午 74°,晚 65°。

依时入馆。散馆后往丽昌取照,即返。

夜饭后即睡,未编书。

5 月 18 日(丁卯四月十八日　壬子)**星期三**

晴。上午 67°,下午 71°。

依时入馆,准备迁办事处,上午遂未编书,下午赶编,只及千言而已。散馆归,又打牌八圈,间以小饮,竟不能作一字也。

傍晚,周医生来视清儿疾,兼及珏人之脚,同儿之臂。并未去请而自来,殊可感矣!

5 月 19 日(丁卯四月十九日　癸丑)星期四

晴。70°以上。

依时入馆。镇日预备搬场,未做事。

散馆后偕柏丞、虎如往大西洋餐社饯振铎。是日到者甚众,凡与铎有旧者毕至焉。夜九时始散,归后大泻,盖食品不良所致也。

江春少年英俊,不图一病不起,旅死沪上,遗其夫人子女,极生人之惨酷矣! 为之悒悒者累日。

5 月 20 日(丁卯四月二十日　甲寅)星期五

晴。上午 70°,下午 75°。

依时入馆,正式搬入俱乐部之三楼。地方尚不恶,颇为人所歆羡,来谋易地者颇多,坚持之始已。世途崎岖,于此益信。公家办事处所亦复不免,宜乎私产之事之不容已矣。可叹! 可叹!

散馆后往访乃乾,托为柏坚估印件价。即返小饮,至九时睡。

今日起,吃包饭,因自己举火,费巨而需人多也。但试而不合,仍须自煮耳。

5 月 21 日(丁卯四月二十一日　乙卯)星期六

晴,下午陡热。夜大风。上午 72°,下午 81°。

上午照常入馆。写无多字即止。

下午一时许,与调孚、予同、圣陶往杨树浦黄浦码头送振铎登Athor 赴法。至则船将开行,其外舅梦旦及诸眷属俱在,仅在船边答话而已。移时开驶,目送其远而还。予生平送客亦多矣,此次特别觉得胸次酸酸,颇难受也。

三时许,与圣陶往惠通茗点。四时许乃各归。

夜小饮,未作一字。

5 月 22 日（丁卯四月二十二日　丙辰　小满）星期日

晴,有风。上午 71°,下午 68°。

晨起看报讫,即往铁笙处说明今日不能在彼午饭之故。然后步行至大世界,乘十八路无轨电车访圣陶。同在附近散步一回,即其寓午饭。饭后同出看电影于卡尔登。五时许散出,至惠通茗点。六时许乃往大东赴何宅喜宴。与予同、圣陶、博文、觉敷、伯嘉及朱隐青、沈弗斋同席。八时半即行,以闸北戒严,恐太迟则不能通行也。

归后知颉刚已来,坐一小时去。明晨即归苏,四日后当再来云。

5 月 23 日（丁卯四月二十三日　丁巳）星期一

阴,午后微雨。上午 68°,下午 71°。

依时入馆。

下午三时许,颉刚来馆访予,知渠尚有数日耽搁,或先到杭州一行,然后返苏也。旋与偕访石岑、予同、圣陶,谈一回即出。予与圣陶俱行,与颉刚往访乃乾,在清风阁啜茗候之。

夜小饮致美斋,八时半乃散归。

5 月 24 日 (丁卯四月二十四日　戊午) 星期二

晴。上午 70°，下午 78°。

依时入馆。

饭后颉刚来谈，即去。乃乾持轴来，估价单已开至，明日当专复澹如也。

夜编《本国史》一章。

5 月 25 日 (丁卯四月二十五日　己未) 星期三

晴，陡热。上午 68°，下午 78°。

依时入馆。综计编史已二万馀言矣。

夜归后仍小饮。

包饭吃不惯，明日仍自家办，已知照饭作矣。

颉刚今日未见，想已赴杭。

5 月 26 日 (丁卯四月二十六日　庚申) 星期四

晴。上午 70°，下午 73°。

依时入馆。

复翼之、澹如、康柏，分别婉辞代赁屋及送估印价单。

午间在新有天吃饭，致觉请我。

"二十六军政治部"及"黄埔同学会上海支会"于二十二日来借驻俱乐部，当以编译所在内，商拒之。彼等坚持，乃将楼下杂志部分全行搬让，仍迁回原处。今日又续借，非将三楼扩为黄埔学生宿舍不可，故百科全书委员会及英汉字典委员会、美术股等明日又将搬出矣。

夜小饮。

5 月 27 日（丁卯四月二十七日　辛酉）星期五

晴燥。上午 70°，下午 72°。

依时入馆。

今朝，圣陶将至美来，盘桓竟日，宿于予所。

立斋已释出，盖被诬已明矣。然征柏丞力，其终长累已乎！

夜小饮，以散馆后曾出购菜肴多事，至堪供我下酒也。

5 月 28 日（丁卯四月二十八日　壬戌）星期六

晴。上午 72°，下午 76°。

依时入馆。

散馆后到悦宾楼，以立斋谢柏丞，邀及予与圣陶、芝九陪之也。但圣陶却未至。七时开樽，九时许始散。到家已十时矣。

十五年度之花红，今日送到通知书，计共一百六十元〇九角。无特别储蓄。较上年约为八五折，则营业较逊耳。如今年战事不停，则明年将无红可分，岂但减少而已哉！

5 月 29 日（丁卯四月二十九日　癸亥）星期日

晴燥。上午 70°，下午 76°。

晨起看报讫，即出访铁笙，备同往晴帆所谈。讵彼家事缠身，不能同行，予乃独诣职校见晴帆。谈至近午，偕出，饭于四马路之聚昌馆。饭后，至本馆发行所，拟取花红。乃星期停止办公，遂不果。遇调孚，略谈而别。继往惠通饮冰，予则啜乌龙茶为代。三时许乃归。

潜儿归,饭后即到校。

夜小饮。

在中华书局购得蒋恭晟编《国耻史》一册,尚未看,其目则已检一过,大致不差。

5 月 30 日(丁卯四月三十日　甲子)星期一

晴热。上午 71°,下午 76°。

今日为"五卅"惨案之二周年,各机关俱辍工志哀,本馆亦因以停止办公。予未他出,在家编《新本国史》。下午三时,颉刚自杭来,因与偕访雪村、愈之,晤谈良久。当晚饭于愈所,至近十时始归,即下榻我寓。又闲谈至十一时半乃寝。

华租交界之铁丝网门又紧闭,外人之见鬼,殊属可笑。其实目下之华当局无论如何不致与彼冲突也。过今日尚不撤除此障碍物,恐外兵将永无退去之理由矣,实为可虑。

5 月 31 日(丁卯五月初一日　乙丑)星期二

细雨时作,烈日仍现,闷甚。上午 76°,下午 83°。

依时入馆。上午同人会开干事会,选举正副主席及常务干事。至十二时始已,予以二十一票当选为常务干事。常务干事共十一人,下午又互推干事长、副干事长及文书(四人)、会计(二人)、庶务(三人)等。但予自认庶务,下午即未出席。仍编史。

颉刚今晨乘特别快车赴宁,将少住三四日然后归苏度节,再来上海。渠托予打一电与孟真,但线路有阻,未果通。

夜仍小饮。

6 月 1 日(丁卯五月初二日　丙寅)**星期三**

细雨时作,闷热如昨。上午 79°,下午 80°。

依时入馆。下午出席常务干事会,通过办事细则。

散馆后取水浴身,入夜仍小饮。

写信与怀之、翼之。

6 月 2 日(丁卯五月初三日　丁卯)**星期四**

阴霾,细雨时作。75°。

依时入馆。编史计已得四万言矣,但尚未及宋。拟截至元末为一册,则尚须申出万言始可毕也。散馆后,又续作千言。入夜仍小饮。

晚饭后阅《通鉴》。

6 月 3 日(丁卯五月初四日　戊辰)**星期五**

阴晴兼施。上午 72°,下午 74°。

依时入馆。

散馆归后打牌四圈。夜仍小饮。

晚饭后续编史,得千言。

6 月 4 日(丁卯五月初五日　己巳　夏节)**星期六**

晴,不甚烈。上午 72°,下午 74°。

晨起看报讫,即出。徜徉至陶乐春,赴雪村宴。至则人尚少,至一时乃开樽。予又为豪兴所鼓,多饮矣。及散出,犹拉薰宇、调孚、光燛至长兴再饮。七时许归,即不任坐立,便偃卧。睡至二时,乃起大吐,数起数吐,惫极矣。至四时,乃稍止,合眼以待旦。

6 月 5 日(丁卯五月初六日　庚午)星期日

晴。上午 73°,下午 81°。

昨夜以吐故,今日精神甚疲,饮食锐减。

午后无聊,方与家人作叶子戏,剑秋忽来。谈有顷,即与同出。小憩于惠通,略进茶点。至五时,乃伴往振华旅馆,访其偕来之友方颂虞。渠二人以予不能连醉,坚谢不饮,予乃归。

晚饭后即睡。

是日上午为子玉二女摄影,并及晓翁之公子。

6 月 6 日(丁卯五月初七日　辛未)星期一

晴朗。上午 77°,下午 81°。

依时入馆。

散馆后,剑秋来,因共出取照,归家小饮。长谈至夜十时始别去,仍宿振华旅馆。明日或将赋归矣。

6 月 7 日(丁卯五月初八日　壬申　芒种)星期二

晴。上午 74°,下午 77°。

依时入馆工作。

剑秋云今日归苏,不识成行否?

夜续编史,将毕上册,明日或可交出矣。

6 月 8 日(丁卯五月初九日　癸酉)星期三

晴。上午 77°,下午 81°。

依时入馆。将上册之史赶毕,另撰编例后交柏丞。全册凡五万馀字,除在馆编十九日外,应算得稿费三万一千字。明后日或可开出支单也。

晨兴偶一挫颈,终日项强难堪。夜睡后不少减痛,至苦。但此系老病,发时竟无法治之也。

6 月 9 日(丁卯五月初十日　甲戌)星期四

晴。上午 77°,下午 81°。

依时入馆,终日开干事会及常务干事会。应付公司对同人谈判破裂事。但编译所实不主张用怠工或罢工手段,应予双方以回旋馀地。今日所议,便预备明日四会联席会议时提出意见以冀挽回急遽行动也。

夜在致美斋公宴六逸,以渠将往宁就事,特为饯之也。到石岑、春台、雪村、愈之、调孚、予同、圣陶及予。至十时始散,归家已十一时矣。

6 月 10 日(丁卯五月十一日　乙亥)星期五

晴。上午 76°,下午 81°。

依时入馆,仍终日开会。予大厌之,然无由摆脱也。

散馆后,君畴过我,颉刚、乃乾亦至,因共出,夜饭于致美斋。九时三刻散,复至君畴寓所谈。十时始归。

6 月 11 日(丁卯五月十二日　丙子　入霉)星期六

晴暖。上午 79°,下午 83°。

依时入馆。工会相持之问题尚未解决,但形势已和缓多矣。

下午四时,与颉刚、乃乾晤于大东书局,圣陶偕焉。旋颉、乾往邓家看书,而予与圣乃至先施购物,并在惠通进点。至六时,到豫丰泰酒家候颉、乾。未几,至。既而予同、愈之、雪村、致觉俱陆续来,谈甚欢。至十时乃散,各归。

文学研究会聚餐将复兴,致觉加入。以后推定乃乾负责主持召集各事云。

6月12日(丁卯五月十三日　丁丑　霉中)星期日

晴,有风。上午80°,下午78°。

入霉二日,犹不见雨,或者兵后继以旱魃耶?

饭后过愈之,俟颉刚。未几,雪村、颉刚、圣陶、予同、春台毕至。且谈且看愈之后恐园所藏碑,至五时许乃散。

夜饭后以积倦早睡。

君畴有信至,仍拟从事苏州市政云。

6月13日(丁卯五月十四日　戊寅　霉中)星期一

阴雨。78°。

依时入馆。起编《本国史》下册。

颉刚来馆谈,匆匆即去。

柏丞与予计画编辑《新时代史地丛书》,都凡三十二种,用应党务训练之需,亦一投机之事也。为馆谋此,职分使然耳。将向岫庐提出,不识能否成为事实焉?

夜写信二通。并将日间编残之课足成之。

6 月 14 日（丁卯五月十五日　己卯　霉中）**星期二**

阴雨湿燠。80°。

依时入馆。重定下册目录，并校《地理》印样五十二页。

《新时代史地丛书》已有成议，扩为四十册，每册三万字至五万字。予分认《太平天国革命史》及《中日战争》各一册，许四个月内缴卷云。馀则部中人及延外间人分任之。

夜小饮，未续编。

颉刚今日赴杭，当有数日之留始再来此也。

读振铎自西贡寄来之日记，甚详悉，知渠旅况尚佳，顾思家及念友为苦耳。

6 月 15 日（丁卯五月十六日　庚辰　霉中）**星期三**

阴晴兼作，下午雷雨。上午 81°，下午 85°。

依时入馆。上午开常务干事会议，商公司所答条项。

散馆归后，续编史。夜饭后复然，至十时始寝。

日来天气奇燠，闷湿困人，挥扇不停，汗犹浃体也。夜间卧床，至不能寐，殊苦。

6 月 16 日（丁卯五月十七日　辛巳　霉中）**星期四**

阴晴并见。陡凉。76°。

依时入馆。修订王桐龄《新著东洋史》。

夜编史，足成三课，都二千言。

6 月 17 日 (丁卯五月十八日　壬午　霉中) 星期五

晴,大凉。夜半有风。早 73°,午 74°,晚 72°。

依时入馆。续订王《史》。

散馆后出,访乃乾不值,乃购酒而归。在家小饮。

夜随手翻检,未编。

6 月 18 日 (丁卯五月十九日　癸未　霉中) 星期六

阴雨。72°。

依时入馆。看张震南《清代政治概论》稿。

散馆后在大堤春聚餐,到予同、雪村、圣陶、调孚、石岑、乃乾、愈之、致觉及予九人。席终,予与石岑、调孚、致觉、愈之、予同、同游新新屋顶园,至十时许始归。

6 月 19 日 (丁卯五月二十日　甲申　霉中) 星期日

晴,夜半雨。上午 71°,下午 76°。

晨起看报毕,即驱车往访晴帆。晤谈久之,乃共出,饮食于聚昌馆。饭后同至中华书局廉价部闲看,购得少损对联二,一为倪元璐书,一为戴熙书,俱佳。旋往惠通饮冰小憩。四时别,各归。

晚饭后举家出看灯,盖今日庆祝北伐胜利特举行市民提灯会也。前二日已分头开会行礼及分场表演游艺矣。予则居守。夜深乃毕归。

6 月 20 日 (丁卯五月二十一日　乙酉　霉中) 星期一

阴雨。74°。

依时入馆。上午志希来,晤之。下午开同人会常务干事会,商定公司所提保障条例应如何对付事。群以兹事体大,须于明日召集干事会解决之。

今日新购一小铁床,散馆后即布设之,顺拭悬镜抹窗框。劳劳至夜乃毕事。小饮后即睡。

悦之今日自菱湖返。

6 月 21 日 (丁卯五月二十二日 丙戌 霉中) 星期二

阴雨。75°。

依时入馆。上午开同人会干事会。

下午志希来访,坚欲邀予与圣陶往宁担任中央党务养成所教课。当以种种原因,回绝之,但未能必也。明日当与圣陶去书声明此衷,终求摆脱耳。

散馆归后,阅最近出版之《新女性》。薄暮小饮,未再编史。仅作书两通,一复颉刚,一致乃乾耳。

6 月 22 日 (丁卯五月二十三日 丁亥 夏至 霉中) 星期三

阴雨湿润。76°。

依时入馆。看张震南《清代政治概论》稿。

今日悦之复往菱湖收夏蚕茧,据云仍须十馀天乃还也。

散馆归后,续编史。

6 月 23 日 (丁卯五月二十四日 戊子 霉中) 星期四

微阴,下午放晴。上午 74°,下午 76°。

依时入馆。上午开干事会,下午开《保障章程》审查会。此章程为公司所提,同人大不满,予以修改,今日干事会加推予为审查委员,故下午又列席焉。

散馆归,续编史。

为章过我,久不晤,大谈。

6 月 24 日（丁卯五月二十五日　己丑　霉中）星期五

晴。上午 76°,下午 81°。

依时入馆。上午下午俱开审查会。

散馆后往圣陶新居一看,屋阔而深,地静而幽,诚良区也。傍晚归,小饮。

写信与潘儿。

6 月 25 日（丁卯五月二十六日　庚寅　霉中）星期六

晴,下午雨。上午 76°,下午 78°。

依时入馆。上午开审查委员会,将《保障章程草案》修订完毕,备公司采纳。下午开干事会则未到,坐所中看王桐龄《新著东洋史》,加以校订。

散馆后本拟往访乃乾,以雨而止。在家打牌四圈,即小饮。

夜编史。

接振铎新加坡来书,知浪甚大,有晕船者。

6 月 26 日（丁卯五月二十七日　辛卯　霉中）星期日

午前阴,午后大晴。上午 74°,下午 78°。

在家编史二千馀言。

下午三时出访乃乾,未遇。怅然独行,过万昌衣庄购一夏布长衫以归,价十元五角。归后打牌六圈,复小饮。

夜随意读六朝文三四篇。

6 月 27 日 (丁卯五月二十八日　壬辰　霉中)星期一

晴。75°。

依时入馆。

散馆后与调孚同出,先往大东访乃乾,不值,乃赴豫丰泰定座。即枯坐其处待客。良久,予同、石岑、圣陶、愈之来,知乃乾已赴杭,绍虞今天到此,寓孟渊云。遂往请绍虞与席,最后,晴帆始至。终席畅所欲言,甚快!

散归时已十一时。

乃乾本来看我,以太平天国史料见借。途遇愈之,遂托渠转交,彼即登车赴杭矣。绍虞亦来看我,未值而还,幸乃乾说起,故得与此,甚感愈之也。

6 月 28 日 (丁卯五月二十九日　癸巳　霉中)星期二

晴。上 76°,下 80°。

依时入馆。

早上伴珏人往俭德储蓄会理发。

散馆后在家小饮,竟未编史,日来精神甚坏,无心弄笔,辍写两日矣。

6 月 29 日 (丁卯六月初一日　甲午　霉中　日偏食)星期三

阴,细雨时见。上午 79°,下午 80°。

依时入馆。

散馆后在家编史。

6月30日 (丁卯六月初二日　乙未　霉中) 星期四

晴热。80°,81°。

依时入馆。

午后绍虞由杭来,旋去,约傍晚偕访圣陶。散馆后,绍虞至,因与偕往圣陶所,晤之,并及调孚、石岑、予同。继又过石岑所小憩。入暮,就北四川路底之东亚茶楼小饮焉。八时许毕,分道各归。

晨伴珏人携漱、同两儿往圣陶家。午饭后,伊等始归。

7月1日 (丁卯六月初三日　丙申　霉中) 星期五

阴雨,晴旸兼至。夜雷雨。上午81°,下午84°。

依时入馆。下午开常务干事会。加薪、升工、暑假五天等俱已决,惟《保障条例》则公司坚持焉。

濬儿于今日起暑假,业已带行李归来。

今日骤热,燠闷难堪,夜间竟不能宁坐作一字。

7月2日 (丁卯六月初四日　丁酉　霉中) 星期六

晴,午刻雷雨,午后阴雨。上午81°,下午82°。

依时入馆。上午开干事会,仍被连选为常务干事。

下午看易君左《中国政治史》稿。

写信五封。

夜续编史。

7 月 3 日 (丁卯六月初五日　戊戌　霉中) 星期日

晴热。上午 83°,下午 84°。

竟日未出,续编《本国史》。

为章来访,谈半日。遂辍笔以从。

夜与家人闲话,未能浴汗作事也。

7 月 4 日 (丁卯六月初六日　己亥　霉中) 星期一

阴雨。81°。

依时入馆。得调孚转赠之歌舞大会入场券,午饭归时以与濬儿。午后,濬携其妹漱华前往,傍晚七时许乃返。据云十分精采也。

接晴帆函,知已安抵宁垣矣。

夜畏蚊扰且出汗,未动笔。

7 月 5 日 (丁卯六月初七日　庚子　霉中) 星期二

阴雨,傍晚滂沱矣。上午 79°,下午 81°。

依时入馆。

上午开常务干事会,下午开干事会。

归后即晚饭。饭后看太平天国史料多种,备综缀。

7 月 6 日 (丁卯六月初八日　辛丑　霉中) 星期三

阴雨,入夜更大。80°。

依时入馆。将修订旧教科事结束,交由藕舫,俾明日可专意编史。

乃乾饬人送《湘军记》等书来,知渠杭行已返,当即驰书约于明日散馆后访晤之。

仲弟今晨书至,近况甚窘,然忧之而请援之也,因复书告我实情焉。乘写信之便,又写颉刚、晴帆等信。

专书致颂久、练百并转干事会全体,辞常务干事职,请即照准,依法递补。此等事我实怕为,果摆脱,不亦大快之事乎!但同人或将纠绕耳。

允言过我,约明午来饭。

7月7日 (丁卯六月初九日　壬寅　霉中) 星期四

上午阴雨,下午放晴。上午79°,下午80°。

依时入馆。续编《本国史》。

颂久、练百来挽留,难于再却,已将辞职书撤消。

午刻待允言来饭,不至。及散馆后予他适后彼始来,留字在案,归时乃知之,已乘六时半车返苏矣。

散馆后往同芳晤乃乾,谈有顷,即至豫丰泰。盖今日予同、觉敷、石岑诸人宴达夫,邀予等陪饮也。席散已十时,即附电车归。

7月8日 (丁卯六月初十日　癸卯　小暑　霉中) 星期五

晴热。入夜微雨。上午80°,下午84°。

依时入馆。上午开常务干事会,改选第二届职员,段抚群当选正干事长,郑心南当选副干事长,调孚、少英、愈之及予为文书,伯康、乔峰为会计,叔迁、鸣时、绍绪为庶务。下午大忙,办文书多件。

编书时间已挤去,所拟写之件竟无由实现也。

散馆后硕民自苏来,因与偕往圣陶所,即晚在桥香楼小酌。渠下榻圣陶家,盖将就江南制纸公司文牍一席也,事为维文所介,明日当伴往一晤之。

伯虔画轴已于今日由其女公子绥淑送来,当即托乃乾进行制印,明后日亦宜晤谈一切耳。

7 月 9 日(丁卯六月十一日　甲辰　霉中)星期六

晴,午后有云有雷,傍晚雹,即止。夜月色甚好。上午 82°,下午 86°。

今日为蒋总司令就职一周纪念,各机关俱辍事应祝,予等遂约休假一日。晨八时许,圣陶即偕硕民来。九时,予与硕民出访维文,圣陶即归。

到制纸公司后,晤维文,彼事甚忙,匆匆又去。旋于十一时许复来,谓当局已他往,须明日决定矣。乃归饭。饭后在家闲谈,至五时许,硕民去。

悦之已由菱湖归,今日携什物回苏矣。

夜热惮动,竟辍事。

7 月 10 日(丁卯六月十二日　乙巳　霉中)星期日

晴热。今年第一热候。早 84°,午 88°,午后 90°。

上午看报外不能有所作。待至一时许,不见硕民来,乃往圣陶所探询,则已径返苏城矣。渠真奇突,飘然而来,忽然而去,令人莫测奥窔,究竟制纸公司事就与否也。惘然久之。

旋与圣陶往新中央看电影《驿卒老泪》。片为俄产,即取材于俄人普希金之小说。官吏、军人之横暴,工僚平民之隐忍,跃然现于银幕,令人不胜对比生感也!在场中遇调孚。五时许归。

热甚,且初热更感不快,故夜不成寐。

7月11日(丁卯六月十三日　丙午　霉中)星期一

晴热。上午86°,下午90°。

依时入馆。

散馆后写信三封,分致靖澜、剑秋、乃乾。

珏人忽小病,至不快。

未入馆接仲弟信,仍申前议,即复言无法应命。

晚翼之自苏来,下榻予所。

7月12日(丁卯六月十四日　丁未　出霉)星期二

晴,有风。上午84°,下午88°。

依时入馆。

调孚为予摄头影,曝日中十分钟,颇热。

散馆归,与翼之对饮。

7月13日(丁卯六月十五日　戊申)星期三

晴热。上午85°,下午90°。

依时入馆。下午开常务干事例会,决定用程女士为同人会书记。散馆归,与翼之对饮。

日来大热,一切怕动,编《太平天国革命史》尚未动手也。

7月14日(丁卯六月十六日　己酉)星期四

晴热,夜半大风。上午85°,下午90°。

依时入馆。

翼之今日乘特别快车归苏。

夜睡甚热,讵夜半风起,竟受凉。

7 月 15 日(丁卯六月十七日　庚戌　初伏起)星期五

晴热,有风。上午 86°,下午 90°。

提要:今日为国民政府出师北伐一周纪念日。

依时入馆。今日又大举提灯庆祝,晚饭后诸儿及仆妇等俱出观。

夜热不寐,想《太平天国史》目之支配。

7 月 16 日(丁卯六月十八日　辛亥　初伏中)星期六

晴热,有风。上午 84°,下午 89°。

依时入馆。

散馆后往豫丰泰聚饮,同坐为雪村、予同、博文、调孚、觉勇、圣陶、愈之、石岑及予。盖石岑请客,准备乐一回也。六时开樽,至九时始散。旋为好奇心所动,同往一处欲观"磨镜"(由博、予引导,竟不识其处),渠所唤之人不能中选,遂未果见。将别求人选而愈以时晏不能耐,决然舍去。乘车遄返,已十二时矣。

7 月 17 日(丁卯六月十九日　壬子　初伏中)星期日

晴不甚烈。南风大。午后有阵雨。84°。

今日温度不高,而背风处甚热。夜寐汗浃衫席,彻宵难于熟睡也。予素畏热,至此乃大感苦。

午前硕民来,借《辞源》及《康熙字典》去。午后复来,偕之同出,在北万馨进点后随意涉步。至永安公司西,见西捕强拘二兵,兵身上既不佩武器，白昼又非犯案，何得拘捕凌辱至此！中心如焚，为之杂念大起，帝国主义者固非欸客揖让所能折之也。

五时许返，拟《太平天国革命史》目。

7月18日（丁卯六月二十日　癸丑　初伏中）星期一

晴朗，有风。上午83°，下午88°。

依时入馆。藕舫嘱修订《本国地理》，遂辍编史事。

午后三时得乃乾电话，约于今日五时前往会于大东书局。散馆便往，挟伯虔所托印各件与俱。当面接洽妥当，并将印价六十元（先缴半数，馀半俟印就再缴。）交渠。略谈至六时许，乃辞归。

日来苦热，夜间例不作事，而就床又甚担心浴汗，傍徨无措，至乏味也。

7月19日（丁卯六月二十一日　甲寅　初伏中）星期二

晴热。上午84°，下午88°。

依时入馆编史。

归后未作事，摇扇且不给也。

予本耽懒，又值奇热，不但借端辍笔，抑且夜不能寐，苦极苦极！

7月20日（丁卯六月二十二日　乙卯　初伏中）星期三

晴热。上午86°，下午92°。

依时入馆。

为《文学周报》撰文一首，悼王静安先生。盖先生之死，学界同悲，《周报》特为出专号也。先生于端午日投昆明湖，或云为清殉节,实缘误会,其实为罗振玉逼死耳。予文即揭明此旨者。

7 月 21 日(丁卯六月二十三日　丙辰　初伏中)星期四

晴热。早 86°,午 92°,午后 94°。

依时入馆编史,但以热故未能多写。

归后入浴,晚饭毕,即坐窗前熄灯纳凉。然浑身浴汗,依然不得少宁此心也。

早晨未入馆前,往访圣陶,盖两日未见,疑其病也。至则果然,但已退凉,明日当可到馆矣。

颉刚书来,谓中大又续汇万金来,款在岫庐所,属代取交诚安。当往接洽,则付款凭单须收银人亲笔收据到手始肯签发。因飞书颉刚告之,属即寄收据来。

7 月 22 日(丁卯六月二十四日　丁巳　初伏中)星期五

晴,午后雷雨。早 88°,午 94°,晚 88°。

依时入馆编史。

散馆归后,补记前三日日记。盖前此奇热,无缘捉笔,今乃得稍凉之机,始偿此缺耳。但疏懒之性久而弥坚,竟不肯一趁晚凉续我修史之事也,奈何!

诚安来访,欲代颉刚取支单。予告以故,且约接到颉书后办妥即奉邀面取。未坐即去,以恐值雨也。

7 月 23 日(丁卯六月二十五日　戊午)星期六

晴热。上午 84°,下午 89°。

晨起,乘凉作书三通。

依时入馆。编史不多。

颉刚复至，即将收据交岫庐换取支单。三时许出，乘车径往哈同路民厚南里访诚安，拟将支单交彼。讵值他出，未得晤，留言约渠明晨来予所一取而行。继至大东书局访乃乾，又不晤，只索驱车径归矣。予夙多汗，天不甚热而大衫已沾湿淋漓，甚不适也。

夜，浴后即睡。

7月24日（丁卯六月二十六日　己未　大暑　初伏止）**星期日**

晴热。上午84°，下午88°。

晨间硕民来。未几，诚安至，当将本馆支单一万元交渠。谈至十时许，诚安辞归。予亦与硕民同出，购物后即在聚昌馆午饭。饭后登新新屋顶花园啜茗纳凉，至四时乃归。

硕民在沪江大学教书，暑期中恐将留此，渠颇觉无聊也。

《太平天国革命史》明日起即将入手。以明日中伏，馆中新章有十五天暑假，下午俱可在家编纂也。但人事牵率，正多意外，不识能否赶速成功耳。

7月25日（丁卯六月二十七日　庚申　中伏起）**星期一**

晴热。上午83°，下午87°。

上午八时入馆，十二时退。今日起，至八月十日止，皆视此，盖新例之暑假也。

午后在家起编《太平天国革命史》，成第一章"革命开幕时之社会背景"千馀言。

珏人感冒风寒，发时令病，甚倦劳。且今岁突热，身上患小疖至多也。

7 月 26 日（丁卯六月二十八日　辛酉　中伏上）**星期二**

晴朗。上午 83°，下午 87°。

上午入馆编史，赓前程〔稿〕为之。

下午在家续编《太平天国史》，成第二章"上帝教之创立与传布"，及第三章"金田起兵与清廷之应付"，都二千馀言。

7 月 27 日（丁卯六月二十九日　壬戌　中伏中）**星期三**

晴热。上午 83°，下午 89°。

上午入馆，出席同人会常务干事会。

十二时偕予同、石岑、致觉、雪村、调孚、愈之、景深、锦明、圣陶聚餐于爱多亚路之都益处。肴不精而伺应疏，甚扫兴。以后有会，当避此耳。二时许各归。

归后知硕民、乃乾曾来访予，甚以为怅。

续编《太平史》，又成"太平天国之初建"数百言，但未竟一章也。

夜入浴，浴后独坐招凉，十时睡。

7 月 28 日（丁卯六月三十日　癸亥　中伏中）**星期四**

晴热。上午 83°，下午 89°。

上午入馆编史。

下午乃乾来，予刚发信道歉而渠适至，甚欢。谈至三时半乃去。予遂赓续前稿，又写数百言。旋作书复翼之，备明晨发。

夜又作《太平史》数百言，第四章遂毕。

7 月 29 日(丁卯七月初一日　甲子　中伏中)星期五

晴,大热。上午83°,下午92°。

上午依时入馆。据同人会调查,予本年例假尚存五班。写信寄颉刚。

下午在家续编《太平史》,成"北出湖南与规取武汉"一章,得二千言。

今日热甚,终日浴汗,夜间床席犹暖,直坐至十二时始睡。

7 月 30 日(丁卯七月初二日　乙丑　中伏中)星期六

晴,热甚。上午85°,下午92°,晚90°。

今日未入馆,在家编《太平史》。自早至暮成第六"沿江东下与奠定天京",第七"北伐中原"两章,凡四千馀言。但浴汗竟日,殊苦闷也。饭前后复以间整理书斋,亦费时不少也。

7 月 31 日(丁卯七月初三日　丙寅　中伏中)星期日

晴,燥烈。早85°,午91°,午后93°,晚92°。

上午在家写《太平史》第八章"力争上游"千馀言。

下午硕民、圣陶相继来,遂辍笔。谈至五时许,乃共往北四川路闲行,硕民则购皮鞋于妙机公司。旋在锟基饮冰,七时乃各归。予近来不能饮冰,每饮必泻,故久不御此。今日走热勉饮之,归而据桶作泻数回也。体不习则不能强,信然。

珏人又于傍晚发冷作热,疑系染疟,明日当请周医生一诊之。予最畏家人有病,目睹愆状,耳闻呻吟,较己病为难受也。然今岁自春仲以迄于兹,此境乃屡屡遭之矣。

8 月 1 日 (丁卯七月初四日 丁卯 中伏中) 星期一

晴,午后雷,遂阴。早 87°,午 92°,午后 90°。

上午入馆,照常编《本国史》。

下午在家,续写《太平史》第八章八百言,及第九章"湘军出犯与楚中之角逐"千二百馀言。第九章犹未毕也。

8 月 2 日 (丁卯七月初五日 戊辰 中伏中) 星期二

晴,近午有雷,午后微雨。早 88°,午 85°,下午 84°。

上午入馆,编《本国史》。

下午在家续写《太平史》千馀言,毕第九章。

8 月 3 日 (丁卯七月初六日 己巳 中伏止) 星期三

晴,午后雷阵,雨旋止。早 84°,午 88°,午后 84°。

上午入馆,出席同人会常务干事会。

下午在家续写《太平史》,成第十章"赣局之争战与武汉之沦丧"二千言,及第十一章"江西之失与两皖之战"四百言。未及毕章而天暮,乃辍笔。

8 月 4 日 (丁卯七月初七日 庚午 末伏起) 星期四

晴昙兼施,午后雷雨,旋晴。夜又雷,微雨。早 84°,午 86°,午后 88°。

上午入馆,为同人会办理文函数件。

下午本拟续写《太平史》,以圣陶见过,遂未作,与同出,至来青阁购得《湘军志》四册以归,虽未续作而得材料至夥,甚快也。

8月5日(丁卯七月初八日　辛未　末伏中)星期五

昙,午后雷雨,晚晴。早84°,午86°,晚84°。

上午入馆,出席同人会常务干事会议,商改组事。

下午在家方拟续写《太平史》,而愈之至,邀往立达出席会议。因与同出,先过雪村,继过予同,后过圣陶,乃同雇人力车以行。五时,抵江湾,晤丏尊、互生、子恺诸人。五时半开会议决立达学园设董事会,俾便进行,置董事九人。由学园方面提出易寅村、李石曾、郑洪年三人,通过。又票选六人,则夏丏尊、胡愈之、匡互生、丰子恺、袁绍先、刘薰宇当选。八时聚餐,十时毕,抵站候车。十时半到上海北站,即乘车归。

8月6日(丁卯七月初九日　壬申　末伏中)星期六

昙,午后晴,傍晚雷雨。夜半又雷雨。早81°,午83°,晚81°。

上午入馆,办理同人会事,编史事仅及十之二三耳。

下午方拟续写《太平史》,而角直学生罗菊生及硕民俱见过,遂废所事。谈至五时,罗去,予与硕民同过圣陶,邀之共饮。讵料坐甫定而雨止〔至〕,只得罢行。俟雨过,乘车径归。

今夜初凉,睡甚适。十馀日积倦为之一舒矣。

8月7日(丁卯七月初十日　癸酉　末伏中)星期日

昙,午后雨,晚晴。早81°,午86°,午后83°。

午前看报讫,硕民来,谈至十一时去。

正午祀先,盖中元节也。

午后续写《太平史》,毕第十一章,计写千七百言。

四时往圣陶所看硕民,适雨。雨过乃与之同出,圣陶父子偕行。傍晚乃归。今晚本拟小饮,以硕民腹疾而止。

8 月 8 日(丁卯七月十一日　甲戌　立秋　末伏中)星期一

日出而雨时见,霉湿。午 85°,早晚 83°。

上午入馆,出席常务干事临时会议。愈以处此情势之下非自动改组,加入工统会不可,但会章不能变更组织,常务干事即无由提出此案,只有向干事会提总辞职书,静候交代。遂决议缮书送出,时已晌午矣。

下午在家续写《太平史》第十二章"下游之奋斗与杨韦之乱"二千言,未竟也。旋补百言毕之。

圣陶夫人来,傍晚始去。珏人等伴之打牌四圈。

8 月 9 日(丁卯七月十二日　乙亥　末伏中)星期二

上午昙,午后大雨时行,闷湿。早 82°,午 86°,晚 85°。

上午依时入馆,编《本国史》一章。

下午在家续写《太平史》第十三章"翼王之别途发展"千二百言。里中醵资建醮,鼓乐喧阗,震人欲醉,遂不能复书矣。入夜燠闷甚,浴罢招凉,惟有道士及观众之嚣声耳,习习之感绝焉。至中夜十二时,醮事始已,予乃得寝。

读仲云信,只一小文,署曰《幻灭的悲哀》,彼半年来从事政治之觉悟书也。予大感动,不意攘臂而往者终于垂翅而罢,黑暗与政治竟不可分如是耶!最警辟语有云:"天下的老鸦一般黑,彼此之间都可作如是观。所谓善政恶政者,据法朗士言,不过自己之政与敌人之政而已。"旨哉言乎!

8 月 10 日 (丁卯七月十三日　丙子　末伏中) 星期三

雷雨时作,燠闷殊甚。早83°,午86°,晚84°。

上午入馆,出席同人会干事会,解决参加工统会问题,当场推定张伯康、唐鸣时、华国章、刘志新、敖弘德、章倬汉、丁愈昭等七人为筹备委员,筹备改组一切事宜,同人会即于同时宣告解散。予幸得摆脱,不再过问矣。

下午在家续写《太平史》第十三章千言。三时许,圣陶来,因同往大东旅社访平伯。盖平伯昨由京来,将就广东中山大学事,今晨曾来馆见访也。谈至六时,愈之及予同先后至,乃偕赴致美斋小饮。九时许,乘车归。

8 月 11 日 (丁卯七月十四日　丁丑　末伏中) 星期四

雷雨时作,气较爽。早84°,午82°,晚81°。

上午入馆,缉熙见过,盖亦自北京来此,昨甫到埠也。谈笑甚洽,久别之后,宜有此乐矣。十一时去,约颉刚抵沪即函知之,渠暂住新闸路顺德里五九〇号云。

下午在家续写三百言,毕《太平史》第十三章。又写十四章"忠王之功业"一千言。

8 月 12 日 (丁卯七月十五日　戊寅　末伏中) 星期五

晴朗。夜月色好。早80°,午83°,晚81°。

上午入馆工作。颉刚来,知住苏台,昨晚十一时车至。旋去,约下午在予家聚晤。

饭后看《东方》廿四,九。三时许乃往六逸所晤谈,先过圣陶、调孚同行。四时许,与圣陶同归,候颉刚。坐甫定而孟真至,未几,晴帆、缉熙俱至。有顷,孟真、晴帆先去。又有顷而颉刚来。及暮,乃与缉熙、圣陶、颉刚同赴味雅小饮,兼资畅谈。八时半而毕,遂归。

8 月 13 日(丁卯七月十六日　己卯　末伏中)星期六

晴。早 79°,午 83°,晚 80°。

上午照常入馆。

缉熙、颉刚、圣陶饭我家。平伯先至,以予未归而颉又不见,乃去。饭后颉刚、圣陶去,而硕民、植仁来,又痛谈。四时,客陆续去,予亦出访晴帆于江苏旅社。晤谈至六时,乃辞之行,赴致美斋聚餐会。到孟真、颉刚、平伯、六逸四客,馀为雪村、予同、调孚、愈之、石岑、圣陶、景深及予。谈笑甚洽,至九时许各归。

8 月 14 日(丁卯七月十七日　庚辰　末伏止)星期日

晴朗,月色甚好。早 79°,午 84°,晚 82°。

上午未出,在家打牌。下午硕民来,因与共访晴帆。谈有顷,即出闲行。至五时许,往豫丰泰小饮。三人忘形长谈,至快！九时乃散。予与硕民又过苏台访颉刚,谈良久,乃归。

日来周旋酬酢,竟未能提笔作一字,颇惘然也。

8 月 15 日(丁卯七月十八日　辛巳)星期一

晴热,起阵未成。早 81°,午 88°,晚 85°。

今日起,照常入馆,上下午俱工作馆务。

接梦九信,知徐州又陷敌手,渠以欢迎革命军故,家产被查封,人且名捕,狼狈走免,又中途遇盗,丧其资斧。现困居金陵,方一筹莫展也。予读罢悲来,不胜同情,顾又无法援之,因飞书招渠来住我寓,不识肯来否?

又写信四封。

夜入浴后仍流汗,不能作一字。

阅报知蒋中正已离职去宁,且已回抵奉化故里矣。观其去职宣言,则署八日,可知此事酝酿非一日也。胡汉民、吴敬恒、蔡元培、李煜瀛、张人杰皆联翩去,一若以蒋去留为进退然。我殊莫名其妙耳。

8月16日(丁卯七月十九日　壬午)星期二

晴热。早83°,午90°,晚87°。

依时入馆工作。

散馆归后,续写《太平史》第十四章千言。

夜殊热,浴汗竟宵,开窗招凉亦无当也。

8月17日(丁卯七月二十日　癸未)星期三

晴,入夜闪电,三时雨。早85°,午91°,午后93°,夜88°。

依时入馆工作。新编之《本国史》上册稿已由适之校过送来,馆中即定入"新时代初中教科书"系中,还经予手送出版部发排。

日来天忽回热,心烦虑乱,令人忘生。入夜尤酷闷,虽洞开窗户,一无风至,浴汗难祓,扰之终夜矣。三时雨下,平明而止,迄未少得休睡也。

8月18日(丁卯七月二十一日　甲申)星期四

晴热,夜略有风。早86°,午88°,午后89°,晚87°。

依时入馆工作。散馆后,甪直旧生罗菊生、朱菱阳来谈。

闷热不得安坐,散馆后遂未动笔。

昨午后允言见过。今日写信致乃乾及晴帆。

日来谣诼繁兴,人心又浮动矣,自诩识机之先者又纷纷运送箱箧入租界矣。不知租界当局,近方挑衅,日伺我旁,昨日竟以江湾扣留其军用飞机翼翅故,拆断梵王渡铁路,以遮我沪杭之交通,则不但寄人篱下足以羞愤,即不计此,亦殊非乐土耳。中国今日,实已竞赴覆亡之径,军人足以取祸,民众实不可恃,政客跳踉,徒促祸发,吾竟无奈何,亦惟甘遁颓废,吾寻我乐而已。

8 月 19 日 (丁卯七月二十二日　乙酉) 星期五

晴,午后雨,即止。有风。早 85°,午 87°,晚 84°。

依时入馆工作。《新时代初中本国史》下册将毕,下星期中,无论如何必交馆矣。故今日颇努力写作也。散馆时,孟韶见过,乃与偕归,谈至薄暮始去。

夜续《太平史》十四章五百言,遂毕一章,更名为"忠王之初起与英王之勇略"。

英军拆毁梵王渡路轨事已解决,卒由我送还飞迁机翼始撤退。中国之外交,实堪痛哭矣。

8 月 20 日 (丁卯七月二十三日　丙戌) 星期六

晴,阴而又雨,闷甚。早 84°,午 88°,午后 89°,晚 86°。

依时入馆工作。《新时代本国史》下册将毕,下星期内,当可交出。

夜闷热特甚,竟未能作一字也。

乃乾为朴社事特飞书来邀,定明日午刻在一枝香聚餐。馆中同人之在社者,由予转约之。

阅报,知昨夜起,每晚十二时后,断绝交通。盖以谣言故而戒严也。上海只见戒严而不见解严,但不多时后,又无形弛懈矣。一有事故,又张皇布告,故重见迭出,只见戒严也。

8 月 21 日（丁卯七月二十四日　丁亥）星期日

晴,午后阴,但卒未雨。早 84°,午 85°,晚 83°。

晨起看报讫,即过圣陶所,践硕民吃茶约。至则渠又早于四日前归去矣。渠即不留一言,而圣陶亦绝不道及,皆可怪也。心滋不怿,荷之而已。玄珠已归,予即过之一谈,于最近情形,告语甚悉,至快也！

近午,复返圣陶所,则绍虞已来,盖亦赴一枝香之约者。少坐,乃同往,则颉刚已先在矣。旋到绀熙、平伯、乃乾、清宇、孟槐、仲川、予同及金甫,遂乘餐时谈朴社事。结果,决定本部仍迁回上海,别设书店由乃乾经理之。详情俟下月四日再集会讨论。四时许,乃归。

8 月 22 日（丁卯七月二十五日　戊子）星期一

晴。早 82°,午 84°,晚 82°。

依时入馆,将《新时代初中本国史》下册编完。

阅报,知上海政局又变,或可由此少安乎！盖淞沪戒严正副司令撤消,代以淞沪卫戍司令,仍由白崇禧任之。辖区军警,统归节制。第一告示即废止东路前敌总指挥部及政治所属部,第二告示即痛斥清党时滥捕虐杀之流弊,严禁各机关径行逮人。无论是否诚意,而手腕之漂亮实非蒋所能及矣。

8 月 23 日 (丁卯七月二十六日　己丑) 星期二

昙，夜半雨。早 80°，午 83°，晚 81°。

依时入馆工作。《新时代初中本国史》下册稿今日交岫庐。接编《现代初中本国史参考书》中册。久断重续，颇似新创，发凡起例，又须温旧一遍矣。

翼姊幽石自苏来，住予家。谈家常移时，遂未能提笔。

8 月 24 日 (丁卯七月二十七日　庚寅　处暑) 星期三

阴，下午雨，旋止。上午 80°，下午 82°。

依时入馆工作。

颉刚来访，即去。

晚饭时，圣陶与平伯见过，邀出外小饮。予即从之行，饮于王宝和。三人长谈，亦颇有兴，至八时三刻乃散。归家已九时许矣。

漱儿头上患疖，今日往周医生处开刀，痛甚。但不能不然也。来去俱诱之，中心至苦！

8 月 25 日 (丁卯七月二十八日　辛卯) 星期四

晴，作雨不成，闷热。早 83°，午 87°，晚 85°。

依时入馆工作。

梦九弟飞卿来，知渠已来，但未至。旋飞卿去，即约偕其兄过予。待至中夜不见来，颇诧异，值此混乱之局，萦念良深也。

8 月 26 日 (丁卯七月二十九日　壬辰) 星期五

作雨不成，殊闷热。早 84°，午 87°，晚 85°。

依时入馆工作。

下午三时许，梦九、飞卿昆仲见过，徐君田章与偕。少坐即与同归，谈至薄暮，乃偕出，饮于豫丰泰。九时许乃散。约再晤。渠现住南车站刘站长子耕处。

8月27日(丁卯八月初一日　癸巳)星期六

晴热。晨84°，午87°，晚85°。

上午入馆工作。下午未入馆。

饭后圣陶过我，同访平伯于长浜路之修德里十二号。谈有顷，乃偕往徐园听昆戏。时方演《翠屏山》之《酒楼》，直至六时散，最满意者为《白蛇记》中之《断桥相会》耳。散后遇君立、调孚，以时局紧张不敢在外晚饭，匆匆径归。知梦九昆仲曾过我。

阅报，知孙传芳军昨晨渡江南袭，遮断宁、镇交通。只有镇江、无锡电而无南京电，谣言因以大起，里中迁徙者又相属于道矣。最可恨者，颇有身着戎装而坐车拥箱笼人租界之人也。(归途遇一汽车，旁站武装兵士四人，视之则满载箱笼行李正运往车站也。此非军队中高级人员不办，动摇人心实甚。)

8月28日(丁卯八月初二日　甲午)星期日

晴，傍晚雨，闷甚。早84°，午后90°，晚87°。

早起阅报，知渡江之孙军已无能为，惟宁、镇尚未通车，且仍不见南京电报耳。十一时许，圣陶来，乃偕往共乐春，赴马宗融宴。至则六逸已在，主人及两蜀客方陪谈。未几，调孚、雪村、愈之、仲云到，乃开樽。今日以主人蜀产，川菜馆遂特别道地，肴色新鲜，口味隽永，真良会也。二时许散，予乃与调孚、圣陶往徐园听昆戏，

《千忠戮》及《思凡》、《下山》为最佳。至于《花报》、《瑶台》,虽排大轴,然不足动人也。

夜热甚,绝风而毛雨,又兼同儿不适,发热唛嘈,竟夕为之不寐矣。天气真奇,殆已忘却时令,阴历八月初乃大类秋伏也! 宜乎易感时邪耳。

8 月 29 日（丁卯八月初三日   乙未）星期一

晴热。午 89°,午后 87°,早晚 85°。

依时入馆工作。报载宁垣无线电,知尚无恙,然孙部尚背江顽抗,未能肃清南岸也。值此百业凋残,乃复飘摇风雨,引领来日,诚不胜其殷忧矣。

散馆后,平伯与圣陶过我谈,平明午乘轮北上矣。此别又须经年,殊依依也。本想同出夜饮,以戒严故不便晏行而罢,甚以为歉耳。

8 月 30 日（丁卯八月初四日   丙申）星期二

晴,早晚微雨。闷热。早 84°,午 86°,午后 87°,晚 85°。

依时入馆工作。

颉刚来,即去。

本馆俱乐部自国民革命军到此后即有暂改为编译所之议。五月间正在迁移之际,二十六军政治部强划一半借去。昨晚政部结束搬出,方饬工修整,预备自用,而今午忽又来该军之兵弁数人,把守大门,旋来军官三人,不辨是何等级,声称须借作团本部及驻兵两连。言词态度,中人欲呕,蛮横硬勒,无复人理。呜呼! 此国民革命前途之大暗礁也!

8 月 31 日（丁卯八月初五日　丁酉）星期三

时阴时旸,燠甚。上午 84°,下午 86°。

今日为先母除服。

依时入馆工作。

下午同人多往观远东运动会者,予与藕舫两人坐部中耳。

晌午设座祀先父母,仲弟挈眷属归拜。饭后即去孝服。

连日闷热,不类八月,予生平仅见之。夜间竟不能寐也。

9 月 1 日（丁卯八月初六日　戊戌）星期四

乍阴乍旸,且闻轻雷。上午 84°,下午 87°。

依时入馆工作。

散馆归后,仍苦闷不能治事,枯坐而已。

藕舫为予言,此次孙军渡江实具决心,不但毁路扰乱后方,同时且与英国勾结,用两舰保镖强渡。渡江者六七万人,竟为一七两军所包围,缴械太半。其计不售,而遭此大损失,精锐尽矣。其友有自镇江来者,且目击国民革命军扬旗北渡,则进取可知也。并闻浦江之敌,亦已北退。综此数讯,江南或得暂安无事乎!

9 月 2 日（丁卯八月初七日　己亥）星期五

上午雷雨,午后晴。早 86°,午 85°,晚 82°。

依时入馆工作。

在小说月报社遇绍虞,盖渠将北就燕大之聘,来沪候船赴津也。后日午后徐园有会,将续议朴社事。惟此事予实惮闻,以素不相习之门外汉而欲妄参市井,冀获馀润,无论不可必得,即得亦乏味之至也。

幽若今日午刻归苏。

夜来陡凉,好睡达旦。

9 月 3 日 (丁卯八月初八日　庚子) 星期六

晴,时见细雨。早晚 80°,午后 82°。

依时入馆工作。

梦九、飞卿来,假书数事去。明日彼或再来,但予有他约,未必能晤之耳。续有所需,将候彼自取之也。

晚在家小饮。

9 月 4 日 (丁卯八月初九日　辛丑) 星期日

阴雨连绵,突凉。早 78°,午后 74°,晚 72°。

晨起看报讫,圣陶来,乃共往孟渊旅社访绍虞。旋饭聚昌馆。饭后本须赴徐园朴社约,以雨甚而陡凉,颇有萧瑟之感,乃折返。到家添衣,与家人打牌六圈。傍晚小饮,晚饭后少坐即寝。

渤海舰队之海圻等舰前晚又来袭淞口,未得逞,昨午后四时许又用飞机驶探高昌庙一带,抛弹四枚,二落浦中,一炸,一未炸,幸未伤人。予初不之知,今日阅报乃知之。奉、鲁军阀如此死咋不休,江南未可安枕也。革命军之将士尚其念诸!

9 月 5 日 (丁卯八月初十日　壬寅) 星期一

晴。上午 72°,下午 74°。

依时入馆工作。

散馆后往大东书局访乃乾,盖渠有电话来约者,朴社同人多惮去,予则不能不往矣。至则相将登豫丰泰酒楼,知昨日之会仍是空口白话,仍无真正结果也。惟痛饮为快耳。

饮次,慰元来,与之对饮三杯而去。

九时许归,途中尚多人行,想戒严之略松矣。

接读振铎来信,多鼓励语,甚为感动。

9 月 6 日(丁卯八月十一日　癸卯)星期二

晴。上午 74°,下午 79°。

依时入馆工作。

绍虞到馆,知渠方得京电,将不走燕而南之闽矣。盖福州协大正请人,遂被坚邀重游旧地也。其兄际唐亦将偕往。惟闻缉熙则又将返京,不南行就广州中大事,大概京校有办法矣。

颉刚已赴杭,今日代接一电,即转去。

夜,梦九、飞卿过我,借书数种去。

9 月 7 日(丁卯八月十二日　甲辰)星期三

晴朗。月色好。上午 76°,下午 81°。

依时入馆工作。

傍晚在家小饮,雪村偕崇年至,谈有顷,去。约明日午后五时在同芳居再叙。崇年名大椿,亦草桥中学之同学,在京任事,乃兼为朴社出版经理部主任者,明日所谈必为社事无疑耳。

写快信转函与颉刚。

夜续写《太平史》数百言。

9 月 8 日 (丁卯八月十三日　乙巳　白露) **星期四**

晴朗,月色好。上午 78°,下午 80°。

依时入馆工作。

散馆后与圣陶同往同芳晤崇年,继又偕访绍虞于孟渊,知渠仍将赴燕大矣。旋辞出,送崇年登车,乃与圣陶饮高长兴。遇云六及慰元。九时许散,归途竟未逢一兵,或无形解严耳。

9 月 9 日 (丁卯八月十四日　丙午) **星期五**

晴,午后阵雨。夜月色皎。上午 77°,下午 81°。

依时入馆工作。

今日心绪忽劣,倍觉无聊,写信而外,竟未作事也。

9 月 10 日 (丁卯八月十五日　丁未　秋节) **星期六**

晴朗。夜月尚好。早 75°,午前 77°,午后 81°。

今日晨起,腹泻频数,精神萎衰,异常疲软。昨日之不高兴,其殆先兆乎!饭后强坐打牌八圈,至晚始毕,然仍不振。晚饭后本想走月,但无兴鼓之,即睡。

9 月 11 日 (丁卯八月十六日　戊申) **星期日**

晴朗。北风颇烈。上午 76°,下午 81°。

上午在家看报。饭后,瀋儿赴江湾上学。三时许,圣陶见过,乃与同出,至开明新店一游。晤雪村,旋访乃乾未值,即至惠通啜茗进点。五时许归,知乃乾适来访,相左不遇如此,亦奇闻也。

夜在家小饮。饮后闲翻架书,得中外初通史料若干,甚喜,明日当携以入馆,编入《本国史参考书》中。精神郁结,至此乃稍稍发舒矣。

9 月 12 日 (丁卯八月十七日　己酉) 星期一

晴。上午 75°,下午 79°。

依时入馆工作,精神较昨略起。

晚在家续写《太平史》一千馀言。入秋以还,以左热故,久不为此矣。往后天日凉,气日爽,或可于一月内毕工乎。当勉行之,毋怠!

9 月 13 日 (丁卯八月十八日　庚戌) 星期二

晴,陡热。上午 76°,下午 83°。

依时入馆工作。

晚饭后入浴,浴后披襟纳凉,畏就灯火,遂未作一字。

上午十一时,乃乾过我,予请渠在新有天便饭,并邀予同、致觉、愈之、圣陶一叙。所谈为朴社事,以予之意,直退出不问耳,事冗意乱,百无一就,亦何贵空挂一名哉!

9 月 14 日 (丁卯八月十九日　辛亥) 星期三

晴热。上午 80°,下午 86°。

依时入馆工作。

散馆后在石岑家聚餐,到六逸、圣陶、愈之、予同、调孚、雪村、景深等,并请宗融、英甫、从予三君。谈笑甚乐,至十一时始散。返寓就寝,已过十二时矣。

梦九过我,未晤,珏人当将预措之款交渠,据云曾到苏州去,故未能即来也。两信则俱接到。

9 月 15 日 (丁卯八月二十日　壬子) 星期四

晴,夜半后雨。上午 81°,下午 84°。

依时入馆工作。

散馆后与致觉、调孚、圣陶到豫丰泰小饮。饮前过本馆发行所,购得新出版之《世界史纲》汉译本。此书经营已久,用力于校订者以柏丞及觉明为最多云。

夜九时归,翻阅《史纲》首数章,十一时乃寝。

将田中萃一郎演讲之《太平天国の革命的意义》一文送托六逸代译,昨晚谈起蒙诺,将采入《太平史》中也。日前渠送赠所著《日本文学》上卷一册,略已翻读,觉体例新颖,大可资为模楷也。

振铎译著之《文学大纲》已完全出版,今日接到调孚代送之第四册矣。

9 月 16 日 (丁卯八月二十一日　癸丑) 星期五

阴雨,气陡凉。上午 75°,下午 73°。

依时入馆工作。写信劝告颉刚,期释闲争,盖今晨接渠信,颇与人家斗意气也。不识能否见容耳? 其实渠致力学问,一切弗与为宜,涉世则人事坌至,竟应付为难矣。

连宵饮酒,殊觉非是,今日凉矣,宜续吾业,因于晚饭后赓写《太平史》千馀言,十五章以毕,凡三千言。

9 月 17 日 (丁卯八月二十二日　甲寅) 星期六

阴雨。上午 71°,下午 70°。

依时入馆工作。

夜归小饮,适潴儿偕其同学张雅昧、周乃卓两女士至,盖方自租界购物来也。是夕即宿予家。予本欲续写史稿,以斋已见占,遂辍事。

硕民、梦九俱有信至,一则告徐宅吊礼已代送,一则告谢收到三十元也。

9 月 18 日(丁卯八月二十三日　乙卯)星期日

阴,午后略晴。上午 71°,下午 73°。

上午九时,挈清儿往圣陶所,与其父子及调孚同往新雅啜茗。至则人已患满,乃驱车别诣安乐园,人满如故,退就其西壁之西湖楼坐焉,然上等之座已不可得,得其统舱性质之散座耳。粤俗,茶馆兼售各色点心,每一色至,捧盘至客前任听择取。今日散座中,此风乃不存,馆役远捧盘来,群客已准备,盘尚未定放而客手众多已纷拏喧夺矣。回忆曩岁赴厦时统舱中之吃饭,情景至酷似也。十一时乃归。

饭后,潴儿偕其友返立达。

晚小饮,圣陶托人带平伯所赠之曲园《病中呓语》照片及六逸译稿之一部分来,甚喜。

9 月 19 日(丁卯八月二十四日　丙辰)星期一

晴,傍晚微阴。75°。

依时入馆工作。

散馆后出,购书于文明书局,并买茶叶等物。归后小饮,饮后读唐人小诗,未写史稿。

今日起,闸北粪夫又以要索酒资不遂,同盟罢工,吾家早已给遣,乃亦同受厥累,殊可恶也。此后多事,实不堪设想,必不止此一端已也耳。

9 月 20 日(丁卯八月二十五日　丁巳)星期二

晴明。上午 72°,下午 74°。

依时入馆工作。

夜饭后续写《太平史》第十六章“安庆之失与英王之死”千馀言。十一时睡。

晴帆书来,谓宁垣书肆有沈氏《晨风阁丛书》只七元,沪上须十二元,要否代购。并托予代购西泠印社之《西厢十则》寄彼。予当托乃乾为之一办。

9 月 21 日(丁卯八月二十六日　戊午)星期三

晴朗。上午 69°,下午 72°。

依时入馆工作。

下午梦九、飞卿来馆见访,飞卿并以所著《豫东游记》托予代售与开明。谈至散馆,同出偕归,旋又与之俱行,小饮于言茂源酒楼。相与欢叙,至九时乃散。

昨日改编三十一军郑绍虞部,分头在莘庄、戚墅堰、龙华等处由军委会派兵截缴枪械。沪杭、沪宁两路遂车阻不通。今日各报俱载此事,而《新闻报》则留一大空白,竟无只字及之。岂检查者撤之欤？但别报何以不撤也？

9 月 22 日 (丁卯八月二十七日　己未) 星期四

晴明。上午 70°,下午 75°。

依时入馆工作。

散馆后挈漱儿闲步。傍晚归,坐窗前小饮。晚饭后奋笔写《太平史》,然已略被酒,渐不能支,至九时,即就寝矣。欲求毕业,当与杯中酒暂告小别耳。

郑绍虔部缴械事已完毕,报已载其罪状,盖孙传芳渡江南袭时,伊曾密与勾连也。

北京政府似甚雍容,不但京师大学及时开学,而礼制馆、国史馆之建置及改北大研究所为国学馆尤见粉饰升平也。礼馆长闻为李盛铎,史馆长柯绍忞,国学馆长则叶恭绰也。

9 月 23 日 (丁卯八月二十八日　庚申) 星期五

晴明。上午 72°,下午 76°。

依时入馆工作。

柏寒来访,自三时谈至六时乃去。伊在角直,亦颇感苦闷耳。

夜饭后挈汉、漱两儿在附近闲步。归后续写《太平史》一千言,十六章以毕。遂未再作,集材备十七章用。

9 月 24 日 (丁卯八月二十九日　辛酉　秋分) 星期六

上午阴雨,下午止,晚晴。上午 75°,下午 74°。

依时入馆工作,为《国学月刊》校文数十页。

散馆后独往访乃乾,不晤,岂前书订约,彼未寓目耶? 登豫丰泰酒楼候之,亦不见来。六时许,梦九践诺至,飞卿则已赴宁矣。

二人对酌,不觉深谈,至十时许始散。到家已十一时矣。

9 月 25 日(丁卯八月三十日　壬戌)星期日

阴雨晴兼见,夜半大雨。上午 72°,下午 78°。

晨起看报讫,已十时许。十一时,六逸、圣陶来,因共出,赴大加利开明书店宴。是日宾客甚多,计四席,予与六逸、圣陶、仲云、调孚、君立、均正、予同、鸣时同坐,俱熟友,至堪自喜也。二时许散,乃往卡尔登一观《如此巴黎》影片。去时与六逸、调孚、君立、均正同行,归途乃相失,转遇圣陶,因偕行。予在五马路购得呢帽一顶归。

接晴帆信、乃乾信、颉刚信。颉刚明日将由杭来此矣。晴帆寄《晨风阁丛书》至。

9 月 26 日(丁卯九月初一日　癸亥)星期一

阴,饭后大雨,旋止。上午 74°,下午 77°。

依时入馆工作。写信三封,致翼之、晴帆、硕民。

下午得乃乾电话,知已由苏返,约晤谈。散馆后趋访之,携漱儿与俱。旋往豫丰泰小饮,谈近事。渠为予集得清史材料颇夥,谓缓日送来,予甚感之。因托代晴帆买《西厢记十则》。九时散,亟挈儿返。

颉刚未来,想尚未动身耳。

9 月 27 日(丁卯九月初二日　甲子)星期二

阴晴兼施,午后雨。上午 74°,下午 76°。

依时入馆工作。

颉刚来,知渠昨晚到,住孟渊七十九号。午间,予同、愈之、圣
陶、致觉及予因共饭之于新有天,但东则予同坚欲独任,予等遂亦
扰之矣。饭后,予等入馆,颉则自去也。

叔迁以《学生国学丛书》中之《三国志》见属,谓彼别有工作,
无暇为之,特以此浼予也。予暂受之,不识能否作此耳?

散馆后至开明书店,以郑飞卿稿及圣陶序面交雪村,拟署作
《另一世界》,俾付印以行。

9 月 28 日(丁卯九月初三日　乙丑)星期三

阴晴兼施。上午 73°,下午 76°。

依时入馆工作。

散馆归,惮于外出,即在家小饮,原冀振刷,乃日来天气不时,
终于不爽。非但不能握笔作文,而且坐卧亦感不适贴也。满拟将
《太平史》在最短间作成,而一再因循,实无由自解矣。惭悚曷极!

9 月 29 日(丁卯九月初四日　丙寅)星期四

晴。夜见牙月。上午 72°,下午 76°。

依时入馆。

未入馆前,往孟渊访颉刚。遇若谷及彬龢。返馆后彬龢以柬
至,邀饮于都益处。予以不甚稔,于饭后作书谢之,令茶役送去。

散馆后,与圣陶、君立、调孚闲步,即在新雅茶楼啜茗进点。

夜在家小饮。是夕失眠。

9 月 30 日(丁卯九月初五日　丁卯)星期五

阴雨。上午 72°,下午 75°。

依时入馆。

散馆后往孟渊访颉刚,遇崇年,三人同出,过来青阁,遇乃乾。因偕登高长兴酒楼小饮。九时散,仍至孟渊谈,十时乃归。约明日下午四时半后再访之。

10 月 1 日(丁卯九月初六日 戊辰)星期六

阴,午后放晴。上午 73°,下午 75°。

依时入馆。写信三封。

散馆后往孟渊访颉刚、乃乾。乃乾云《西厢十则》缺页甚多而价不能松,故未代买。即而乃乾有事先行,予亦欲赴一般社致美斋之宴,请即往,适坐中有徐中舒者亦同与此宴,因偕行。至则丏尊、光焘、调孚、圣陶等已在,旋见宾客纷来,至六时半开尊矣。予未多饮,同席仍熟友,无一生客,甚欢。八时许即归,以坐有郁达夫者携其恋人王女士同来,与之稔者多争往劝酒,予恐连醉,故逃席行也。

珏人伤风,夜竟发热。同儿亦鼻塞,汉儿亦发热作吐。日来天气不好,忽寒忽热,极易罹病也。予亦不舒多日矣,胸背闪痛,至今犹隐隐未祛耳。

10 月 2 日(丁卯九月初七日 己巳)星期日

晴和。上午 70°,下午 74°。

今日为同儿做周岁,旧俗须在生日前一月预庆也。竟日未出,在家打牌十六圈。潜儿晨自校归,暮乃去。徐戚则未之惊动,合门融融,甚怡怡得乐也。如此年头,乃得自寻其乐如此,宜可傲视并世,值得"知足"矣。

　　午前,甫里旧生罗、朱两君来,告曾于一星期前在校中被劫。区区私立小学,何来财贿,匪亦及之,可以推见遍地荆棘之状矣。

10 月 3 日 (丁卯九月初八日　庚午) 星期一

　　晴朗,下午略翳。上午 70°,下午 78°。

　　依时入馆。写信四封。

　　散馆后在家整理积书。久不为此,书乱而尘封,将无从下手矣。今发奋从事,虽俯劳而书上架头,检索自易,此役实非虚耗也。

　　靖澜书来,假钱,予手头正窘,无以应,复书约稿易钱后略分润之。彼大病初愈,又兼夫人生产,处境真大困也。梦九亦尝为予言之,今乃接彼手书,字迹犹震洒失次,想见尚未康复耳。

　　得为章昨日所寄讯,知其夫人俞杏娥女士以痢疾兼流产殂。为章去年丧子,今又悼亡,处境亦可谓困矣。

10 月 4 日 (丁卯九月初九日　辛未) 星期二

　　上午晴,下午大雨。上午 74°,下午 80°。

　　依时入馆。

　　仲彝来邀游虞山,已久之,定八日上午行。

　　向本馆图书馆借丛书,彼中人必欲部主任签字,予报以主任不在,予有权借此,彼始允。可见退让不争,亦非是也。图书馆附丽于编译所,原欲撰述有以利用之,今乃设为苛条,加以无谓之限制,真不知当局者居心何若矣?

　　夜在家小饮,看《复社记事》及《社事始末》,俱《昭代丛书》本。

　　十时许,颉刚雨中来辞行,谓明日即乘轮赴粤矣。稍谈即行。

10 月 5 日（丁卯九月初十日　壬申）星期三

阴雨。上午 74°，下午 77°。

依时入馆。

晚六时，赴虎如招宴中有天。坐客两席，除予及稼轩、觉明外，俱金华同乡也。其中素识为柏丞、增美，新见则金子敦兆梓耳。馀未遑一一请教之。饮多，归已十时。

里口衡大酱园本晚被劫，予归时，盗甫去也。萑苻不靖如此而侈言大政，当事者不感羞耶！

10 月 6 日（丁卯九月十一日　癸酉）星期四

阴雨。上午 73°，下午 76°。

依时入馆。

散馆后往雪村所接洽飞卿稿事，开明拟出六十元。因在彼晚饭。适逢新女性社集会，故坐客有二席也。予以社外，叨列其间，食之殊有愧色也。

夜十二时后，晴帆快信至，急披衣起读，知渠嗜书癖深，仍嘱代购《西厢记十则》耳。明日当为一办之，须往访乃乾面洽，俾可以《曲海》预约券易现也。此券亦由渠寄来者。

报载阳城湖匪乘轮洗劫真仪镇，火车临时停过，俟匪从容入湖后始通。想见声势之大，至足骇人。同人相商之下，虞山之行因以作罢，业由调孚写信回绝仲彝矣。

10 月 7 日（丁卯九月十二日　甲戌）星期五

晴热异常，夜雷雨。上午 75°，下午 79°。

上午入馆。接颉刚之弟诚安电话,谓颉尚未行,今午后始登新宁船南行,盼予一往晤之。予饭后未入馆,即往孟渊访之,至则徐中舒及余君在焉,徐君盖送余君与颉同行者。坐谈久之,待乃乾。至四时许,不见来,乃唤车送之登轮,将行装安顿讫,仍同下,晚饭于青萍园。七时许,毕。颉刚挈其女公子康游大世界,将俟十二时后上船睡。徐、余别有所诣,去。予即辞之独归。过泰东,一翻近出支伟成编之《国学用书类述》,不见精彩,未购。他日或再买此也。

10 月 8 日（丁卯九月十三日　乙亥）星期六

早雨,旋止,午后晴。上午76°,下午79°。

依时入馆工作。写信四封。知藕舫又须辞职赴宁仍任中大地学系主任矣,后继未定,大约仍为柏丞,盖经农顷方卸教育局事,当然回馆,则柏丞位置将悬,必请复任史地也。

散馆后与调孚、愈之、君立往百星大戏院观名影 *The Volga boatmen*,即久以喧传而曾遭租界工部局禁演之《党人魂》也。前半尚好,后半专写恋爱,已失激昂之概,实难副盛名。或制此片之公司已将激烈部分删节以去,且片中时露剪裁痕也。

10 月 9 日（丁卯九月十四日　丙子　寒露）星期日

晴热如炎夏。上午76°,午80°,午后82°。

阅报,知二十六军易帅已定局,以陈焯继周凤岐,昨就职矣。沪上政状,或可苟安,何应钦当得从容入浙主政也。

明日国庆,民众举行提灯会,定今晚提前实施。晚饭后,予挈汉、漱两儿往宝山路一看之。盛况抵初祝革命军抵沪时才及五之

一,一则财力已衰,一则兴已过去,今日参加者俱属必不得已之应
卯填格者耳。呜呼!

饭后圣陶来,因同出,步于黄浦滩,观江海关新大钟。未之见,
即至北四川路虬江路口之新雅茶楼啜茗进点。坐一小时许乃归。

10 月 10 日 (丁卯九月十五日　丁丑)星期一

晴闷热,晚阴,下雨。早 79°,午前 83°,午后 86°,傍晚 84°,夜
76°。

今日气候之剧变,可谓极奇幻之至矣,忽而汗出如沈,不能复
耐,忽而凉飙骤起,竟体爽然。一日之中备三季之象也。但予中于
变候,神昏气惰,竟愁闷过之。

阅《新闻》、《申报》、《新事新报》、《商报》、《民国日报》及《时
报》。《商报》无增刊,《时报》仅增图画,馀俱有增刊若干张。然精
彩绝鲜,不敌往年远甚也。在五色旗下,年年今日,犹有点缀,不图
国民政府统治之后翻不增盛如是乎!

夜在家小酌,竟日未出,独有此乐,颇自慰。

10 月 11 日 (丁卯九月十六日　戊寅)星期二

阴霾,午前及晚均雨。晨 72°,午 70°,晚 68°。

依时入馆。为开明校《国学月刊》。

有署名吉林松江美术学校者,邮致本馆旧出夏曾佑《中国历
史》三册,写明由小说月报社叶圣陶收转。既不详姓氏,又不附片
纸,末从识其用意之所在也。

靖澜有书至,重申前请,谓窘迫已甚,能从圣陶处转假则大好
云。

乃乾亦有书来,言今日早车赴宁,书如购得,当携致晴帆,万一不得,亦当往访一谈也。今晚予本约过彼,得书而罢,否且徒然一行矣。伊甚忙,必欲一见则往往缘悭焉。

夜小饮,儿辈侍坐,甚乐。

10 月 12 日(丁卯九月十七日　己卯)星期三

晴,突凉,萧然寒矣。上午 63°,下午 62°。

依时入馆。

下午四时许,梦九、飞卿昆弟暨其妹婿杨屏周(价人)来馆访予,因于散馆后偕归。坐片晌,又同出,饮于王宝和。十时许乃散归。未曾多饮,然醉矣。

《另一世界》稿费,飞卿已承诺,因约明日下午五时在豫丰泰交件。六十金卖绝版权,在开明并不吃亏,在飞卿乃颇得略润矣。

10 月 13 日(丁卯九月十八日　庚辰)星期四

晴寒。上午 56°,下午 54°。

依时入馆。写信兼校稿。饭后访雪村,取支单。

散馆后往豫丰泰,晤梦九、飞卿、屏周。复与飞卿往开明发行所取款,则以雪山他适,未及得,约明日由飞卿自往取之。旋返酒楼开饮,至八时半而毕,遂归。今比昨多饮,反不觉有何不适,甚奇。

10 月 14 日(丁卯九月十九日　辛巳)星期五

晴寒如昨。上午 56°,下午 58°。

依时入馆。

晚在家小饮。饮后拂纸续写《太平史》，久辍重理，几于另辟畦町矣。可见凡事只求精进庶有用，一涉松懈，百不一可，殆且淡然忘之焉。今努力为之，亦仅书数百言，实觉内惭深深，莫由自解耳。

欲作事，须断酒，然作事端赖精神，不饮则无以自振，听其饮乎，则又必致一事莫办，遑言学问。二者既冲突如此，吾其终处矛盾之境耶！

10 月 15 日（丁卯九月二十日　壬午）星期六

晴。上午 56°，下午 59°。

依时入馆。

下午四时许，乃乾见过，谓已由宁垣归，晴帆未见，而书却寄去矣。当找七元与之（以别有《曲海》预约券作价八元在外也），适抵《晨风阁丛书》之值，甚快。旋与俱返，谈至六时始去。

夜小饮，食蟹三，甚美适也。今岁蟹尚未满，予亦初食，或西风未起，浓霜未降之所致乎？少俟，当更恣啖之耳。

仲弟来，谓后日即须赴汉口，仍挈眷行，予适与乃乾归，未及多言，弟即去，约明日来饭。

10 月 16 日（丁卯九月二十一日　癸未）星期日

晴，较和。上午 60°，下午 61°。

镇日在家候仲弟，未出，亦未见来，殊闷闷也。

潜儿晨归暮去，饬吴妈送至车站。回云今日适调兵，车甚挤，上车殊艰也。

写信与晴帆，告《西厢十则》等已由乃乾径寄宁垣矣。

10 月 17 日（丁卯九月二十二日　甲申）星期一

晴。早 61°，午 65°，晚 63°。

依时入馆。

弟妇来，辞赴汉也。傍晚去，今晚即须随弟上船矣。

予近来衰飒之气甚矣，无论何事，终不兴奋，微论写作，即随意翻览亦懒于从事也。如此，不将生废乎！友朋相晤，辄以近读何书，近作何事见问，而予实无以答，惭感极矣。不图改辙，遂陷我生，是以痛自忏涤，予今日始，每晚必坐三小时，即不作一字，亦须乱翻一阵焉。但小饮仍不必废，酒后升案，正可打叠精神耳。果尔，则读不废饮，饮不妨读，固两全其美矣。

记此后续写《太平史》千馀言。

10 月 18 日（丁卯九月二十三日　乙酉）星期二

晴，午阴，旋开朗。早 58°，午 66°，晚 65°。

依时入馆。

接翼之、晴帆信，知甫里小学颇倾轧，翼将不安于位；晴则杭事已成，日内即将过沪前往，盖就浙江军事厅军法科之科员也。予深为翼忧而为晴庆，然中心则然，措之事实，固不容我忧庆自如耳。

写信与梦九，约廿三日下午四时在家候之。

夜续作《太平史》，毕第十七章"上海之牵掣与外人态度之转变"。

10 月 19 日（丁卯九月二十四日　丙戌）星期三

晴。上午 62°，下午 70°。

依时入馆。

午前有蔡肇者来,出晓先书,知已抵此矣,暂寓法大马路广泰来二十号。予因于饭后与圣陶同往晤之,久不见,忽得叙谈,转无语矣。旋辞出,为约娄立斋赴其寓,且报其家人焉。

夜小饮,特觉沉沉,遂未作事,即就寝。

10 月 20 日(丁卯九月二十五日　丁亥)星期四

晴,又暖不耐棉矣。早66°,午前及晚71°,午后75°。

依时入馆工作。

昨夜珏人忽腹痛下泻,服十滴水仍不止,颇急。天明始略好,然人极疲软矣。今晨强起,料理诸事,盖群儿纠缠,不容少休也,苦甚! 多子为累,信然。

夜续写《太平史》十八章"苏常两浙之失",作千馀言。以材料太多,改为"苏常之失",以其后属次章。本章仍未完也。

10 月 21 日(丁卯九月二十六日　戊子)星期五

晴暖。晨68°,午77°,晚75°。

依时入馆。

散馆归,晴帆至,盖方自宁来,顷由北站径访予也。少坐,即同出,先看定新旅社廿号房,然后偕往佛陀街正兴馆晚饭。八时许即罢,彼就浴于温泉,而予则赋归矣。

今日报载,国民政府于昨日下令讨伐唐生智,谓其勾结北方军阀,阴用共党,危害党国。前锋程潜部已将唐部刘兴击退,业已退往大通以上云。此次毅然用兵,事先当有布置,在国府必有把握也。

10 月 22 日（丁卯九月二十七日　己丑）**星期六**

晨浓雾，旋晴暖。上午72°，下午75°。

依时入馆。下午晴帆来馆访予，告明晨即赴杭就军事厅军法处事，不再来别矣。略坐便去。散馆归，潚儿已自校返。晚饭后打牌四圈。

日来天时不正，寒暖失常，酿病之兆也。

傍晚挈潄儿过桃花坞餐室进点，遇同部同人詹君聿修，遂扰之。

10 月 23 日（丁卯九月二十八日　庚寅）**星期日**

晴朗。早64°，午70°，夜68°。

晨起看报，知上江军事甚利，而广东别立军委会，似亦不与南京同调也。惟粤中态度正显与唐生智反对耳。不识汉事解决后又将何如也。

午前，朱荄阳及戴宗权两生来访，谈有顷，去。

薄暮，梦九、飞卿至，彼自携酒来，而予为具馔。各食蟹三，饮酒约斤许。八时半，罢。九时，辞去。此来为访予《五代史》若干事，明日当查书具复之。

10 月 24 日（丁卯九月二十九日　辛卯　霜降）**星期一**

晨雾，旋晴。早62°，午70°，夜68°。

依时入馆。四时，本所同人全体摄景。

金子敦今日来馆，柏丞介绍部中人相见。

读振铎书，谆谆以从事太平天国专史为勖，并许我助搜材料。

予大感动,懒筋为之大震。拟于《天国革命史》写毕后,努力为专门之研究也。铎信甚勤,而予只一复,即此可见奋不奋之判矣。予实内愧之甚焉。

夜续写《太平天国革命史》二千言。

10 月 25 日 (丁卯十月初一日　壬辰)星期二

晴。早 64°,午 72°,晚 69°。

依时入馆。写信与梦九、翼之。接颉刚信,其夫人代书者。

散馆后出外买药,遇圣陶、若谷,若谷先去,予则与圣陶饮王宝和。六时半即了,七时归。夜膳后续写《太平史》千馀言。

10 月 26 日 (丁卯十月初二日　癸巳)星期三

晴。上午 62°,下午 68°。

依时入馆工作。

散馆后诣圣陶所,遇调孚,因同至君立所听《琴挑》等唱片。旋在雁冰家小酌吃蟹,坐有予同、愈之、仲云、调孚、圣陶。晚饭后畅谈至十时乃归。

接晴帆信,知已安抵杭州,住军事厅军法处中。

馆中所驻廿六军第五团昨晚开去,以馆中早取得卫戍司令及上海市长之告示,永禁驻兵,故后来者得免占焉。否则甲去乙来,恐终受人支配耳。

10 月 27 日 (丁卯十月初三日　甲午)星期四

晴。早 62°,午 70°,晚 68°。

依时入馆。

散馆时梦九、飞卿来馆访予,适予已归,乃踵至吾家。少谈即去,当以前借各书还予,而苏州寄来之《五代会要》则未取去也。约明日留书在家,由飞卿来携。

夜在家小饮。晚饭后续写《太平史》六百言,疲劳袭来,睡魔坌至,遂辍笔。缘日来又不好睡,积已数夕,今乃偿之矣。十时寝,有顷即睡去。

10 月 28 日 (丁卯十月初四日　乙未)**星期五**

晴,下午起风。早 61°,午后 70°。

依时入馆。日前所摄同人全体影,颇模糊,今日下午四时由事务处通知重照,予以不耐再久候,即归。适梦九、飞卿来访,因得晤之。谈移时,取《五代会要》以去。

夜小饮,晚饭后续写《太平史》六百言,十时即寝。

崇年来馆访予,嘱与雪村接洽,签定转付合同。

10 月 29 日 (丁卯十月初五日　丙申)**星期六**

晴朗。早 56°,午 62°,晚 60°。

依时入馆。

晚小饮后,续写《太平史》数百言,第十九章"两浙之失"以毕。

写信与乃乾、晴帆。

同儿自初一以来,腹泻频作,哼嘈颇甚。今日午后,珏人抱至周先生诊视,谓无妨,略感风寒耳。配药粉三包令当日分三次,每间三小时服下自止也。如法饮下,达旦未泻,想奏效矣。

夜七时许,北河南路口英兵枪击宝山路守卫之六十一团兵,重伤。当时未肇他变,忍受而已,翌晨阅报乃知之。帝国主义之压迫如此,而我革命之政府乃委蛇与之,何也?

10 月 30 日 (丁卯十月初六日　丁酉)星期日

晴暖。早 62°,午后 70°。

晨起看报讫,准备祀先。晌午,设位率诸儿拜。

饭后,梦九、飞卿至,因将所选注之《五代史》交予。谈有顷,乃同出,缓步于北四川路、南京路、外滩及爱多亚路,终在福州路高长兴酒楼小饮。至六时三刻,进点毕事,乃各归。

久耽于饮,终非计,明日起,当努力少饮。不敢云绝,能减之则减之,毋徘徊也!盖多饮伤读,十许年来,一无所进,垂垂废矣,既自觉惕,宜善持此戒耳。

10 月 31 日 (丁卯十月初七日　戊戌)星期一

晴暖而润,午后阴。上午 65°,下午 74°。

依时入馆。

今日精神不振,百无聊赖,鼻塞头眩,殆感冒风寒矣。

看清华研究院《国学论丛》,尽杨筠如之《縢》及陈守实之《明史稿考证》两篇。

乃乾来馆访予,谓《东华录》等明后日当送来。

夜写《太平史》第二十章"天京之陷落与天王忠王之殉国"二千馀言,未及半也。十一时寝。

11 月 1 日 (丁卯十月初八日　己亥)星期二

晨雾,终日昏霾。夜十时,雨。十二时大雷。上午 68°,下午 75°。

依时入馆。气候失常,令人心烦。

接振铎书，殷殷以太平专史为勖，至感动。然自愧力弱而无恒，恐终负之耳。用此，心益烦闷，真不知何以为计矣。会当努力，期副至友之望也。

夜续写前章千馀言，十时半寝。

11 月 2 日(丁卯十月初九日　庚子)星期三

昙燠如昨。上午 68°，下午 75°。

依时入馆。

乃乾已饬人将《东华录》等送来。散馆后及晚饭后均为检查书页及整置事所牵，未及作一字，发见一事可记者，即《光绪东华录》中不载庚子庇拳宣战各谕旨，而《拳匪纪事》及《拳匪纪略》二书中乃全录，后有考查可互校也。

夜十时许寝。

11 月 3 日(丁卯十月初十日　辛丑)星期四

晴，午后日中下雨，旋晦冥大雨，今晚开霁。早 70°，午 72°，午后 75°。

依时入馆。

写信复振铎，谢激励并商榷太平专史撰著体例。

散馆后集同人于开明编译所，偕赴共乐春饯黎烈文及为王剑之接风，一则将赴法，一则方自济南来也。主人甚多，为胡愈之、徐调孚、叶圣陶、黎锦明、周予同、章雪村、赵景深、彭家煌、李石岑及予十人，并邀夏丏尊作陪云。七时起，九时毕。旋过开明发行所小憩，购得李笠之三订《国学用书撰要》以归。暇当校看一遍，寻其订之者何在也。

夜十一时寝。

11 月 4 日（丁卯十月十一日　壬寅）星期五

晴，下午雨，旋止。早 65°，午 68°，晚 66°。

依时入馆。

今日珏人生日，散馆后与之同出，初欲偕访晓翁之家，以雨，改道赴先施、永安一行。继至福州路稻香村购糕饵数事以归，用赉诸儿。

夜小饮，饮后闲谈，即睡。

11 月 5 日（丁卯十月十二日　癸卯）星期六

晴，凉意深矣。早 63°，午 66°，晚 62°。

依时入馆。下午梦九、飞卿来。当告以稿费尚未核算，须俟下星期一始可定。少坐，彼即去。至三时，予与圣陶往尚贤堂参观天马会第八届美术展览会。晤万里，谈移时，小鹣则未之见也。傍晚始行，二人小饮于王宝和楼下。七时许归。

夜与潽儿讲历史自习题十则。

11 月 6 日（丁卯十月十三日　甲辰）星期日

晴，夜半发风。上午 60°，下午 64°。

晨看报讫，开始读《左传》，成随笔两条。立空白本一小册，署曰《读左随笔》，当继续用之。

饭后，往圣陶所，与之同访晓翁。谈至五时半始别。归家后，小饮。

不作写述者又已多日，如此辍工，终非得计，宜加功孟晋也。

11 月 7 日 (丁卯十月十四日　乙巳) 星期一

晴,下午阴沉有风。早 58°,午 59°,晚 55°。

依时入馆工作。

梦九稿费已核算,计得百八十八元。支单则尚未送来也。

夜续写《太平史》二千言,足二十章。十二时寝。

天气初寒,偶冒风,喉痒作嗽矣。

11 月 8 日 (丁卯十月十五日　丙午　立冬) 星期二

晴。早 52°,午 61°,晚 58°。

依时入馆。

梦九之支单已开来,因即贻书告之,属来取。

乃乾又为我购到史料四种,今日饬人送来,甚感也。

11 月 9 日 (丁卯十月十六日　丁未) 星期三

晴。上午 55°,下午 60°。

依时入馆。

下午三时许,梦九、飞卿来馆,因将支单交之。四时偕出,同赴本馆发行所取款。旋往豫丰泰小饮。谈至九时,乃别归。

11 月 10 日 (丁卯十月十七日　戊申　水星凌日) 星期四

晴,下午略有风。早 56°,午 66°,午后 64°。

依时入馆。

予以书多,新购一橱。因思彻底整理,乘便扫除,且重行分类庋置,不复以书本之大小相从。散馆后即着手移动,浑身灰尘,满室书册,正埋头检视间,剑秋忽过我,甫自苏来,将北赴天津佐王子抡于武清也。因呼酒共酌,纵谭别后事。九时许,去,下宿于源源旅馆。

11 月 11 日（丁卯十月十八日　己酉）星期五

晴和。早 64°,午 66°,晚 62°。

依时入馆。

早起理书架,尘氛积身,至九时,重沐而行。

午刻,致觉请我在车站附近之西餐馆吃饭。

午后二时,梦九、飞卿来访,告将赴苏,并以修正之《五代史》稿件交予。略谈即去,予亦以其稿付叔迁交割之。散馆归,剑秋已在家久候,盖本夕即须登顺天轮赴津,特来走别也。因与偕出,小饮于王宝和酒楼。谈至九时始别,彼诣友所洽事,予则径归。

今晚提灯预祝孙总理寿诞,有几处之灯竟大书"庆祝总理圣诞"也。

11 月 12 日（丁卯十月十九日　庚戌）星期六

晴和。上午 56°,下午 59°。

依时入馆。下午以孙总理诞辰,放假庆祝。

予本理书架未毕,饭后急赓昨事,伛下昂上,至晚六时许始粗就。腰酸背痛,颇感劳倦矣。尚有琐屑俟明日办理,且息肩小饮焉。饮后即洗脚睡,求酣眠也。

连日以收拾书籍故,辍作久矣,明后或可复我常度乎!

11 月 13 日（丁卯十月二十日　辛亥）星期日

晴。早 56°，午 64°，晚 62°。

上午看报并理抽斗。饭后二时往圣陶所，彼适装置电灯，无暇同出，因坐与墨林谈。移时乃行，至沪江照相馆洗照。盖日来为诸儿造像甚多，不审究明晰否耳，特洗以探之也。

晚小饮，伤风甚，饮后乃稍舒。

傍晚在家唤匠理发。

国民革命军到上海后，本里房租即生问题。延至今日始得段落。除阴历二三两月因灾免租外，由房客联合会人员领导帐房收去四、五两月租金，或今后将如期付租矣。予家不耐久悬，甚希早日解决也。

11 月 14 日（丁卯十月二十一日　壬子）星期一

晴。破晓时濛雨。上午 60°，下午 64°。

依时入馆。

散馆后与致觉、圣陶访晓翁，谈至七时出，同往豫丰泰小饮。九时即归，少坐便睡。归途中购一帽结，盖天寒即须戴绒小帽，而帽结白者已除，故特购一黑者也。

接仲弟书，知已安抵汉上，久待音问，今乃得之，至慰矣。弟不审汉局再变，弟不受惊否耳。

11 月 15 日（丁卯十月二十二日　癸丑）星期二

晴和。上午 58°，下午 65°。

上午入馆，下午与珏人同出。先至华德路寿品里访愈昭，晤君谋。继至狄斯威路访晓翁,谈至晚。归家已上灯久矣。旋小饮,至七时而毕。

顺道至沪江取照,讵无一好者,全属漏光,废然而返。

夜写信复仲弟,令再详陈近况。

11 月 16 日 (丁卯十月二十三日　甲寅) 星期三

晴,略有风。60°。

依时入馆,校清积稿。

夜小饮,饮后续写《太平史》八百言,结束廿一章。

报载唐生智已走,何键、刘兴等亦离武、汉,国民政府之军队已将收取该二地。然则汉口商市当少好,仲弟亦得安其地好为之矣。予无所求,唯求安稳度日,不起波浪耳。

11 月 17 日 (丁卯十月二十四日　乙卯) 星期四

晴,燥烈。上午 58°,下午 61°。

依时入馆。

写信与梦九、晴帆。

夜续写《太平史》第二十二章数百言。

11 月 18 日 (丁卯十月二十五日　丙辰) 星期五

阴霾,夜微雨。上午 57°,下午 60°。

依时入馆。飞卿偕弟云卿来馆,取《前汉书》选篇等去。

夜小饮,饮后仍写《太平天国革命之意义》。

11 月 19 日（丁卯十月二十六日　丁巳）星期六

阴霾竟日，上午细雨。上午62°，下午63°。

依时入馆。下午飞卿、云卿来辞，谓明日即须赴宁，梦九已为之觅事于方振武所，到宁会兄后即首途也。

散馆后，往访乃乾于来青阁，还书款三十元。旋行，购看核数事归，小饮于家。

本里门管已稍紧，居然依时启闭矣。予惟惮于搬动，迁延迄今，今既稍好，亦不思搬矣。故决定投保火险，藉免意外。已托愈之转介熟友接洽。

11 月 20 日（丁卯十月二十七日　戊午）星期日

阴雨。傍晚止。上午64°，下午62°。

早起看报。旋写一信致乃乾。

十一时出门，径赴新新二楼参加同乐会。到会者甚多，有二百许人。予与同部人同席，外加子敦、圣陶。游艺不少，俱有兴。摸彩未着，惟换得徐寿龄君之皮钱袋，自备之彩则不知谁某取得耳。席散后，予上屋顶花园一游，遇安洲、子敦、虎如等，因在范少山苏滩场及开口笑口技场略坐。五时归，匆匆晚餐。餐后即往开明候愈之、调孚等，盖约同往虹口每日新闻楼上看法国新派布景之名电影也。待至七时，愈之、调孚、仲云、予同、石岑俱至，乃同行前往。至则八时，然九时始开始，直至十一时三十分始毕，坐位既不舒适，戏亦不知所云，强欲加评，只有"怪诞"二字耳。骛新者欣赏之，予不能苟同也。十二时返，疲甚矣。

11 月 21 日 (丁卯十月二十八日　己未) 星期一

晴,不甚烈。上午 62°,下午 60°。

依时入馆。

夜小饮,饮后略坐即睡,偿昨欠也。昨日颇不舒服,虽未十分劳动,已觉外界激刺太深,晚睡不安矣。以予体力精神而论,只能谢绝外缘,静自持修,夜间更不宜在外酬应,然而岂易言哉!

11 月 22 日 (丁卯十月二十九日　庚申) 星期二

晴,稍有南风。早 52°,午 60°,晚 58°。

依时入馆。

愈之已将中央信托公司承保火险之单据送来,即于昨日起,至明年十一月二十一日止,为有效期间,保额二千两,保费二十五两,实收七两五钱。明日当折算银元还之也。

夜小饮,饮后续作《太平史》,至十一时半睡,成二千言。

11 月 23 日 (丁卯十月三十日　辛酉　小雪) 星期三

晴,稍有南风。上午 56°,下午 63°。

依时入馆。还愈之十元,并贴印花二角,将保单存馆中。

散馆后往群众图书馆购书。旋在山西路黄全茂饮酒,至七时而归。全茂地尚整洁,而非真绍兴店,盖宁波土绍也,故饮殊不欢。既入,则亦安之耳。

夜仍续作《太平史》数百言。

11 月 24 日（丁卯十一月初一日　壬戌）星期四

晴。上午59°，下午65°。

依时入馆。

夜小饮，饮后续作《太平史》千数百言，十一时睡。

今日起，章家介绍之缝工来寓制衣。衣料早备，为甪直缝工全源所误，遂迁延至此，不知又需何日始能竣事耳。事之相左不顺，有非始料所及者，此类是矣。

11 月 25 日（丁卯十一月初二日　癸亥）星期五

阴霾，闷热。上午60°，下午66°。

依时入馆。散馆后出，随便在外购得下酒菜数事归，仍小饮。

夜续《太平史》毕，前后凡四万八千言。睡时已十一时有半矣。明日当补作数表为附录，并作一序文也。但序甚难着手，反较正文为费力耳。

11 月 26 日（丁卯十一月初三日　甲子）星期六

晴光一现，濛雨，阴。上午64°，下午65°。

依时入馆。

散馆时甪直旧生冯贤良来，谈有顷，去。旋予与圣陶往大新街万云楼赴文学会聚餐会。到予同、调孚、仲云、愈之、雪村、石岑、景深及予与圣陶凡九人。席散即归，作《太平史》附录《官等表》、《诸王列侯表》、《军队编制表》，十一时寝，明日当再作一《大事年表》则全书毕工矣。

11 月 27 日 (丁卯十一月初四日　乙丑) 星期日

晴暖。夜发风。上午 64°,下午 68°。

晨起看报讫,即作《太平天国大事年表》,至下午四时半始毕。

夜小饮,饮后,挈汉、漱两儿出外闲步,旋即归寝。

11 月 28 日 (丁卯十一月初五日　丙寅) 星期一

阴霾,西北风大作。上午 60°,下午 59°。

依时入馆。

夜归小饮,饮后撰《太平史略例》,旋改为序,至十一时而毕。

11 月 29 日 (丁卯十一月初六日　丁卯) 星期二

阴霾大风。54°。

依时入馆。以《太平天国革命史》全稿交柏丞,计五万馀字,当有百五十金可补得也。此书限时限体限字数,纯为特种“八股”,无当一盼,然亦苦心经营,费时四月而始成。后当专力于此,成一完善之《太平专史》耳。

夜小饮,饮后洗足。闲翻架书备馆中参考用,即睡。

11 月 30 日 (丁卯十一月初七日　戊辰) 星期三

晴,旋阴,有酿雪意。上午 51°,下午 54°。

依时入馆。赶编《本国史参考书》,将以中册之全稿交出也。

散馆归后即小饮,饮后写复信三封,即寝。

目下有二事须着手,一即《中日战争》,一即选注《三国志》也。予拟先作《三国志注》,能于年内交稿,则过年不致受窘;否则过年大难矣。我家年来支出日增,幸赖作稿,聊资弥补,而体羼不能熬坐,作稿亦大怕也,奈何!

12 月 1 日(丁卯十一月初八日　己巳)星期四

晴,傍晚阴。上午52°,下午58°。

依时入馆。《太平史》稿费已开单送来,找一百五十九元。

散馆后归,未即出取款,少休即小饮。饮后略事翻纸,至十时睡。

仲弟有书报安谧状,甚以为慰。

12 月 2 日(丁卯十一月初九日　庚午)星期五

阴,近午微雪,午后现晴。上午54°,下午52°。

依时入馆。四时出,赴本馆发行所取款。在千顷堂购得石印《三国志》一,明日即可动手矣。五时归,翻检书帙,有无缺页。六时许小饮,饮后略坐即寝。

昨日电车行经西华德路,突被暴徒开枪伤人,即停驶。晚间小沙渡长丰面粉厂又毁于火。其馀劫杀之事之见于报纸者殆不胜偻指数,是真多事之日矣。然而蒋中正乃于是日弃其前妻与宋美龄结婚于戈登路大华饭店,党国要人麇集凑趣,独不闻片语之诤,是可异耳。同在一地,同在一时,而苦乐不均,哀荣殊趋,相映益彰,倍觉奇感焉。

12 月 3 日(丁卯十一月初十日　辛未)星期六

阴晴兼施,晚灰雨。上午49°,下午54°。

依时入馆。

散馆后偕虎如、聿修来我家。少坐,乃同访黄孝先。又坐谈良久,乃赴稼轩家贺其太夫人寿。因即饮焉。座中有柏丞、叔迁、子坚、剑华、聿修、虎如、觉明、国章、孝先,俱所中同人。

八时半归,已微醉,即睡。

12 月 4 日(丁卯十一月十一日　壬申)星期日

晴暖。上午 56°,下午 62°。

上午在家写信三,一致靖澜告移十元应急,一致子清请移徽章费十元付仲,一致仲弟勉以随时当心。

珏人挈诸儿往荣华摄影。

十二时往稼轩家,史地部同人只予及孝先耳。一时许开樽,二时许毕。饭后与沈子坚、殷彦常及仿宋部韩君聚雀戏,先后十二圈,因在陈家晚餐焉。十时归,即寝。予生平与人正式打牌,此为创举矣。

12 月 5 日(丁卯十一月十二日　癸酉)星期一

阴,地润,有雨意。早 60°,午 68°,晚 66°。

依时入馆。

饭时过尚公晤勘成、楚材,知罢教将解决,明日或可开课也。

夜在家小饮。饮后标点《三国·公孙度传》、《张鲁传》及《曹真传》之太半。十时就寝。天气不佳,睡席不安,乃觉里中比邻之倍厌矣。夜深犹呼嚣怒骂,门户开合作大声;天未明,又闻唤伴赴工,且粪车辚辚入里焉。可厌哉! 上海!

12 月 6 日（丁卯十一月十三日　甲戌）星期二

阴霾,西北风。上午62°,下午53°。

依时入馆。晴帆预约之《说郛》已取得,暂存我家。

夜小饮。饮后与家人接龙为戏。至八时,标点《三国志·魏武帝纪》,未毕。十时就寝。

12 月 7 日（丁卯十一月十四日　乙亥）星期三

晴朗。夜月皎莹。上午49°,下午50°。

依时入馆。编毕《本国史参考书》中册,计六百九纸,都二十万三千言。心头一松,至为快慰。明日当可交于柏丞矣。

尚公派代表卫楚材、庄星平来求援助。叔迁来拉予,因与叔迁及练百、甘露出任调停。先向校董会探询,大约可略加。下午遂到尚公接洽,劝令先行复课,然后再议,吾人担保至少较现有条件稍好。出洽者允明日开会商决,于十二时前答复。不识能顺利否耳?

12 月 8 日（丁卯十一月十五日　丙子　大雪　月全食）星期四

晴朗,夜月好,亥刻乃蚀。上午42°,下午46°。

依时入馆。将《本国史参考书》中册稿交柏丞。

午后尚公三代表来,答复开会结束,大让步,惟须解决后始开课,似与昨议不符。允代转校董会。旋由叔迁见岫庐,据云种种困难,不能如约。只得具函复尚公,谨谢不敏矣。

夜寒,早睡。

良才来谈,将伯虔印费馀款七十五元交予。因即飞函乃乾,属将书件送来。乃乾处已再度催送矣。

12月9日(丁卯十一月十六日　丁丑)**星期五**

晴朗。上午42°,下午48°。

依时入馆。

标点《三国·魏武帝纪》,仍未毕。

接颉刚信,知局面已非,或将离粤归来也。如此奔波不安,吾以为彼之前程将从此毁败矣,颇为扼腕。日前闻人言,孟真险被扣,已到香港,即疑颉刚同走。今得书,未提孟真,或谣传失实耳。

饭后与珏人往荣华取照,尚未好,约明日下午四时半往取之。

12月10日(丁卯十一月十七日　戊寅)**星期六**

晴,东南风。上午45°,下午56°。

依时入馆。

饭时允言来,谓将至南通就事。匆匆具饭已,即辞去,约明日下午五时在王宝和相见。

荣华所摄珏人及诸儿照,今日傍晚由濬儿取来。尚好,因将同儿照分送诸戚友。

夜小饮,饮后打牌四圈。

12月11日(丁卯十一月十八日　己卯)**星期日**

晴朗,夜地润。上午48°,下午52°。

上午看报,知昨日之中央执监全体会议预备会得意外之结果,即汪精卫突提蒋介石复任总司令,使一切反对派无所措手。汪氏之手腕亦敏矣哉!惟是政客斗法,无关得失,直无由表示赞否耳。

十一时,与珏人挈漱儿赴愈昭之子汤饼筵。即假其兄寓所设席,因与晓翁大谈。饭后三时许乃归。少休即行,至福州路购日历,旋至王宝和酒楼候允言。坐一时,彼乃与沈伯涛同来。饮至九时许始已,再过其寓所(东方旅馆)略坐。十时归,不觉微醉中人矣。

12 月 12 日(丁卯十一月十九日　庚辰)星期一

晴,晨间浓雾。上午54°,下午62°。

依时入馆。

夜在家小饮,饮后标点《魏武纪》毕。九时即睡。

12 月 13 日(丁卯十一月二十日　辛巳)星期二

晴暖,晨间浓雾。上午59°,下午64°。

依时入馆。读《通鉴·汉献帝纪》。

夜在家小饮,饮后标点《魏志·文帝纪》。

阅报,知前日广州又突起变乱,第四军教导团为内应,共党乃入据各政治机关,宣布组织苏维埃政府。情势重大,张发奎与陈公博俱走避。时局变幻至于如此,诚不知伊于胡底也?

甚念颉刚,不识遭难否? 粤局既大变,吾之劝归信或不能到达矣。

12 月 14 日(丁卯十一月二十一日　壬午)星期三

阴雨,但予出入时俱止。上午62°,下午60°。

依时入馆。

报载广州已由李福林部夺回,共党退观音山。不识确否?

夜小饮,饮后标点《魏志·陈留王奂》。

九时接颉刚快信,托向乃乾催结账。乃乾日来不通消息,予亦屡有书去不答矣。明日下午,或将往过之,顺便一询之也。

12 月 15 日（丁卯十一月二十二日　癸未）星期四

晴,下午阴霾。上午下午俱 55°。

依时入馆。饭时,军警围搜本馆工厂,下午遂未得入。至四时许,始放出工人,并逮捕四人去,事后调查,工人中自分曹偶,争持不下,乃借外力相压耳。呜呼! 同气相残如此,而假手于国民革命与互诬共产,亦丑劣之甚矣! 总之,幻灭而已,灰心丧气而已,何有于革命哉!

下午往访乃乾,谈次,知方弄帐及整理书册,盖将装箱运出,并报结帐也。予如颉刚之嘱以嘱之,促即办。柏虔印件尚有签条未印好,约三日后送来。找款六十五元即交之,令即速办妥送而别。乘车至本馆发行所选取书画屏各一堂并五尺堂幅一帧,径归。知宝山路方撤兵通人行,可笑! 可叹! 到家后温酒痛饮,饮已即乘醉睡去。

写信与晴帆、子清。

12 月 16 日（丁卯十一月二十三日　甲申）星期五

阴霾,早雾,午濛雨。白天 53°,夜 52°。

依时入馆。居然相安,回想隔宵,殊不能自信犹是昨日故境也。

散馆归,仍煨酒小饮。饮后,读《通鉴·汉献帝纪》以为《三国志》佐证。

写信快邮复颉刚,告昨日晤乃乾状。

12 月 17 日(丁卯十一月二十四日　乙酉)**星期六**

阴霾。52°。

依时入馆。

报载汪精卫已去国,其政争殆失败矣。然则蒋介石之再出必尚有待,绝俄与查办汪等俱执以互争之工具耳。呜呼! 时局之糟如此,惟有徒苦吾民之叹也!

夜在家小饮,饮后读《通鉴》。

12 月 18 日(丁卯十一月二十五日　丙戌)**星期日**

阴雨,有雪意。上午 53°,下午 50°。

上午看报,旋在家打牌四圈。潜儿未回,有信来云在校预备应考代数也。饭后圣陶来,因共出闲步。既而同往百星大戏院看《斩龙遇仙记》下卷,遇希猛、大白、蔚南。五时散出,各归。

夜小饮,饮后读《通鉴》。

今日初御羊裘。

12 月 19 日(丁卯十一月二十六日　丁亥)**星期一**

晴,寒。午 48°,早晚俱 46°。

依时入馆。

读《通鉴》及柏丞见赠之《历史研究法》。

夜小饮。

12 月 20 日(丁卯十一月二十七日　戊子)**星期二**

晴寒。早 44°,午 52°,晚 50°。

依时入馆。

读《通鉴》及《历史研究法》。《研究法》已阅毕,甚惬我意。

夜小饮,饮后复读《通鉴》。

12 月 21 日（丁卯十一月二十八日 己丑）星期三

晴,地润如膏。上午 52°,下午 60°。

依时入馆。知今晨本所所长王岫庐被绑去,匪胆日大,民日不安,号称维持治安者对此,能不生愧乎! 呜呼! 予欲无言!

散馆归后读《通鉴》,晚小饮后仍赓为之。

今日叔迁又来续征集会,予允加入全分,月抻二十金。今日第一会,叔迁收,予则挨次收末会,须明年十月二十日始可收回本利二百二十金也。

12 月 22 日（丁卯十一月二十九日 庚寅）星期四

晴阴兼施。午 59°,早晚 57°。

依时入馆。

今夕冬至夜,俗谓大于年夜,潜儿亦自校归。夜间团坐饮博,至乐! 惟遥念仲弟在汉不知如何耳!

12 月 23 日（丁卯十一月三十日 辛卯 冬至）星期五

阴霾。上午 54°,下午 56°。

依时入馆。

子玉家因细故争闹,来我家互诉,调和费时,至晚十时始粗罢。颇感不快,是夜竟失眠。子玉久出无耗,其家庭又如此多故,真令友人操心也。

12 月 24 日（丁卯十二月初一日　壬辰）星期六

晴，有风。上午 46°，下午 51°。

依时入馆。

晴帆由甬、绍查案归，道经此间，特来访予。知渠住孟渊，约傍晚过之。届时踵访，铁笙及其侄培灵先在，因叙契阔。至六时，铁笙叔侄先行，以近方信佛茹素，不愿同上饭馆也。予则与晴帆到聚昌馆小酌，夜饭后仍回旅店闲谈。有顷，伯樵至，又稍谈，至九时许乃归。

12 月 25 日（丁卯十二月初二日　癸巳）星期日

晴。上午 52°，下午 53°。

上午九时，晴帆来。少顷，飞卿来。飞卿携梦九所注《汉书》一部分至，将以易稿费作归装也。惟岫庐未返，不识能否明日即取耳。谈至十一时，同出，飞卿有事往南市，予则与晴帆偕往四川路上海银行购车票。旋又赴孟渊旅社少憩，各进面一碗，乃扬长往新乐府看昆剧。新乐府者，即广西路笑舞台原址，以苏州昆剧传习所为号召者也。到彼时只一点半钟，剧尚未开，直待至二时始演。主剧为全本《蝴蝶梦》。打诨戏则《打差》，不知出处。

五时半毕，乃与晴帆偕赴伯樵约，即饭其家。家在环龙路，甚精致也。谈市政计画甚悉，至九时乃别归。晴帆定明晨返杭，约旧历年头再见矣。抵家就寝，已十时许。

12 月 26 日（丁卯十二月初三日　甲午）星期一

晴不甚朗。上午 50°，下午 54°。

依时入馆。岫庐仍未返,传匪方索赎五十万。可恨可恨!

梦九稿费二百另八元,已托叔迁竭力设法,今日下午二时,即得到。三时许,飞卿来,即面交之。渠今晚附车赴宁矣。将先返徐一视,然后再决行止也。

夜小饮,与家人讲故事。

12 月 27 日(丁卯十二月初四日 乙未)星期二

晴暖。夜半起西北风。上午 53°,下午 58°。

依时入馆。

下午三时,为章过我谈,至四时半始去。予亦收拾笔砚归矣。看《真美善》三、四两期。

岫庐仍无消息,不审如何? 所中一切进行不免为之停顿,匪真恶作剧哉!

12 月 28 日(丁卯十二月初五日 丙申)星期三

晴朗,西北风甚烈。上午 52°,午后如故,晚 48°。

依时入馆。所编《新时代初中本国史》上册今日付印,《现代初中本国史参考书》中册亦于今日发排。岫庐已有亲笔信寄回,大约正在秘密接洽中,不日或可安然归来也?

下午三时许,孟真来访,因询悉颉刚无恙,甚慰。及散馆归,又接颉刚手书,知确安稳过此乱劫矣。【下略】

夜在家小饮,饮后略事翻纸即睡。

今日尚公校役在本馆发行所取款归,行经宝兴路,突遇暴徒拦劫,款去而人且殉之焉。吁! 局面如此,真有人生何世之感矣!

12 月 29 日 (丁卯十二月初六日　丁酉)星期四

晴,朔风甚烈。早 40°,午 46°,晚 42°。

依时入馆。看《语丝》及《北新》多期。写信五封。

午后将柏坚画帧送交良才,请携归角直。

夜小饮,饮后标点《三国志·陈留王奂》及《文昭甄皇后传》。

12 月 30 日 (丁卯十二月初七日　戊戌)星期五

晴和。上午 38°,下午 43°。

依时入馆。

浒关乡亲来,夜谈甚久,至十一时始寝。

岫庐仍未归,年终应办所中各事其遂停顿已乎!

柏坚印件已由乃乾处送来,再交良才,则已行矣。因检查册数,只九十九本,岂印书亦讲扣串耶?当问之。所托地图未送到,或已遗忘矣。至憾。

12 月 31 日 (丁卯十二月初八日　己亥)星期六

晴。上午下午俱 41°。

依时入馆。知本部沈次由被裁,馀部不知尚有几人也?

夜与乡亲纵谈,十时寝。

一年容易,又随逝水而去,略略回忆,真如浮梦。惊杯四瞩,不自知其所感之何来也。

姓名录

姓名	字号	住址及通信处	履历及杂记
谢六逸		上海北四川路窦乐安路大陆里东弄十三号	
顾诚安		上海哈同路民厚南里七二四号	
邱晴帆		南京鸡鹅巷三十二号	
顾颉刚		广州东山启明三马路二楼十号	

收信表

日期	人名	地址	事由	备考
1 月 2 日	王怀之	苏州护龙街	复前函,云其姊平安抵苏。	
1 月 2 日	吕铭堂	又　庙堂巷	告明年旧岁初来沪。	
1 月 6 日	郑梦九	徐州铜山师校	托索取月份牌。	
1 月 14 日	仲弟	汉口华景街	告在汉近状。	
1 月 17 日	顾颉刚	厦门大学	寄书来,并促朴社同人交股。	
1 月 18 日	邱晴帆	本埠职校	约明日访我。	
1 月 18 日	沈骏声	本埠大东局	约明日访我。	
1 月 21 日	蔡震渊	苏州饮马桥	复告门牌为护龙街九〇四号。	
1 月 21 日	张吉如	苏州县立二小校	托荐友人馆地。	
1 月 24 日	王翼之	甪直公一校	告即日放假返苏。	

日期	人名	地址	事由	备考
1月25日	仲弟	汉口华景街	告前信已到,将归面谈。	
1月27日	向觉明	长沙旅次	告沿途状况,并寄葵园书目来。	
1月31日	邱晴帆	南京估衣廊	复安抵南京。	
1月31日	章君畤	苏州间邱坊	询问近状。	
2月4日	王翼之	又　护龙街	告又小病,并言近状。	
2月10日	邱晴帆	本埠职校	约星期赏梅半凇园。	
2月14日	王翼之	苏州护龙街	复前函,大发牢骚。	
2月14日	仲弟	汉口汉景街	告不能即归之故。	
2月14日	张剑秋	苏州司前街	告已挈眷回里,并约到苏一游。	
2月14日	顾颉刚	厦门大学	告厦大风潮,或将走。	
2月24日	王翼之	苏州护龙街	劝搬回苏州。	
2月24日	张剑秋	又　司前街	复催赴苏一游。	
2月28日	章子玉	青岛警厅	复告近状。	
2月28日	计硕民	苏州卫前街	谢赠寿物。	
3月1日	仲弟	汉口汉清街	告近状。	
3月3日	张幽石	苏州铁瓶巷	托寻访悦之。	
3月6日	王翼之	角直公一校	托代定书。	
3月7日	顾颉刚	厦门大学	告将离厦归京。	

日期	人名	地址	事由	备考
3 月 9 日	王怀之	苏州护龙街	复悦之劝不听，只好由之。	
3 月 19 日	王翼之	甪直公一校	嘱曰定书。	
3 月 29 日	仲弟	本埠五马路跑马厅荣大药房对门道士堂前楼	询闸北近状。	
3 月 29 日	蒋靖涛	苏州市党部	敦促就县政府秘书长。	
3 月 30 日	吴勘初	苏州平江路华阳桥南堍小管弄二家	询闸北劫后状况。	
3 月 30 日	王维文	本埠江南制纸公司爱多亚路三十二号二楼	托转交五十元与章母。	
3 月 30 日	王翼之	苏州护龙街	告苏政局并托事。	
4 月 8 日	郑梦九	徐州铜山师范	汇款托购书。	
4 月 17 日	潘儿	江湾立达	询我近状。	
4 月 19 日	叶圣陶	上海香山路	快函告闸北状况。	
4 月 25 日	王翼之	苏州护龙街	告渠生女，并报我家眷属平安。	
4 月 25 日	朴社会计部	北京景山东街	函送应得之利息已转入股款收据。	
4 月 28 日	王怀之	苏州护龙街	复我前快函。	
4 月 29 日	吴勘初	又　华阳桥	复告硕已将款送去。	
5 月 2 日	计硕民	又　卫前街	复前函。	

续表

日期	人名	地址	事由	备考
5月2日	邱晴帆	南京估衣廊79	告抵宁，尚无事。	
5月2日	陈乃乾	本埠新闸路	约定期会面。	
5月4日	尤植仁	本埠爱国女校	托钞《告国旗尺度》。	
5月6日	又	又	托在商务谋一位置。	
5月8日	王翼之	甪直公一校	托谋事。	
5月8日	仲靖澜	苏州教育局	托调查光华商校有否派人募捐。	
5月8日	计硕民	又 卫前街	托查李鸿仪。	
5月12日	顾颉刚	广州东山署前街	告将回厦，送眷归苏。	
5月12日	王翼之	甪直公一校	再催托谋事。	
5月14日	王怀之	苏州护龙街	复前函，并问悦之近状。	
5月14日	邱晴帆	本埠南市	约明日邀铁笙过渠谈。	
5月16日	王翼之	甪直公一校	寄《吴歌乙集》稿来。	
5月17日	殷康柏	又	告甪直有屋可住。	
5月18日	尤植仁	本埠爱国校	告将就事造木公司文书职。	
5月27日	王翼之	甪直公一校	询前信到未。	
5月28日	邱晴帆	本埠职校	约明日过彼一谈。	
6月3日	王翼之	甪直公一校	告挂号信已到，并询颉刚行踪。	

日期	人名	地址	事由	备考
6月6日	又	苏州护龙街	托在党表上盖章,并告款收到。	
6月9日	张剑秋	又 司前街34	告安抵苏。	
6月12日	章君畴	又 间邱坊60	告抵苏仍拟从事市政。	
6月15日	张剑秋	又 司前街	寄履历来。	
6月16日	章君畴	又 间邱坊	告吴县近状并托事。	
6月16日	邱晴帆	本埠职业校	告将回宁就事,约星期往晤。	
6月21日	顾颉刚	杭州马坡巷25	告须十日后始来上海。	
6月24日	潜儿	江湾立达园	告下星期考试,不归。	
6月24日	邱晴帆	本埠职校	告归宁已决。	
6月25日	郑振铎	新加坡船次	告风浪甚大,并托收书。	
6月28日	顾颉刚	杭州马坡巷	复二信俱到,附孟真信托转。	
6月30日	章君畴	苏州间邱坊60	复询颉刚介绍之丁君行历。	
6月30日	仲靖澜	又 任蒋桥西	托设法推荐。	
7月1日	顾颉刚	杭州马坡巷25	寄第二信与孟真托转。	
7月2日	吴缉熙	北京太平仓平安里廿五号	托转信与颉刚、子玉。	

日期	人名	地址	事由	备考
7月4日	邱晴帆	南京估衣廊79	告安抵宁并谢饯。	
7月6日	章君畴	苏州间邱坊	复前函。	
7月6日	仲弟	本埠东灵前楼	借三十五元应用。	
7月7日	仲靖澜	苏州任蒋桥	托向颉刚方面谋事。	
7月7日	张剑秋	又　司前街	托荐建初与经农。	
7月7日	陈乃乾	本埠大东书局	告代购书送上。	
7月11日	仲弟	本埠东灵前楼	仍申前议。	
7月14日	陈乃乾	又　大东书局	复告妻病,不能趋谈。	
7月15日	顾颉刚	杭州马坡巷25	快信告来沪缓期,并托转孟真信。	
7月17日	王翼之	苏州护龙街	告已安抵苏州。	
7月18日	章子玉	青岛胶局吴转	复告谋路局事将有眉目。	
7月20日	王维文	本埠江南纸厂	转子玉函,谓已赴奉就事矣。	
7月21日	顾颉刚	杭州马坡巷	快信托代向岫庐取支单。	
7月21日	陈乃乾	本埠大东书局	寄文一首及书三种来。	
7月19日	邱晴帆	南京鸡鹅巷32	告搬家,并谢寄名片。	
7月23日	顾颉刚	杭州马坡巷25	快信寄收据来。	

日期	人名	地址	事由	备考
8 月 1 日	郑振铎	波赛舟次	寄风景片一大束,嘱分转。	
8 月 2 日	张剑秋	苏州司前街 34	托为建初介绍尚公事。	
8 月 2 日	王翼之	又　护龙街	复转信已到,其父又回北区差。	
8 月 4 日	顾颉刚	杭州马坡巷 7	复告十日左右来沪。	
8 月 6 日	邱晴帆	南京鸡鹅巷 32	汇十五元还我。	
8 月 11 日	吴缉熙	北京太平仓	快信告将来沪,并托转函颉刚。	
8 月 11 日	顾颉刚	杭州马坡巷	快信告明日下午到上海。	
8 月 13 日	仲弟	本埠五马路	要借二十五元。	
8 月 14 日	张剑秋	苏州司前街	托为建初介绍苏女中附小事。	
8 月 14 日	吕铭堂	又　庙堂巷 13	询近状。	
8 月 15 日	郑梦九	南京中正街涌和旅馆 38	告由徐狼狈到宁之苦。	
8 月 16 日	陈乃乾	本埠新闸路	告颉刚住陈彬龢家。	
8 月 18 日	仲弟	又　五马路	约明后日来取款。	
8 月 18 日	王翼之	苏州护龙街	复我前信,并告近状。	
8 月 19 日	邱晴帆	南京鸡鹅巷	告安抵白门。	

续表

日期	人名	地址	事由	备考
8月18日	郑振铎	法京巴黎	报告近状,并托物色书本。	
8月19日	陈乃乾	本埠新闸路	约二十一午在一枝香聚餐议朴社事。	
8月19日	章君畴	苏州间邱坊	复前信。	
8月22日	朱荄阳	本埠公益北里	托荐事。	
9月7日	王翼之	角直甫里小学	告校已改名,并托代逖先续定《文学》。	
9月9日	邱晴帆	南京鸡鹅巷32	告就公安局秘书职。	
9月16日	顾颉刚	杭州马坡巷7	复言逖函俱寄,并告闲气状。	
9月17日	计硕民	苏州卫前街	复徐礼已代送,并另封寄谢帖。	
9月17日	郑梦九	本埠南站	告访不值,卅元已收到。	
9月20日	王怀之	苏州护龙街	代其姊问机厂工资有多少。	
9月20日	邱晴帆	南京鸡鹅巷	告《晨风阁丛书》宁有售。	
9月21日	王翼之	角直甫里小学	复逖先报已收到,赠渠者未到。	
9月25日	陈乃乾	本埠新闸路	复到苏不能践约。	
9月24日	计硕民	苏州卫前街	复告近状。	

续表

日期	人名	地址	事由	备考
9 月 24 日	王怀之	苏州护龙街	复告其姊将于日内来沪	
9 月 25 日	顾颉刚	杭州马坡巷	告明日将来沪。	
9 月 25 日	邱晴帆	南京鸡鹅巷	复《晨风阁》已代买寄出。	
9 月 27 日	蔡震渊	苏州饮马桥南904	告生男弥月,请赴汤饼筵。	
10 月 1 日	计硕民	又 卫前街	复告近状,并谢参考书。	
10 月 1 日	邱晴帆	南京鸡鹅巷	复所谋尚未定局,书不必急买。	
10 月 2 日	王翼之	角直甫里小学	复缝工即日来,并乞《文学周报》。	
补 9 月 30 日	郑梦九	本埠南市车站	询飞卿稿下落,并乞寄稿纸。	
10 月 3 日	仲靖澜	苏州任蒋桥西35	告大病初愈,乞贷二十金。	
10 月 4 日	王怀之	又 护龙街	告其姊病不能来,蔡礼当代送。	
10 月 4 日	计硕民	又 卫前街	托代送为章夫人吊礼一元。	
10 月 6 日	张剑秋	又养育巷(日前变)	托向颉刚重申前议。	
10 月 6 日	邱晴帆	南京鸡鹅巷	快函寄《曲海》预约来换钱,并仍托代购。	

续表

日期	人名	地址	事由	备考
10 月 11 日	仲靖澜	苏州任蒋桥西 35	请转向圣陶告贷。	
10 月 11 日	陈乃乾	本埠新闸路	告今日赴宁,幸勿见过。	
10 月 13 日	王翼之	角直甫里小学	寄《吴歌乙集》附稿。	
10 月 18 日	又	又	复允代送伯虔礼,并告角校不安状。	
10 月 18 日	邱晴帆	南京鸡鹅巷	告将就杭军事厅事。	
10 月 20 日	郑梦九	本埠南车站	复准时趋约。	
10 月 20 日	朱荄阳	又　公益里	告民治公学近状不佳,托荐事。	
10 月 24 日	郑振铎	英国伦敦	以专究太平天国专史为勖。	
10 月 25 日	顾颉刚	广州东山启明三马路十	告安抵粤中。	
10 月 26 日	邱晴帆	杭州军事厅	告安抵署中饱览湖山为乐也。	
10 月 30 日	章君畴	苏州市政处	略谈近况。	
11 月 1 日	郑振铎	英国伦敦	仍申前语。	
11 月 2 日	王翼之	角直甫里小学	告缝工不来。	
11 月 14 日	仲弟	汉口华景街兴康里四十二号前楼	告已安抵汉上。	
11 月 16 日	邱晴帆	杭州军事厅	告调任参谋处。	
11 月 18 日	郑飞卿	本埠南车站	询稿件有否。	

续表

日期	人名	地址	事由	备考
11 月 22 日	章君畴	苏州市政筹备处	复言将来沪,并告办塾师讲习会。	
11 月 23 日	张剑秋	天津法界佛照楼	告抵津,俟武清派人去接即行。	
11 月 23 日	邱晴帆	杭州军事厅	复告畅游南山,并托买《文哲季报》。	
11 月 23 日	郑梦九	南京中正街涌和旅馆	告在都近状。	
11 月 24 日	又	又	介绍周君。	
11 月 26 日	陈子清	苏州女职中校	托制徽章。	
11 月 28 日	周允言	又　泗井巷	告近状并托事。	
11 月 28 日	陈乃乾	本埠新闸路	告版件已装就,请示寄法。	
11 月 28 日	郑梦九	南京中正街	复飞卿已行,并告着手注《汉书》矣。	
11 月 29 日	王翼之	甪直一校	告近状不快,将脱离。	
11 月 30 日	仲靖澜	苏州任蒋桥	询借款事。	
12 月 1 日	仲弟	汉口汉景街	复告安谧状。	
12 月 6 日	仲靖澜	苏州任蒋桥西	复谢移款。	
12 月 6 日	郑飞卿	汉口花园车站	告近状。	
12 月 9 日	郑梦九	南京涌和旅馆	托谋事。	
12 月 9 日	王怀之	苏州护龙街	允代完坟粮,并托为翼之谋事。	

日期	人名	地址	事由	备考
12 月 9 日	顾颉刚	广州东山启明三马路十号	告近状,并就商进止。	
12 月 14 日	又	又	托向乃乾催结书帐。	
12 月 14 日	邱晴帆	杭州军事厅	嘱寄《说郛》至其家。	
12 月 17 日	吕铭堂	苏州庙堂巷	复谢贻照。	
12 月 18 日	邱晴帆	杭州军事厅	复言将赴甬查案,当过访。	
12 月 19 日	郑梦九	南京涌和旅馆	复告近状,并仍托谋事。	
12 月 19 日	郑振铎	英国伦敦	复论太平人物。	
12 月 19 日	陈子清	苏州女职中校	复徽章存我处,俟便人来取。	
12 月 22 日	仲靖澜	又　任蒋桥	告陈子清款已收到。	
12 月 23 日	练为章	本埠江阴街 137	请于星期日过彼一谈。	
12 月 27 日	王翼之	甪直公一校	告近状,并托续订《新女性》及《一般》。	
12 月 27 日	郑梦九	南京涌和旅馆	复飞卿,并告近状。	
12 月 28 日	仲靖澜	苏州任蒋桥西	复《玄空学》无购处。	
12 月 28 日	顾颉刚	广州东山启明	告共党乱后无恙状。	

续表

日期	人名	地址	事由	备考
12 月 30 日	王翼之	苏州护龙街	快信乞决定就斜塘校与否。	
12 月 31 日	邱晴帆	杭州军事厅	告已得青田县警所长事。	

发信表

日期	人名	地址	事由	备考
1 月 8 日	郑梦九	徐州铜山师校	告月份牌等已由发行所寄出。	
1 月 11 日	王怀之	苏州护龙街	托代完坟粮。	
1 月 15 日	仲弟	汉口华景街	复告近状。	
1 月 17 日	蔡震渊	苏州	告昨访未晤,托怀之转。	
1 月 20 日	沈骏声	本埠大东	告款已到。	
1 月 20 日	陈乃乾	本埠福康路	约廿三日往晤。	
1 月 24 日	顾颉刚	厦门大学	告书已到,尚缺之书请即补。	
1 月 24 日	张吉如	苏州二小校	复当设法。	
1 月 28 日	周允言	又　二中校	催索垫款十二元。	
1 月 28 日	蔡震渊	又护龙街九〇4	复前信。	
1 月 28 日	邱晴帆	南京估衣廊七九	问已安抵里邸否。	
2 月 5 日	王翼之	苏州护龙街	复罢前议。	

日期	人名	地址	事由	备考
2月5日	章君畴	又　闰邱坊	复告近状。	
2月11日	章子玉	胶澳警厅	询近状,并责前三信不复。	
2月11日	邱晴帆	本埠职校	复半淞园约恐难践。	
2月11日	曹铁笙	本埠善元里194	复谢贺年。	
2月11日	王翼之	苏州护龙街	特询病痊否。	
2月13日	仲弟	汉口汉清街	快函询何以不归又无信。	
2月15日	又	又	复刚发快信,一切斟酌行事。	
2月15日	张剑秋	苏州司前街	复元宵后或到苏一晤。	
2月15日	王翼之	又　护龙街	复慰努力奋斗。	
2月15日	顾颉刚	厦门大学	复告此间近状。	
2月26日	王翼之	苏州护龙街	复谢盛意。	
3月1日	又	又	托觅屋,待时局平后搬回。	未发。
3月1日	仲弟	汉口汉清街	嘱不必回沪。	
3月2日	计硕民	苏州卫前街	复不来吃酒,并复剑秋。	
3月4日	章子玉	青岛警厅	复前函,仍谢时常写信。	
3月4日	张幽石	苏州铁瓶巷	复悦之已访得,劝之不肯归。	

续表

日期	人名	地址	事由	备考
3 月 4 日	仲弟	汉口汉清街	复一日信到,仍告笑舞台将闭。	
3 月 9 日	王怀之	苏州护龙街	复请奉父来促。	
3 月 19 日	王翼之	甪直公一校	复照不代定书,并询近状。	
3 月 26 日	王怀之	苏州护龙街	报告战后平安无恙。	
3 月 30 日	仲弟	本埠五马路	复告闸北甚安。	
3 月 30 日	蒋靖涛	苏州市党部	复请告真相。	
3 月 30 日	吴勖初	又　华阳桥	复谢慰问,并告无恙。	
3 月 30 日	王维文	本埠江南制纸公司	复已转去。	
3 月 30 日	章子玉	青岛警厅	告此间近状,并代其家报安。	
4 月 18 日	郑梦九	徐州铜师校	挂号寄还款项。	
			以下三函俱在苏发。	
4 月 18 日	濬儿	江湾立达	复不日回沪。	
4 月 18 日	殷康柏	甪直吉家浜	复告近状。	
4 月 22 日	王仁斋	苏州护龙街	告旅况,嘱转珏人。	
4 月 22 日	计硕民	又　卫前街	告旅况,并转剑秋、靖澜诸人。	
4 月 22 日	吴勖初	又　平江路	告返沪,并嘱往硕所取讲薪。	

日期	人名	地址	事由	备考
4月23日	珏人	又　怀之转	再告近状,并问疾好否。	
4月25日	又	又	三告近状,并问好。	
4月25日	潘华	江湾立达	嘱勿外出奔走及演讲。	
4月26日	王翼之	苏州护龙街	复贺生女,并嘱转告珏人将来接。	
4月28日	又	又	快函告抵沪,仍促珏由轮行。	
5月2日	吴勖初	又　平江路	复告近状。	
5月2日	计硕民	又　卫前街	复告近状。	
5月2日	邱晴帆	南京估衣廊	复告近状。	
5月5日	尤植仁	本埠爱国女校	复《告国旗尺度》。	
5月11日	王翼之	角直公一校	复劝暂安。	
5月11日	仲靖澜	苏州教育局	复光华商校无从着手。	
5月11日	计硕民	又　卫前街	复并无李鸿仪其人。	
5月26日	王翼之	角直公立一校	复暂不搬角。	
5月26日	朱澹如	又	送估印价单。	
5月26日	殷康柏	又	复谢代觅屋。	
			以上三信共一函。	
6月1日	王怀之	苏州护龙街	汇十元,托转翼之。	

续表

日期	人名	地址	事由	备考
6 月 1 日	王翼之	甪直公立一校	告已汇十元到苏,恐渠归苏故也。	
6 月 3 日	顾颉刚	苏州悬桥巷	告广东已汇款来,银行有通知书至。	
6 月 7 日	王翼之	甪直公一校	寄还党表。	
6 月 9 日	张剑秋	苏州司前街 34	复寄留书二册。	
6 月 11 日	又	又	告颉刚已允进言,请开履历。	
6 月 14 日	章君畴	又　阊邱坊 60	复前函。	
6 月 14 日	张幽石	又　铁瓶巷 41	告悦之适无信来。	
6 月 15 日	陈乃乾	本埠大东书局	催定菜。	
6 月 21 日	邱晴帆	又　职业校	凭书取留景。	
6 月 22 日	罗志希	南京丁家花园	快信辞谢党务教课事。	
6 月 22 日	顾颉刚	杭州马坡巷 25	快信转各件去。	
6 月 22 日	陈乃乾	本埠大东局	托代购书籍。	
6 月 24 日	潏儿	江湾立达	复勉勤课。	
6 月 25 日	邱晴帆	本埠职校	约廿七下午六时在豫丰泰候酌。	
6 月 28 日	章君畴	苏州阊邱坊	将颉刚介绍片寄去。	
6 月 29 日	潏儿	江湾立达	索章程寄甪直。	
7 月 29 日	顾颉刚	杭州马坡巷 25	转仲川函,并告朴社事托绍虞代决。	

续表

日期	人名	地址	事由	备考
7月2日	又	又	转缉熙函葬公片。	
7月2日	章君畴	苏州间邱坊60	复丁君行历。	
7月2日	仲靖澜	又　任蒋桥西	复当代谋。	
7月3日	吴缉熙	北京太平仓平安里25	复所托信已分别转出。	
7月3日	章子玉	青岛警一署萧署员转	转缉熙函,并询近状。	
7月6日	顾颉刚	杭州马坡巷	又转信函等件去。	
7月6日	仲弟	本埠五马路	复无法挪移。	
7月6日	陈乃乾	又　四马路	告书已收到,约明日傍晚过访之。	
7月6日	邱晴帆	南京估衣廊	复书允代购《说郛》。	
7月12日	陈乃乾	本埠四马路	请约日来面洽印事。	
7月12日	仲弟	又　东灵前楼	复无法应命。	
7月12日	仲靖澜	苏州任蒋桥	复当向颉刚进言。	
7月12日	张剑秋	又　司前街	复已将建初事托人。	
7月16日	邱晴帆	南京估衣廊79	挂号寄名片去。	
7月18日	顾颉刚	杭州马坡巷25	挂号转代收信札三件。	
7月18日	陈乃乾	本埠新闻路637	请约期在大东书局晤谈。	
7月21日	又	又	请即寄所撰文。	

续表

日期	人名	地址	事由	备考
7 月 21 日	顾颉刚	杭州马坡巷 25	快信请寄亲笔收据来。	
7 月 23 日	王维文	本埠爱多亚路	复寄子玉函。	
7 月 23 日	邱晴帆	南京鸡鹅巷 32	复前书并劝留宁。	
7 月 23 日	章君畴	苏州间邱坊 60	复勉努力市政之改进。	
7 月 25 日	顾颉刚	杭州马坡巷 25	知照支单已交诚安,并转信一件。	
7 月 28 日	陈乃乾	本埠大东书局	道昨不晤歉,并约期再面。	
7 月 29 日	王翼之	苏州护龙街	转悦之信去,顺复前信。	
7 月 29 日	顾颉刚	杭州马坡巷	转定友夷庚函去,并询前函到未。	
8 月 4 日	郑振铎	法京巴黎	复送信俱到,书册则未及购得。	
8 月 4 日	张剑秋	苏州司前街	复尚公已定胡叔异长校。	
8 月 4 日	顾颉刚	杭州马坡巷	复告转件俱到,今再转二件。	
8 月 5 日	又	又	快函转孟真等件四封。	
8 月 9 日	顾颉刚	杭州马坡巷	快邮转信五件,并寄广大书目一册。	
8 月 14 日	仲弟	本埠五马路	允借十元,请来取。	

续表

日期	人名	地址	事由	备考
8月15日	郑梦九	南京涌和旅馆38	复表同情,并邀之来沪小住。	
8月15日	吕铭堂	苏州庙堂巷	复告近状,并候安。	
8月15日	张剑秋	又　司前街	复建初事已托转前途矣。	
8月15日	章君畴	又　间邱坊	复前函,勉其从力市政。	
8月15日	王翼之	又　护龙街	转悦之友人函。	
8月19日	陈乃乾	本埠新闸路	转振铎信,并问陈彬龢住址。	
8月19日	邱晴帆	南京鸡鹅巷	复嘱存问梦九。	
8月19日	王翼之	苏州护龙街	复劝暂安用校弗动。	
8月23日	顾颉刚	本埠陶斯斐尔路	知照粤款到即来与岫庐洽。	
9月7日	又	杭州马坡巷7	快信转函电去。	
9月9日	又	又	转信三件去。	
9月9日	王翼之	角直甫里小学	复代办事已妥,赠报即附逡处。	
9月9日	郑梦九	本埠南站长室	告已筹卅元,请即来取。	
9月12日	又	又	询何以不来亦不复。	
9月12日	计硕民	苏州卫前街51	托代送伟士母吊礼一元。	

续表

日期	人名	地址	事由	备考
9 月 12 日	顾颉刚	杭州马坡巷 7	快函转邮电三件。	
9 月 15 日	邱晴帆	南京鸡鹅巷	复世界局《图》与大东局《图》大同小异。	
9 月 16 日	顾颉刚	杭州马坡巷	快函转邮件,并劝慰勿争闲气。	
9 月 20 日	王怀之	苏州护龙街	复厂方答初作无标准。	
9 月 21 日	顾颉刚	杭州马坡巷	转其夫人信。	
9 月 21 日	邱晴帆	南京鸡鹅巷	复西泠书当代买,《晨风阁丛书》可即购。	
9 月 21 日	陈乃乾	本埠大东书局	托代买西泠书,并约廿四过访之。	
9 月 21 日	郑梦九	本埠南车站	约廿四日午后六时在豫丰泰小叙。	
9 月 21 日	计硕民	苏州卫前街	复谢代送礼,并询近状。	
9 月 23 日	顾颉刚	杭州马坡巷	快函转丁山及顾夫人信。	
9 月 26 日	计硕民	苏州卫前街	复前函,并寄参考书与之。	
9 月 26 日	邱晴帆	南京鸡鹅巷	复《晨风阁书》已到,《十则》须略缓寄上。	
9 月 26 日	王翼之	甪直甫里小学	复前函,并托催缝工全源来。	

续表

日期	人名	地址	事由	备考
10月1日	郑梦九	本埠南站	告稿纸另卷寄，飞卿事已办妥。	
10月1日	王怀之	苏州护龙街	托代送震渊子汤饼礼，并告机厂已回绝。	
10月1日	蔡震渊	又　饮马桥南	复贺生子，并陈不能赴汤饼会之故。	
10月3日	仲靖渊	又　任蒋桥西	复一时无以应命，候售稿后分润若干。	
10月3日	计硕民	又　卫前街	复前信，并论苏州市政。	
10月3日	王翼之	甪直甫里小学	复《文学》当直接向开明发行所接洽。	
10月3日	邱晴帆	南京鸡鹅巷	复告三事俱不甚满意，惟《曲海》可退。	
10月8日	又	又	复书已托乃乾购买径寄。	
10月8日	张剑秋	苏州司前街	复粤事当尽力推毂，并托带语硕民。	
10月8日	王怀之	又　护龙街	复告寄悦之钱迄未到，并谢代送蔡礼。	
10月8日	陈乃乾	本埠新闸福康路	专托代晴买书，即寄款十一亲送去。	

日 期	人 名	地 址	事 由	备考
10 月 13 日	邱晴帆	南京鸡鹅巷	告乃乾来访,并附原信去。	
10 月 13 日	王翼之	甪直甫里小学	复稿件已到,请代我及圣陶各送一元吊伯虔母。	
10 月 14 日	顾颉刚	广州中山大学	询舟行如何,并寄翼件及代转信。	
10 月 16 日	邱晴帆	南京鸡鹅巷	寄《西厢十则》、坦园禁书发票去。	
10 月 18 日	郑梦九	本埠南车站	约廿三日午后四时来寓小酌。	
10 月 25 日	又	又	答所问四事。	
10 月 25 日	王翼之	甪直甫里小学	托再催缝工全源来做衣。	
10 月 29 日	邱晴帆	杭州军事厅	复前函,庆其得地。	
10 月 29 日	陈乃乾	本埠新闸路	请将代买各书送来。	
11 月 3 日	郑振铎	英国伦敦	商略太平专史集材事。	
11 月 14 日	顾颉刚	广州中山大学	复前信,并托代购《纪事本末》。	
11 月 14 日	陈乃乾	本埠新闸路	复告书到,并约十九日往访之。	
11 月 14 日	章君畴	苏州间邱坊	复前信。	
11 月 14 日	吕铭堂	又　庙堂巷	询七姨近状。	
11 月 16 日	仲弟	汉口华景街	复告近状。	

续表

日期	人名	地址	事由	备考
11 月 17 日	邱晴帆	杭州军事厅	复告《说郛》展一月出书。	
11 月 17 日	郑梦九	本埠南车站	告《前汉书》要做。	
11 月 20 日	陈乃乾	又　新闸	谢费神代购书,并再托续留心。	
11 月 25 日	郑梦九	南京涌和旅馆	复前昨两信。	
12 月 1 日	王怀之	苏州护龙街	谢送衣料。	
12 月 1 日	王翼之	甪直公一校	复前信,并转伯虔印件交涉事。	
12 月 1 日	陈乃乾	本埠新闸	复印件送我,待用人来取付款。	
12 月 4 日	仲靖澜	苏州任蒋桥西35	复已函嘱子清就近送移款。	
12 月 4 日	陈子清	又　女职中校	复徽章已做,款十元请送靖澜。	
12 月 4 日	仲弟	汉口华景街兴康里 42 前楼	复告近状。	
12 月 8 日	张剑秋	直隶武清县署	托切查子玉下落。	
12 月 8 日	陈乃乾	本埠新闸路	再催送印件。	
12 月 10 日	郑梦九	南京中正街	复前函。	
12 月 10 日	顾颉刚	广州东山启明三马路	复劝早离,另图行止。	
12 月 12 日	吕铭堂	苏州庙堂巷	寄同照与之,并托转七姨。	
12 月 12 日	王怀之	又　护龙街	寄同照与之,并托转硕民、彦龙。	

续表

日期	人名	地址	事由	备考
12 月 14 日	陈乃乾	本埠新闸路	三催送印件。	
			馀见下《杂录》转页	
12 月 15 日	邱晴帆	杭州省政府军事厅参谋处	复《说郛》太笨重,还以留待自取为便。	
12 月 15 日	陈子清	苏州学士街女子职业中学	告徽章已做好,寄发票去,请示寄法。	
12 月 16 日	顾颉刚	广州市东山启明三马路十号	快函复告乃乾正在清理书账。	
12 月 23 日	练为章	本埠小西门江阴街一三七号	复星期有他约,不能赴谈。	
12 月 24 日	仲靖澜	苏州任蒋桥西三五号	复信并托代物色地理书徇友请也。	
12 月 24 日	郑梦九	南京中正街涌和旅馆	复前信,实告教席难觅。	
12 月 24 日	张剑秋	直隶武清县公署	再托打听子玉下落。	
12 月 29 日	陈乃乾	本埠新闸福康路福鑫里 637	再催速送柏坚印件。	
12 月 29 日	邱晴帆	杭州军事厅参谋处	告《诗品注》已寄出,并询伯樵住址。	
12 月 29 日	顾颉刚	广州东山启明三马路十号	复乃乾已早催过,并示慰。	

续表

日期	人名	地址	事由	备考
12 月 29 日	王翼之	苏州护龙街北段五三七号	复《一般》、《新女性》已续订，发单寄上。	
12 月 29 日	郑梦九	南京中正街涌和旅馆	复飞卿已见过，款已取去。	
12 月 29 日	严良才	本埠尚公学校	送柏坚画帧八轴去。	

纳同字一六一号
特　二八四号
储　九四七三号十七年九月取消
保　一七一一三号单存所中。十六、七年十一月廿一日起止
四行储六七二八号十九年九月廿八期
又　六九〇三号十九年号十月卅一期

收支一览表

月	日	收入要目	收入数额	月	日	支出要目	支出数额
1	7	本月上半薪	60.00	1	1	承前不敷	69.61
1	20	大东酬资	300.00	1	2	请铁饭	1.20

续表

月	日	收入要目	收入数额	月	日	支出要目	支出数额
1	21	本月下半薪	60.00	1	3	公饯仲云	2.20
1	29	二月上半薪	64.00	1	7	叔千会	10.00
1	29	本月尾薪	8.00	1	7	家用	45.00
				1	7	储蓄会	6.00
				1	15	干片及《论衡》	1.34
				1	21	家用	50.00
				1	21	借给子玉母	20.00
				1	21	皮统子	40.00
				1	22	送圣陶礼	7.00
				1	22	还圣陶款	20.00
				1	23	与乃乾饭	2.50
				1	26	送仲彝礼	2.00
				1	26	送乃乾书款	22.00
				1	26	捐著作人会	1.00
				1	31	牙浆	0.25
				1	31	叔千会	10.00
				1	31	家用	45.00
						共支	355.10
		共收	492.00				
		一月计存	136.90				
2	1	上存	136.90	2	1	出游杂用	0.60
2	8	透支上尾	8.00	2	7	储蓄会	6.00

月	日	收入要目	收入数额	月	日	支出要目	支出数额
2	19	本月薪尾数	56.00	2	9	取照及点心	1.15
				2	9	支公钱希、绍、思	2.20
				2	18	请君畴	4.20
				2	19	家用	50.00
				2	22	输雀	2.00
				2	27	聚餐	2.00
		共收	200.90			共支	68.15
		二月计存	132.75				
3	1	上存	132.75	3	3	公中聚餐	2.00
3	5	本月上半薪	64.00	3	3	瀒学先付	10.00
3	7	珏人交我	200.00	3	5	家用	45.00
3	19	本月下半薪	64.00	3	7	叔千会	10.00
				3	7	存入本馆	200.00
				3	13	豫丰泰聚餐	1.00
				3	13	孩食等	0.70
				3	19	家用	50.00
				3	19	慰劳捐	2.00
				3	19	著作人会费	2.00
				3	26	结算逃外费	8.00
				3	27	瀒儿索去	1.00
		共收	460.75			共支	331.70
		三月计存	129.05				

续表

月	日	收入要目	收入数额	月	日	支出要目	支出数额
4	1	上存	129.05	4	1	赴苏旅费	5.00
4	3	借铮子	10.00	4	7	家用	50.00
4	7	本月上半薪	64.00	4	7	星斋会	10.00
4	16	借剑秋	10.00	4	20	还剑秋	10.00
4	20	讲演车马	20.00	4	20	还铮子	10.00
4	21	本月下半薪	64.00	4	21	绍酒	1.00
				4	24	聚昌馆饭	1.70
				4	24	车力	0.25
				4	25	结算在苏用	30.00
				4	27	给珏人	50.00
				4	28	结算到苏	9.00
				4	30	总结逃难用	116.00
		共收	297.05			共支	292.95
		四月计存	4.10				
5	1	上存	4.10	5	2	邮片等	1.00
5	7	本月上半薪	64.00	5	7	家用	45.00
5	21	本月下半薪	64.00	5	7	会钱	10.00
5	31	上年花红	160.90	5	8	草帽	1.80
				5	8	孩食及车力	0.40
				5	9	聚昌馆饭	2.20
				5	9	车力	0.70
				5	10	送何柏丞礼	2.00

月	日	收入要目	收入数额	月	日	支出要目	支出数额
				5	10	送沈惟埏礼	2.00
				5	15	与铁小饮	1.20
				5	17	取照片九张	0.36
				5	19	饯铎行	3.00
				5	19	送江春吊	2.00
				5	20	清用药	2.35
				5	20	点、车、孩食等	1.00
				5	21	家用	50.00
				5	21	送振铎车	1.00
				5	21	买果汁等	1.16
				5	22	车力	0.40
				5	22	惠通茶点	0.50
				5	23	致美斋饭	5.00
				5	25	代翼定《新女性》	1.80
				5	27	丸药	1.30
				5	27	熏鱼、板鸭	0.40
				5	28	车力	0.30
				5	28	点心	0.30
				5	29	《国耻史》	0.96
				5	29	惠通茶点	0.25
				5	29	车力	0.25

续表

月	日	收入要目	收入数额	月	日	支出要目	支出数额
				5	31	谢周医生	10.00
				5	31	借翼之	10.00
		共收	293.00			共支	157.63
		五月计存	135.37				
6	1	上存	135.37	6	1	发行所账	24.90
6	7	本月上半薪	64.00	6	1	潜儿学费找	63.00
6	17	新编史上酬	165.00	6	1	珏人特用	37.00
6	21	本月下半薪	64.00	6	2	馆役节赏	2.00
				6	2	轧见失账	3.27
				6	7	家用	50.00
				6	7	星斋会	10.00
				6	7	补午节饮	2.00
				6	7	请剑秋	1.40
				6	10	请颉、畴	4.10
				6	10	补昨请逸	2.00
				6	10	两日车力	0.60
				6	12	理发	0.40
				6	17	绍酒	1.80
				6	17	车力	0.30
				6	19	车力	0.30
				6	19	聚昌馆饭	2.00
				6	19	交珏人购物	130.00

月	日	收入要目	收入数额	月	日	支出要目	支出数额
				6	21	往职校	0.40
				6	21	家用	50.00
				6	26	夏长衫一件	10.50
				6	26	车力	0.20
				6	27	豫丰泰饮	7.80
				6	27	车力	0.40
		共收	428.37			共支	404.37
			404.37				
		六月计存	24.00				
7	1	上月存	24.00	7	1	补前两衣	15.00
7	5	上月加薪	2.00	7	1	上月《申报》	1.00
7	5	上月升工	8.66	7	1	邮票	1.00
7	5	馆中津贴	12.00	7	1	输雀	1.50
7	6	允言还	12.00	7	1	另用及失账	1.50
7	12	翼之还	5.00	7	5	罗帐一顶	11.50
7	7	本月上半薪	65.00	7	7	请允言	1.50
7	21	本月下半薪	65.00	7	10	看电影	0.80
7	28	向珏取	15.00	7	11	捐助工友	2.00
7	31	向珏取	10.00	7	11	代晴帆片	0.81
				7	7	星斋会	10.00
				7	7	家用	50.00
				7	16	特社费	2.00

月	日	收入要目	收入数额	月	日	支出要目	支出数额
				7	16	车力	0.40
				7	16	书一本	0.30
				7	16	酱蛋	0.40
				7	17	北万馨点	0.34
				7	17	花露水	0.44
				7	17	车力	0.20
				7	18	补前《蒙古史料丛刊》	2.48
				7	18	同人会费	0.40
				7	18	到大东往回车	0.35
				7	18	寄快信两次	0.28
				7	21	家用	50.00
				7	21	存珏人	10.00
				7	23	访诚安车	0.90
				7	24	聚昌馆饭	1.80
				7	24	饼干	0.40
				7	24	美发浆	1.00
				7	24	双气浴衣	6.00
				7	24	车力	0.20
				7	27	车力	0.20
				7	28	代晴帆预约《说郛》	13.50
				7	31	借与硕民	10.00

月	日	收入要目	收入数额	月	日	支出要目	支出数额
		共收	218.66			共支	198.20
			198.20				
		七月计存	20.46				
8	1	上月存	24.46	8	1	存珏人	14.00
8	5	上月升工	8.67	8	4	《湘军志》	2.00
8	6	本月上半薪	65.00	8	4	火腿	0.88
8	6	硕民还	10.00	8	4	药肥皂	0.52
8	6	晴帆汇还	15.00	8	4	车力	0.20
8	14	向珏人取	5.00	8	5	立达聚餐	1.00
8	20	本月下半薪	65.00	8	5	往回车力	0.35
8	25	《新时代史》稿费	150.00	8	5	快信找出	0.08
8	27	向珏人取	5.00	8	6	家用	45.00
				8	6	星斋会	10.00
				8	6	存珏人	20.00
				8	6	嗬兰水	0.20
				8	6	车力	0.05
				8	7	牙刷	0.18
				8	8	存珏人	15.00
				8	8	茶房车力	0.20
				8	8	补三日理发	0.40
				8	12	上月《申报》	1.00

月	日	收入要目	收入数额	月	日	支出要目	支出数额
				8	12	味雅饭	3.75
				8	12	车力	0.10
				8	13	致美斋聚	2.00
				8	14	豫丰泰饭	3.52
				8	14	车力等	0.50
				8	20	家用	50.00
				8	20	借仲弟	10.00
				8	21	蚊香两匣	0.70
				8	23	清、汉学杂费	21.20
				8	24	酱鸭、约车	0.30
				8	26	借梦九	10.00
				8	26	豫丰泰饮	5.40
				8	26	车力	0.20
				8	28	徐园听戏	2.40
				8	28	印名片 100	0.60
				8	31	本月《申报》	1.00
		共收	344.13			共支	222.73
			222.73				
		八月计存	121.40				
9	1	上月存	121.40	9	1	潜学膳先付	30.00
9	5	上月升工	8.67	9	3	衣料	60.00
9	7	本月上半薪	65.00	9	3	珏人用	30.00

月	日	收入要目	收入数额	月	日	支出要目	支出数额
9	8	《太平史》第一批	100.00	9	4	聚昌午饭	2.80
9	21	本月下半薪	65.00	9	4	昨输雀	1.00
				9	5	送开明礼	2.40
				9	5	还前聚餐	2.50
				9	7	星斋会	10.00
				9	7	家用	45.00
				9	7	馆役节赏	2.00
				9	8	交珏人	50.00
				9	8	车资	0.20
				9	8	月饼	0.50
				9	8	书(捐去)	0.30
				9	11	濬书籍费	5.00
				9	11	惠通点	0.61
				9	11	熏鱼	0.32
				9	11	车力	0.20
				9	11	《语丝》	1.00
				9	13	新有天饭	4.64
				9	14	借梦九	30.00
				9	14	聚餐	3.00
				9	15	《世界史纲》	4.10
				9	17	清儿小食	0.40

续表

月	日	收入要目	收入数额	月	日	支出要目	支出数额
				9	19	书七部	3.07
				9	19	酒菜、茶叶	1.00
				9	19	车力	0.20
				9	20	小儿果物	0.40
				9	21	家用	50.00
				9	21	车力、小食等	0.35
				9	22	肉松	0.20
				9	23	蚊香等	0.20
				9	24	豫丰泰饮	2.80
				9	24	小吃、车力	0.60
				9	25	呢帽	3.00
				9	25	看影戏	0.60
				9	25	栗子、车力	0.40
				9	26	豫丰泰饮	3.00
				9	26	小吃、车力	1.00
				9	30	车力	0.10
		共收	360.07			共支	352.89
			352.89				
		九月计存	7.18				
10	1	上月存	7.18	10	1	车力	0.20
10	5	上月升工	8.67	10	3	上月报费	1.00
10	7	本月上半薪	65.00	10	7	家用	45.00

月	日	收入要目	收入数额	月	日	支出要目	支出数额
10	7	会金结束	105.00	10	7	车力	0.15
10	8	珏人交来	45.00	10	7	吊为章夫人	1.00
10	21	本月下半薪	65.00	10	7	代硕吊	1.00
				10	8	存入本馆	150.00
				10	8	影戏券	0.90
				10	9	《国学类述》	1.25
				10	9	潜、清鞋球	1.75
				10	9	新雅茶点	0.90
				10	9	车力	0.10
				10	10	酒菜	1.00
				10	12	王宝和酒菜	3.80
				10	13	栗子、车力	0.80
				10	13	吊张△生	1.00
				10	15	《晨风丛书》	7.00
				10	17	房客会戏券	2.00
				10	19	车力	0.20
				10	21	家用	60.00
				10	21	正兴馆饭	3.00
				10	21	车力等	0.20
				10	23	轧见杂耗	11.10
				10	24	糖食	0.50
				10	24	药物	0.50

月	日	收入要目	收入数额	月	日	支出要目	支出数额
				10	24	车力	0.20
				10	30	高长兴饮	2.60
		共收	295.85			共支	297.15
							295.85
						十月不敷	1.30
11	5	上月升工	8.67	11	1	上月不敷	1.30
11	7	本月上半薪	65.00	11	3	共乐春聚餐	2.00
11	21	本月下半薪	65.00	11	3	酥糖、车力	0.40
11	21	九日梦九还	30.00	11	4	糕饵等	1.00
11	23	借珏人	10.00	11	4	板鸭、车力	0.60
				11	5	酒菜、车力	0.60
				11	6	上月报资	1.00
				11	7	家用	50.00
				11	7	存珏人	10.00
				11	10	酒及菜	2.20
				11	11	王宝和饮	2.00
				11	11	饼饵等	0.70
				11	13	理发	0.40
				11	14	豫丰泰酒	4.18
				11	14	饼饵	0.40
				11	14	车力	0.20
				11	15	酒	0.80

月	日	收入要目	收入数额	月	日	支出要目	支出数额
				11	15	车力	0.60
				11	19	还乃乾书	30.00
				11	19	酒菜	0.40
				11	19	车力	0.20
				11	20	同人聚餐	0.50
				11	20	看名电影	0.50
				11	20	车力、茶金	0.60
				11	21	家用	50.00
				11	23	保火险	10.00
				11	23	买书	0.40
				11	23	吃酒及车力	0.60
				11	26	万云楼餐	2.00
		共收	178.67			共支	173.58
			173.58				
		应存	5.09				
12	1	上月存	5.09	12	1	稼轩母寿	2.00
12	2	《太平》稿找	159.00	12	1	上月绍酒	2.40
12	5	上月升工	8.67	12	2	《三国志》	2.10
12	7	本月上半薪	65.00	12	2	交珏人	120.00
12	21	本月下半薪	73.67	12	2	车力	0.20
				12	3	保卫捐	2.00
				12	4	牛乳	5.00

续表

月	日	收入要目	收入数额	月	日	支出要目	支出数额
				12	4	潸儿	1.00
				12	5	储蓄会	6.00
				12	5	补昨输雀	2.00
				12	7	家用	44.00
				12	8	上月报资	1.00
				12	10	照片	5.00
				12	11	日历	0.20
				12	11	车力	0.30
				12	12	邮票	1.00
				12	15	移徽章费借清	10.00
				12	18	绍酒	2.00
				12	19	暖锅	0.90
				12	21	叔千会	20.00
				12	21	家用	50.00
				12	23	本馆役赏	2.00
				12	23	借子玉舅川资	1.00
				12	24	聚昌馆饭	2.00
				12	25	新乐府戏	2.20
				12	25	两天车资	0.40
				12	30	送乡亲礼	2.00
				12	31	送乡亲车票	2.00
		共收	311.43			共支	288.70

月	日	收入要目	收入数额	月	日	支出要目	支出数额
		十二月结	288.70				
		应存	22.73				

1928 年(民国十七年)

1 月 1 日(丁卯十二月初九日　庚子)**星期日**

晴朗。地略润。上午 50°,下午 48°。

晨起读报,而珏人及潗儿则送乡亲上车还浒关。

饭后,潗儿偕清儿赴江湾参观劳工小学游艺会。潗儿即归校,清儿乃随其师王志成返,抵家已五时许矣。

午后三时,予与圣陶过晓翁,遇芝九,谈至傍晚始归。约明午过饮其家。届时予将挈榼酒赴之。

明后两日无报,工人新例于岁首休息二天也。但旧历年底仍不减假,直使阅报者无名焦急矣。

1 月 2 日(丁卯十二月初十日　辛丑)**星期一**

晴寒。上午 43°,下午 42°。

十时许,挈清、汉两儿过圣陶家,因偕往晓翁所。与芝九及研因之侄等合饮,至午后二时乃罢。又纵谈至六时许始别归。途次,汉儿倾跌,口鼻额俱擦伤,乘车归家,懊恼之甚,因未再饮。

时局紧张甚,白崇禧在汉电何应钦表示反蒋矣。执兵相疑,安有良果,不出于惊民骇俗不止也。除夕有人闻机关枪声,虽未证实,而空穴来风,不无蛛丝马迹之可寻矣。

1月3日（丁卯十二月十一日　壬寅）星期二

晴。上午42°，下午45°。

依时入馆。续编《本国史参考书》下册。

两日无报，流言又盛，今日下午四时即谣传戒严，甫入暮，四邻店舍已纷纷收市矣。党国要人之斗法，其造福乃如是，真堪浩叹！吾不知何以自解于所谓军阀耳！

时局不靖，精神失宁，搦管操翰，实非其时，闷损袭来，唯有痛饮而已。

1月4日（丁卯十二月十二日　癸卯）星期三

晴和。早41°，午47°，晚45°。

依时入馆。

接颉刚信，知乃乾尚未复彼；又接振铎信，知欲编《敦煌石室全目》，托乃乾钞董康所藏者，俾免复沓，因于下午特写一信致乃乾，即以两君所托转敦促之，挂号发出。

报载除夕枪声及昨日戒严俱有因，总不离乎暗斗者近是。可叹！

叔迁以《三国志》来商，并谈《通鉴》各事，约将来改订之。

1月5日（丁卯十二月十三日　甲辰）星期四

晴。上午42°，下午48°。

依时入馆。

报载蒋中正已于昨日抵都，行将复任总司令。时局当有新发展，日前之戒严得无安然解之乎！聿修自苏来，言在苏站遇蒋专车过,军警竟将停站候过之乘客驱下火车,禁足于待车室中,俟车过乃得复登焉。呜呼! 虽以孙、张之横,犹不若此矣!

夜小饮,饮后随便翻检,欲待有作,而心境恶劣,实不我许也。

1 月 6 日(丁卯十二月十四日　乙巳　小寒)星期五

晴。上午 44°,下午 49°。

上午入馆。下午以避免职工会选举,未到馆。

报载淞沪卫戍司令部将撤销,改警备司令,由独立第四师长张贞任之云。果尔,则沪局已得解决,或可无甚大事矣。上海市长何人,则尚未之知,黄郛其再来乎!

今日圣陶之父仁伯先生八十冥诞,在附近庵中作佛事。予因过彼展拜,下午即留彼大谈也。

夜小饮,饮后昏然,未作事。

1 月 7 日(丁卯十二月十五日　丙午)星期六

晴。夜发南风。上午 44°,下午 48°。

依时入馆。

报载黄郛未必再出,上海市长将属孔祥熙。

潜儿偕其同学来饭,饭后挈清儿同往看电影,并携之入校,约下星期一同归,彼即寒假矣。

夜饭后写信五封。

1 月 8 日(丁卯十二月十六日　丁未)星期日

阴雨。上午 51°,下午 53°。

晨看报,未出,浒关表侄女来。

午后写信三封，一答乃乾，一再告颉刚，一则致振铎也。

柏坚印件，明日由吴妈送良才，请寒假时带甬。从此，可以交割清楚了。甚快！

夜小饮，饭后随便看看。

1月9日(丁卯十二月十七日　戊申)星期一

阴晴兼至。上午48°，下午50°。

依时入馆。

潸儿送清儿归，饭后仍去，以明日行放假礼也。

夜小饮，饮后阅《饮冰室集·李鸿章》半篇。

1月10日(丁卯十二月十八日　己酉)星期二

阴雨。夜大风。48°。

依时入馆。

散馆后往开明编译所，与雪村、调孚、愈之、中舒、圣陶、予同、石岑、光焘等共饯丐尊。盖丐尊近辞一切教职，将归白马湖暂休也。六时开樽，八时许即罢归。丐尊、予同、愈之诸人乘兴外出，又将如去冬之浪漫终宵耳。

岫庐已归，今日到馆，晤之。据云尚无所苦，只略受威吓而已。

佩弦代购《清华学报》三卷二及四卷一寄来。

雪村赠我《芥川龙之介集》，并郑飞卿著之《中原的蛮族》。

1月11日(丁卯十二月十九日　庚戌)星期三

晴不甚烈，风大。上午44°，下午42°。

依时入馆。

浒关之表侄女今日去,珏人送之上车。

夜小饮,饮后续阅《饮冰室集·李鸿章》,毕之。

1 月 12 日(丁卯十二月二十日　辛亥)星期四

晴阴间行。上午 38°,下午 40°。

依时入馆。《新时代本国史》下册已由适之交还,谓末之章须改作,明日当破工夫一修正之也。

散馆归后,接硕民片告贷,予无力应允,然终得勉强副其望也。

1 月 13 日(丁卯十二月二十一日　壬子)星期五

阴,下午放晴。上午 40°,下午 44°。

依时入馆。

借二十金与硕民,由珏人送墨林,托铮子带去。

仲弟又一月无信,甚念之,夜饭后作书寄去,不识汉上情况何似也?

看《民铎》九卷一号及《清华学报》四卷一期。

1 月 14 日(丁卯十二月二十二日　癸丑)星期六

阴雨,午后略晴。上午 46°,下午 48°。

依时入馆。修改史稿,改作则未动手也。

夜小饮,饮后标点《三国·董卓》、《袁绍传》。十时就寝。

看《新女性》新年号。

报端出版广告甚多,欲购者不尠,惜无钱以应之也。措大喜书而无力,有力者转不喜书,亦天壤间一至不平之事矣! 可发一叹!

1 月 15 日(丁卯十二月二十三日　甲寅)星期日

晴朗。上午 47°,下午 50°。

晨起看报讫,唤匠理发。

饭后过访圣陶,与之共出,诣爱普庐看《孤星泪》。遇调孚,遂与同坐。是剧出自嚣俄名著,确甚好,盖全场只觉紧张,而无一息弛懈也。电影至此,亦可谓毕能事矣!

夜小饮,饮后本欲赓点《三国》,适子玉母夫人来谈,遂辍之。

1 月 16 日(丁卯十二月二十四日　乙卯)星期一

晴,午后略阴。上午 48°,下午 55°。

依时入馆。改作《本国史》下册第二十三章。

夜小饮,饮后续点《三国·袁术》、《刘表传》。并撰短文一首,备书之伯樵所属记之纪念册。

1 月 17 日(丁卯十二月二十五日　丙辰)星期二

阴,夜微雨。上午 51°,下午 50°。

依时入馆。向馆中预借《中日战争》稿费一百元,以资应付。

孟真见访,略谈即打钟散馆矣,因别归。渠甫自杭来,今晚即赴宁也。

同儿感冒,连发两夜寒热,哼嘈特甚,今日虽退热,然仍不高兴也。予最怕小儿不适,痛痒既不能自言,将护者又莫名其所以,至不快!

1 月 18 日(丁卯十二月二十六日　丁巳)星期三

晴。上午 47°,下午 52°。

依时入馆。

夜看汪堃《盾鼻随闻录》,此书为薛福辰所不满,曾见之《庸庵笔记》。又尝一度为当道所禁。盖书中颇多快私秽语,实借事诋人者也。然于洪、杨事异闻至夥,故乐阅之。

同儿今夜略安,但嘴唇肿,牙龈浮,颇不适也。

1 月 19 日(丁卯十二月二十七日　戊午)星期四

晴。上午 48°,下午 50°。

依时入馆。

晴帆来,午饭而去,约傍晚再来,将寄物予所并取书返宁也。及时至,因共饮焉。且饮且谈,为欢何如,至九时乃别去,明晨彼即赴宁矣。

同儿口碎舌绛,今午后抱往周医生处一诊视之。彼云无妨,火降当自消肿也,给漱口药及敷唇药而归。是夕又不安,且觉略有寒热,甚为怜之。

1 月 20 日(丁卯十二月二十八日　己未)星期五

晴,东南风,夜雨。上午 46°,下午 52°。

依时入馆。下午则仅循例一到而已。明日起,放阴历年假,每岁如此者,真老例也。三时,与圣陶往百星观《以色列之月》,甚好。至五时乃归。

同儿今日略好,口腔亦渐干合,为之大慰。

接颉刚快信,知乃乾之账仍未寄出。乃乾举动,近渐莫测,其殆不可靠耳!

1 月 21 日 (丁卯十二月二十九日　庚申　大寒) 星期六

阴雨连绵。上午 54°，下午 56°。

交大寒而气暖如三春，真奇事也。

竟日未出，在家理杂事。

本与圣陶约，二十四日同往杭州，揽胜湖山。如天雨延续，则将坐废矣。但天时实难预测，或连夜转西北风，明晨即见烈日耳。果尔，游兴未阑，新趣倍长，优然而往，适然而返，为乐当难预计也。

同儿今日更好，口腔仍未全愈，但已思食思动，能发笑矣。

1 月 22 日 (丁卯十二月三十日　辛酉) 星期日

阴霾，下午雨甚。上午 55°，下午 56°。

饭后出，访圣陶，因偕行到棋盘街，闲游随览，颇自适。傍晚各归，约明日不雨，后日仍赴杭州也。抵家知嘉显曾来候予。

夜祀先，罢事后合家团饮福胙。诸儿之四舅舅来饭，三舅舅则约而未至也。食次，颇念仲弟，又久不得其手书矣，未审近况何似？

十时就寝。

1 月 23 日 (戊辰正月初一日　壬戌　春节) 星期一

阴霾，细雨绵延。54°。

今仍阴雨，明日杭州之行决罢矣。

写信六封，分寄亲友。

下午在家打牌四圈，即饮酒。酒后看王统照《沉船》及顾仲起《箱子》，俱载《说报》十八卷十一号。

同儿已复原，今日乃笑跃如恒矣。为之大快！

1 月 24 日 (戊辰正月初二日　癸亥) 星期二

阴霾。51°,入晚 48°。

上午墨林挈至善、至美来,因饭予家。饭后,珏人、潘儿伴之打牌。予则往看圣陶,同访晓翁及芝翁一谈。四时许各归,寒风扑面,明日或且放晴矣。

夜小饮。组青来,宿予家。未睡前打牌四圈。

1 月 25 日 (戊辰正月初三日　甲子) 星期三

晨红光满室,薄露日色。向午细雨,傍晚略见霁日。上午 49°,下午 53°。

竟日未出,饭后与家人打牌四圈。

今日潘儿在家宴其同学,下午三时许乃散去。组青亦于四时辞去。

接翼之信,知苏州各高小校长多更动,映娄任旧一高,建初任旧三高,味之任旧四高,俱熟人也。又接晴帆信,寄赠浙省陆军实测灵隐、云栖图各一帧,备杭游参考。惜为天气所阻,竟置美意于一时矣。

1 月 26 日 (戊辰正月初四日　乙丑) 星期四

晴湿奇暖。上午 55°,下午 66°。

是日家人分出贺年,珏人挈清、汉、润三儿至圣陶家,庶母则挈潘、潄两儿赴元芳路闻家。俱饭后四时许归。予则在家坐守,即以其间标点《三国》。下午二时,晴帆来访,因与畅谈,即晚留饮于家,八时许乃辞返旅舍——孟渊一一四号。

今日始见报,时局依然沉寂。

1月27日(戊辰正月初五日　丙寅)星期五

阴雨竟日,陡冷。上午54°,下午52°。

晨起看报讫,即往孟渊访晴帆,至则铁笙已在,因共笑谈。旋与同出,饭聚昌馆。饭后复返旅馆,纵谭及暮而别。归途雨甚,坐车中犹沾衣淋漓也。

夜看《盾鼻随闻录》,挟私污诬之迹益显,因知庸庵之不满为真有所见也。

接颉刚书,知将为乃乾故而受累矣,人心难测如此,将何所设防乎! 洵堪浩叹者矣!

1月28日(戊辰正月初六日　丁卯)星期六

晴阴兼施,入夜下雪。上午50°,下午48°。

午刻在家饮铁笙及晴帆。罗生嘉显来。午后二时许,偕之出,行至宝山路口而别,而独与晴游大世界。大世界久不去,近以震于新建五重楼台之名,故一往过之。然俗妆浮挤,依然如昔,匆匆一巡即出也。过孟渊略憩,至五时许而归。

1月29日(戊辰正月初七日　戊辰)星期日

上午阴,下午晴。上午41°,下午43°。

今日馆中开始工作,予亦依时入馆。下午,移部下二楼,仍与国文部合,盖就部长柏丞兼管之便,故分而复合也。抵暮,大致就绪,而事则未能照常办矣。

夜早睡,反失眠,自十一时三刻直至四时许不合眼,苦极!

1 月 30 日(戊辰正月初八日　己巳)星期一

上午晴,下午阴。40°。

依时入馆。搬部事已大致就绪。

夜鉴于失眠,不敢早睡,读《通考·职官考》,于荀彧所官守宫今已查获,盖卫尉卿之属官也。

友人钟以智在杭结婚,予与圣陶各送一元,即以予旧存之杭州磁器礼券托柏丞于证婚之便带去。

晴帆明日上船赴温州,原约今日散馆后看之,以天寒惮出,未往。

1 月 31 日(戊辰正月初九日　庚午)星期二

晴。上午 38°,下午 42°。

依时入馆。

散馆归,仍小饮。饮后看陈汉章《中国法制史》,至十时始寝。十二时醒来,又不能再睡,遂挨听时钟之频报,达旦不曾合眼也。此疾大发,真可怕,不能即愈,恐从此深矣。

濬儿之友张非昧、匡美珍来,告将分往温州、长沙肄业,颇与濬露惜别之意。彼小儿女,若甚受刺激者,半晌不能续话。予感此,夜遂未得安眠乎?

2 月 1 日(戊辰正月初十日　辛未)星期三

晴。晚月色好。上午 38°,下午 42°。

依时入馆。

散馆后出闲步,由北河南路、天潼路、北四川路、虬江路、宝通路而归。行程仆仆而迄无所购,垂手而返,甚无谓也。夜仍小饮。

夜眠尚安。

2月2日(戊辰正月十一日　壬申)星期四

晴。月色好。上午40°,下午42°。

依时入馆。连日看吕思勉《民族史》稿,见其颇有创见而不免于牵合,于以叹作史之难也。且好持异论,假史事为攻难之具,亦非撰述之常轨矣。然辚近作家,若此者已戛戛其不易觏,则学术之羞也。

夜小饮。饮后拟《中日战争》目,盖思着手为之矣。

乃乾电话来,谓在爵禄饭店开房度岁,可见其年关之难,宜乎粤账之久延不结也。

标点《三国·荀彧传》、《贾诩传》、《邴原传》及《管宁传》之半。

2月3日(戊辰正月十二日　癸酉)星期五

晴,晚天色彤耀。上午40°,下午45°。

昨宵睡眠略迟,竟又自恐不寐。自十时半入床,辗侧直待天明,苦惫不能胜言。旧历献岁以来,意绪殊不佳,初七失眠后,间日必发,诚不自知其疾之何从也?

仍依时入馆,看吕稿。夜睡时先取《霞客游记》就榻闲翻,俟睫交不禁,乃急抛书息灯以寝。是夕居然安过。若从此复原,尚不大创精神也,惟未知能否不再发动耳?

2月4日(戊辰正月十三日　甲戌)星期六

初晴后阴,入夜雨矣。上午42°,下午46°。

依时入馆,续看吕稿。

中华书局通告,《四部备要》第一集将延至阴历二月间始出齐。

散馆后赴愈之致美斋约,到马宗融、胡君、索非及雪村、予同、圣陶、石岑、仲云、六逸、徐君等,凡十二人。六时许开樽,八时许毕。撤席后又谈至九时许而别,归家已将十时。持书登床,竟无睡意,看《越缦堂诗话》尽两卷,犹不合睫,乃强自熄灯卧,然间日必发之老例果应,无论如何终不寐,及天明六时,稍合眼,而梦魇纠结,迄未安眠。至八时,已跃然起矣。

2 月 5 日 (戊辰正月十四日　乙亥　立春) 星期日

阴雨,湿气甚重。50°。

八时瞿然起,精神大惫。看报后始稍振。写信复翼之。

饭后与家人打牌四圈。

今夕起戒饮,以失眠症究与之有关也。如不饮而得安睡,吾甘割此爱以易之矣。第曩在甫里,初罹此疾,遵医戒不饮,反致增剧,是后稍稍饮,乃得睡,则此戒或亦不克久持耳。

夜不敢用力看书,而早睡又恐失寐,只得闲坐便翻,不动天君以俟睡讯之至也。

2 月 6 日 (戊辰正月十五日　丙子) 星期一

阴雨。夜起风。上午 48°,下午 49°。

昨夜九时半就寝,仍至二时后乃入眠,闷苦甚。

依时入馆,校孝先稿。

夜食春饼,旋写信与尚公校长周劻成规其近事不妥。盖无端令学生缴预留额位费,否则停止入学也。予甚愤之,故聊一规之。

2月7日 (戊辰正月十六日　丁丑) 星期二

飞雪,陡寒。晨至午后43°,晚40°。

依时入馆,仍看黄稿。

柏丞与予商编《中国史纲》事,因属拟目。夜归后乃着手写一草,即本前年所作《文化史纲要》而增删之。明日当持与柏丞一商。

勘成复书求谅,谓已扩充学额可无问题云。

以失寐告圣陶,圣陶劝我服 Phyllosan 药片,予即命濬儿购归,当晚吞食。如身心日佳,自应常服之也。前服鱼肝油丸中辍,或有影响于近疾乎?

2月8日 (戊辰正月十七日　戊寅) 星期三

晴寒。午刻42°,早晚38°。

依时入馆,仍看黄稿。

夜复拟《中国史纲》目录,易纵剖为横断矣。但兹事体大,实难惬意,只备作家之甄采而已。明日再与柏丞商榷决定之。

看《东方》廿四卷十九号及述学社《国学月报》王静安先生专号,但摘看几篇,未能全帙寓目也。

2月9日 (戊辰正月十八日　己卯) 星期四

阴晴间行。夜大雨。上午40°,下午42°。

依时入馆。与柏丞商定,以昨拟之目为经,以前拟之目为纬,于着手编纂时错综交织之。彼方思索人材,备延揽分任焉。予甚望有以观成,惟不审被邀者能否如期集稿耳?

晚饭后,打牌四圈。继看朱芳圃《述先师王静安先生治学之方法及国学上之贡献》及贺麟《西洋机械人生观最近之论战》,俱见《东方》。

左邻娶妇,笙歌彻垣,恐妨宁睡,不敢早寝。十一时后声稍歇,乃就枕。不意彼馀兴未阑,闹房之笑语又喧哗直透重楱矣。为之转侧,至四时后始得略一合眼。寒夜听雨,萧士所美,而予值此,痛苦彻骨而已。

2 月 10 日(戊辰正月十九日　庚辰)星期五

雨竟日,宵犹不辍。46°。

昨宵不寐,精神又重疲矣。依时入馆,校印样二十馀纸,并看黄稿。昏昏过去,不自知其所生之乐在何许也。神经衰弱至此,直废人而已,尚何学问事功之可言! 悲已!

夜饭后打牌四圈。又读胡适《词选》二篇。十一时许入睡。

2 月 11 日(戊辰正月二十日　辛巳)星期六

阴霾竟日。上午 42°,下午 43°。

依时入馆。柏丞赴杭为钟以智证婚,将于下星期二三归。

晚六时赴雪村宴,席设其家。到者俱熟人,至惬。散后听无线电传乐及打诗谜为戏,至九时许乃归。看牧斋《初学集》一卷,然后就寝。入睡已十二时。

2 月 12 日(戊辰正月二十一日　壬午)星期日

午前晴,午后阴。晴时 46°—44°,馀 40°。

晨起看报。十时,潗儿赴校,由吴妈伴去,以分带行李故也。

饭后往访晓翁,遇勖成、楚材。谈至六时始归,几为予与晓翁之对话占去三分之一焉。夜复小饮,九时许寝,尚好。

乃乾饬人送振铎所购各书来,兼为予购致近世史料七种:《中西纪事》、《豫军纪略》、《盾墨留芬》、《能一编》、《纪无锡县城失守克复本末》、沈兆元《随军目睹武功纪略》、《甲午辽阳防守记》。最后二种为辨诬或夸功而作,俱不甚可信,馀五种均好书也。惟未开价,当书以询之。

2 月 13 日(戊辰正月二十二日　癸未)星期一

晨雪,午雨,午后阴。上午 45°,下午 46°。

依时入馆。黄稿尚未看毕。

写信与乃乾询书价。

夜小饮。九时许寝。十时入睡,二时醒。又转侧至六时始稍合眼,已天明矣。

2 月 14 日(戊辰正月二十三日　甲申)星期二

晴,傍晚阴。上午 45°,午后 47°,晚 46°。

依时入馆,看毕黄稿。又看《国学月报》王静安先生专号。

散馆后,无聊甚,因出闲步,至新泰祥买肉松归遗同儿。

夜小饮,饮后即睡。至十二时醒,迨四时,乃入睡。径宵夜眠,中醒四小时,苦极,不即瘳,死且至矣。此非予自己催眠,在角直时季达已早诏之也。

2 月 15 日(戊辰正月二十四日　乙酉)星期三

晴不甚烈。上午 46°,下午 47°。

依时入馆,改编剩下之《本国史》。

散馆后,圣陶偕予出,去棋盘街、五马路一带闲行,藉散闷气。傍晚入善元泰饮,至八时乃归。是夕好睡。但睡时不觉冒寒,醒来肩背项又牵强作酸楚矣。

交十元与黄幼雄,托代配电料,借愈之无线电传音机移装来家。大约本星期内可以享用也。

寄与铁笙之信忘写门牌,竟退回。

2 月 16 日(戊辰正月二十五日 丙戌)星期四

晴,不朗。寒风。午 47°,早晚 44°。

依时入馆,续作前课。但项强背痛,颇不耐久于伏案也。

夜归,看朱偰《中国考试制度》,载《东方》廿四卷廿号。其论甚善,实先得吾心矣。

睡尚好,惟偶一转侧则痛彻心肺,奇楚也。

2 月 17 日(戊辰正月二十六日 丁亥)星期五

晴,寒气料峭。早 42°,午 46°,晚 40°。

依时入馆,作毕所改第二十三章。看《贡献》八及《真美善》七。

项背胁两肩俱牵连作痛,状颇板滞。夜眠又不好,十一时半醒来,至五时半始再睡,心烦体楚,痛苦有不能名状者。

觉明自宁邮借点石斋石印之《名将传真》一册与予,中绘功臣像自曾国藩至王联芳四十八人,《湘军平定粤匪战图》十四幅,俱出吴友如手笔。予玩索一过,快慰甚至,所叹友人期望之切而予日趋病废不克自振耳。

幼雄云配料不够,又再交五元。

2月18日(戊辰正月二十七日　戊子)星期六

晴寒,晨见浓霜。上午39°,下午43°。

依时入馆。续改《本国史》,成二十四章一章。

乃乾与胡朴安合柬请客,约明午十二时在晋隆吃饭。

幼雄于散馆后来约,予即与之同返其家,取愈之所用无线电收音机归,彼即为予装置妥贴,当场可听,感极。盖材料已配齐,故移置便得聆声也。惜声弱不能遍闻耳。

夜睡仍不好,至三时以后始昏然入梦。

2月19日(戊辰正月二十八日　己丑)星期日

晴和。上午43°,下午49°。

晨起看报讫,即出访圣陶。渠已他往,乃就其家略坐。至十一时,步行赴晋隆约。午后一时开始聚餐,到三十人以上,商务同人乃占小半。熟识者类皆分曹偶坐也。

饭后与予同、雪村同行,过开明发行所取书二种归。

晚洗脚,听新新播来之申曲及凯洛播来之《双珠凤》。十时就寝,睡眠尚好。

2月20日(戊辰正月二十九日　庚寅　雨水)星期一

晴和。上午46°,下午49°。

依时入馆。续改《本国史》二十五章,成。

散馆归后,偕漱儿出闲步,由香山路、中山路、永兴路而回。过湖州会馆,见工统会气象森严,四周布哨兵岗,前清督抚衙门不是过也。为之讶然,岂凡事一经官办便有此官气耶?

夜小饮,饮后仍听《双珠凤》。是夕睡眠尚好。

2 月 21 日(戊辰二月初一日　辛卯)星期二

晴。上午 43°,下午 50°。

依时入馆。补作《本国史》第二十六章,全书已毕。

珏人日来体弱多病,同儿亦伤风不快,因之夜眠又多少受到影响。但较前数日却宁静多多矣。

夜听《双珠凤》。临睡前闲翻《镜花缘》以促之。

2 月 22 日(戊辰二月初二日　壬辰)星期三

晴。上午 48°,下午 58°。

依时入馆,将改好之《本国史》下册发排。看《国际联盟》稿。

晚饭后为濬儿买书,亲往福州路泰东书局一行。但书已售缺,废然而归。行至宝山路义品里口,见有武装兵士数人立一店家门口,而店家方在柜上高烧双插金花之红烛,供于青龙牌前,盖一新开店也。谛视一过,不禁大讶,乃一官许营业之鸦片专卖商耳。噫!是亦国民政府之新猷耶!最可笑者,"武装同志"竟为私人承办之鸦片机关守护门面,而青龙牌上又写"寓征裕国"四字,一若唯此乃能裕国者然,奇极!

八时许抵家,仍听《双珠凤》。夜睡尚好。

2 月 23 日(戊辰二月初三日　癸巳)星期四

晴和。上午 53°,下午 54°。

依时入馆,续看《国际联盟》稿。

散馆归后,呼匠理发。

夜读胡适《戴东原的哲学》第一章"引论",于明末清初学术界的现象与内心讲的极详。十时睡,尚好。

2 月 24 日 (戊辰二月初四日　甲午) 星期五

晴和。上午 48°,下午 54°。

依时入馆,看侯厚培《中国国际贸易沿革史》稿。

散馆归,适铮子及墨林在我家,因与谈。于近日政象颇多悲观,而予却故作达观以自遣之。盖徒致嗟伤,于事无补,而精神形体将两受其害也。

夜听张少蟾开篇,并看《镜花缘》。十时睡,甚好。

2 月 25 日 (戊辰二月初五日　乙未) 星期六

晴。上午 52°,下午 59°。

依时入馆,看毕侯稿,交柏丞。

夜小饮,饮后听凯洛特别节目"逍遥乐园"胡琴、琵琶、洞箫合奏。铿锵悦耳,得未曾有。惜放音喇叭太弱,只得用听筒独享也。十时后寝,又不能入睡,至二时后始合眼。

潜儿自校归。

2 月 26 日 (戊辰二月初六日　丙申) 星期日

晴暖,傍晚黄霭。上午 55°,下午 62°。

晨起看报已,圣陶、调孚、景深先后来,因与共往尚贤堂看林风眠个人作品展览会。画共三十二帧,大者径丈,小亦三尺。最感动者为《人道》及《人类的历史》,最适我欣赏者为《松音》及《细雨》。

十一时出会,与圣、景同饭于聚昌馆。

饭后,在望平街、棋盘街一带书林中闲逛。至二时,乃偕到博物院路新开之光陆大戏院看电影。院之建筑极考究,富丽华贵,海上无匹,惟地面不大耳。电影则不甚有情节,而设色取景俱佳,仍不失为一好片也。五时半归,抵家已六时,倦矣。

夜未饮,看景深所编《中国文学小史》。十时就寝,又不寐,转侧至四时始一合眼,惫矣。

2 月 27 日 (戊辰二月初七日 丁酉) 星期一

晴,不爽,夜湿甚重。上午 56°,下午 62°。

依时入馆,看外来《殖民政策》稿。与柏丞谈时下批评诸作,少忠实而多谩骂,颇致慨叹。

散馆后与圣陶散步于江湾路,迤逦由北四川路、宝源路而归。夜饭后听《双珠凤》,九时许洗足,近十时睡,是晚尚安眠。

2 月 28 日 (戊辰二月初八日 戊戌) 星期二

晴不甚朗,湿气浓。上午 56°,下午 62°。

依时入馆,续看《殖民政策》稿。虎如于今日下午来馆。

夜饭后听《双珠凤》。旋就寝,眠尚好。

2 月 29 日 (戊辰二月初九日 己亥) 星期三

晴,奇燠。上午 62°,下午 71°。

上午入馆,看毕《殖民政策》稿。

下午未到馆,以今日为予生辰,午刻多饮一杯酒,遂不任入馆久坐也。偕清儿出,赴本馆发行所及文明书局购书,并在黄浦滩散步。四时许归,以书付濬儿带校。濬儿亦以予生辰故,今午特假返吃面也。

夜仍听《双珠凤》。睡眠尚好。

虎如晚间亲来送金华腿,并赠《滇事总录》二卷。甚感之。

3月1日(戊辰二月初十日　庚子)星期四

晴,西南风。早63°,午70°,夜66°。

依时入馆,杂务已除,乃续前业,赓写《本国史参考书》下册。

天气骤暖,春意甚浓,颇思出外游览也。

夜看《镜花缘》,十时寝,但至十二时后乃入睡。

剑秋信至,谓子玉讫无下落,予甚讶之。岂旅中有意外发生乎?然则其家将奈何?我昕夕祝其平安,但愿所逆忆者全属痴想耳。

3月2日(戊辰二月十一日　辛丑)星期五

上午阴,且见雨。下午晴。62°。

依时入馆,续编《参考书》。

散馆后与圣陶出闲步,因饮于王宝和。甫坐定,即闻警笛,出视则抛球场正告火警也。七时散出各归,仍得到家听《双珠凤》。

是夜略多饮,故睡中多梦。

3月3日(戊辰二月十二日　壬寅)星期六

晴,东南风,夜深雨。早51°,午54°,晚53°。

依时入馆,又有临时事,看冯攸译桑原骘藏《蒲寿庚》稿,已改署为《唐宋元时代中西通商史》。一时不易毕事,遂辍编《参考书》。

报载甘肃省政府请改狄道为临洮,导河为临夏,镇戎为豫旺,伏羌为甘谷,碾伯为乐都,巴戎为巴燕,平番为永登,镇番为民俪,抚彝为临叒,毛目为鼎新,已由国府备案照准。

夜听凯洛播来张素兰、月兰之京调、苏摊、扬曲,至十时就寝。

《通鉴纪事本末》廿四册及所著《本国史》三册,今日由晓夫人借去。

3 月 4 日(戊辰二月十三日　癸卯)星期日

阴雨,夜大风。51°。

报载利津黄河决口,改道由羊角沟入海。

十一时,铁笙来,赠我《地藏菩萨本愿经》一部。彼新信佛,逢人宣扬,送经之意,灼然可感矣。具饭合饮,谈至午后三时许始去。时圣陶适来,乃与共往虹口浴室就浴。五时许归,寒风竟砭肌也。

夜看《镜花缘》,旋默坐。杂念蝟起,睡眠仍不好。

3 月 5 日(戊辰二月十四日　甲辰)星期一

晨阴,午后晴。上午 48°,下午 50°。

依时入馆,续看冯译稿。

散馆归,即未出,闲坐听凯洛播音而已。

夜小饮,九时许就寝,好睡。

明日起,拟每晨写小楷一百字,藉以养心。惟能持久与否,则不敢知也。

3 月 6 日(戊辰二月十五日　乙巳　惊蛰)星期二

阴,午后晴,傍晚雨。上午 46°,午 50°,午后 51°。

依时入馆,续看冯攸译稿。

阅许地山《道家思想与道教》一文,载《燕京学报》第二期中。地山研究宗教有年,此文确迥异常流,甚佩之。日来天气陡变,体颇不适,夜饮不下,即罢。但睡眠尚好。

3月7日（戊辰二月十六日　丙午）星期三

阴雨,入夜尤大风雨。上午50°,下午52°。

依时入馆,看毕冯攸译稿。

散馆后冒雨往大加利,公饯愈之。愈之将赴法,故馆中同人及稔友多来会者。到四十人,俱熟识,只方欣庵、何遁人、沈端先三人今始真确记其名,而会面亦不止一次矣。全堂共列四席,与予同坐者为仲云、伏园、景深、端先、觉农、调孚、致觉、圣陶。六时许开饮,八时许罢。归途又值大雨,外罩之雨衣尽湿矣。

夜睡尚好,惟时时惊醒,恐多饮之故。

3月8日（戊辰二月十七日　丁未）星期四

上午阴翳,下午大风细雨。上午52°,下午50°。

依时入馆,仍接编《参考书》。并写信分寄梦九及仲弟。看楼桐孙《慕沙里尼的自述与福尔里警察所记述的慕沙里尼》一文,颇于慕氏之性格行为有所描绘。文载《东方》廿四卷廿二号。又随意看此号中之《新语林》栏。

3月9日（戊辰二月十八日　戊申）星期五

阴霾。48°。

依时入馆,校《南明野史》,稿为乾隆时南沙三馀氏撰,已不详真姓氏。述明末五藩事甚详,多不经见语。馆中收此稿后,录副发排,取颜今名。予所校即此印稿也。校时于当时忌讳缺文及违碍改窜之迹特加注意,在可能范围中当尽量补正之。

夜看《东方》廿四卷廿二号林守庄《满天星》小说。是稿曾投小说月报社,圣陶觉不甚好而退回改投者,以予观之,尚不坏,各人眼光不同有如此。

3 月 10 日(戊辰二月十九日　己酉)星期六

晴朗。上午 46°,下午 52°。

依时入馆,校《南明野史》。

心存将三续其弦,昨特写信与硕民,托为代送贺仪二元,署予与圣陶之名。

散馆后,与圣陶、调孚同往时报馆楼上参观华社摄影展览会。遇小鹣、万里、仲云、伏园、春台等,略谈即别。浏览毕,三人登九云轩沽饮。至八时,各归。

3 月 11 日(戊辰二月二十日　庚戌)星期日

阴,午后晴翳兼作。上午 49°,下午 51°。

赴甬、绍、杭一带旅行,已定明日午后二时在开明书店齐集,同行者有雪村、愈之、予同、调孚、圣陶、昌群及予七人。饭后因出购物,备途中所需。先过圣陶,彼将与其女出看电影,予乃独行。三时许归。

夜听《双珠凤》。

同儿发热呀嘈,夜眠不宁,甚惜怜之。

3月12日(戊辰二月二十一日　辛亥)星期一

晴朗。上午46°,下午50°。

上午照常入馆,以孙中山先生逝世三周纪念,同人有自由参加祭典者,下午即停工。予归饭,本拟即行就道,与愈之等计偕赴甬。乃同儿热势未退,且兼口碎,疑是喉症,抱赴弄口薛国正医生一诊(周凤岐医生亦在病中,故改就薛医取决),以探无妨否。讵意谓是白喉,且言危状。予虽不敢全信,而悊然成行势有所不可矣。因走开明晤雪村、调孚,告不能行之故,乞转言于游侣。遂往顾寿白先生处延其来诊。以不识门牌,遍索不得,复往圣陶家问墨林,然后再往也。三时许来诊,谓非白喉,系扁桃腺炎,无妨。然独失清游,已无从追踪矣,甚觉欿然。四时,君畴来访,寿白乃去。与畴谈苏州事甚悉,直至六时乃辞去。夜小饮,深念失游,甚无聊也。

3月13日(戊辰二月二十二日　壬子)星期二

晴,早晨浓霜。上午44°,下午51°。

依时入馆,续看《南明野史·福王纪》毕。

写信谢寿白,并酬五元。从其医例也。

大东书局送裱好《中国地图》来,予尚未归,款当于便过时付之。

昨日《晶报》载茫茫君《或不诗》八首,于时政极尽规讽,爰呕录之:

　　夜听鸺鹠语,朝闻虎豹声。山泉寒弃甲,城上馁呼庚。监谤添新律,量沙失老成。犹歌将进酒,或不外人情?(其一)

　　出话原须慎,居心若在衡。似闻诛偶语,何以慰苍生!政失民皆蹐,囚繁狱岂平!谀词今累椟,或不蔽聪明?(其二)

　　搏浪沙中侣,都成酒食徒。豪家鞭隽马,姝者拥高车。青

琐王阴类,朱门卫霍馀。若将称外戚,或不传全书?(其三)

诓意青宫贵,而忌走传车!铸金宁范蠡?阿堵拜储胥。熏穴成新语,福山注旧书。琏瑚真大器,或不诮玄虚?(其四)

尚有四首,转录于明日记中。

3 月 14 日(戊辰二月二十三日　癸丑)星期三

晴。上午 47°,下午 52°。

昨录《或不诗》未竟,兹赓记之:

野有干戈扰,家无担石储。金刀削毛发,银箭响庭除。朽索联奔马,青缃饱蠹鱼。治安容画策,或不久踟蹰?(其五)

岂畏名难副,偏忘智若愚!谭兵犹马谡,求富漫陶朱。九锡闻登阼,三军再剖符。输他西子贵,或不故人姝?(其六)

朔漠云横处,军容盛一时。背嵬能白战,羽檄屡交驰。甲帐闻长笛,丁年吐妙词。黄河千里曲,或不老吾师?(其七)

百万雄兵会,谁云气不扬?分明眉采重,熨贴口脂香。巧笑喧笳鼓,柔情举玉瑺。夷吾应避舍,或不进壶觞?(其八)

依时入馆,续看《南明野史》稿。颇引起明季史趣,因持折配取《明宫史》及《明季稗史》、《痛史》等书。但役人偷懒,尚未致之也。夜小饮,听新新播音台之小曲。

3 月 15 日(戊辰二月二十四日　甲寅)星期四

晴朗。上午 48°,下午 52°。

上午与珏人出购衣料于老九经。旋往北万馨进点。徜徉归来,已十一时矣。

下午照常入馆,校《五代史》印样四十页。昨配书已送到,即于散馆时携以归。夜饭后即事校捡,颇得随意看书之乐。

硕民书来,已为我及圣陶送礼与心存矣。

3月16日 (戊辰二月二十五日　乙卯) 星期五

晴朗。上午48°,下午53°。

依时入馆,续校《五代史》样四十页,并昨校者复看之。

《南明野史》拟大做,将取《明季稗史》若干种校之,彻底重分段落。于称谓年号俱依名从主人例,量为改正。前排之二十四页或将重排之也。

夜小饮。饮后闲翻《明季稗史》。

3月17日 (戊辰二月二十六日　丙辰) 星期六

晴朗。上午50°,下午56°。

依时入馆,将着手校《南明野史》,而有杂事相溷,为辍此作彼矣。觉为人饰尾殊夺我趣也。

接雪村、予同、圣陶、昌群、调孚在绍兴乌篷船中所寄书,承其拳拳同儿及详述白马湖、宋六陵等处风景,至可感叹。因以益念此游,而惜失侣之可痛矣。

夜听凯洛所播雅风票房清唱。九时即寝。

3月18日 (戊辰二月二十七日　丁巳) 星期日

晴朗。上午50°,下午58°。

晨起看报,都无如意事,废然而罢。今日本约缝工马山良来制衣,乃竟不至,甚恚。不识明日来否也?

饭后往圣陶家存问,因其邻匪匪,前日被官搜捕,惊动间右也。

坐至三时乃出，即至大东书局还其《地图》款一元九角。旋在广生行购一瓶咭汁而归。甫抵家，苏州七阿姨来，盖预先写信往招来看庶母者。庶母近日发病甚，颇为担憋也。

夜接梦九信，谓所寄《中原的蛮族》尚未递到。

3 月 19 日 (戊辰二月二十八日　戊午) 星期一

晴朗。上午 53°，下午 65°。

依时入馆，续看《经济政策》稿。至晚尚未毕，须留待明日再看矣。此稿予甚觉无兴，以职业故，不能不看，甚扫兴也。

圣陶等已归，备言旅中游况，至勾往愁。惟有希冀复遇机缘耳。彼等于昨晚由杭返，盖未在杭州耽搁也。予同则以事留杭，今午始归。

夜小饮。之后听凯洛播音。

缝工马山良仍未来，不识何故？

3 月 20 日 (戊辰二月二十九日　己未) 星期二

晴朗，陡燠。上午 58°，下午 72°。

依时入馆，仍标点《经济政策》稿，并校阅《五代史》复样。

接虚舟太夫人讣音，因即作书与梦九，仍托代送赙仪二元。

前允馆中担任之《三国志选注》及《中日战争》多稿，均已见催。以予目前之欲用钱，亦且亟愿脱稿。但月馀以来，一再为失眠所困，而意阑然，竟无缘属稿也。现在事已紧迫，不得不努力为之，今晚起，即续点《三国志》，毕管宁、华歆、钟繇三人传。

3 月 21 日 (戊辰二月三十日　庚申　春分) 星期三

晴，旋即阴霾起风。上午 60°，下午 56°。

依时入馆,校《本国史参考书》印样及为聿修赶校《清代通史》中卷印样。聿修久假不来,而校件山积,排字人之催索者日必数至。予为替之,俾清一部分工作云。

调孚、圣陶各以旅行中所摄照片之佳者送予,聊资卧游,亦未始非过门大嚼之意也。此行本为个中人,乃竟成了旁观者,事之不可逆料,有如是哉!

夜标点《三国志·王朗》、《郭嘉传》。

同儿感冒未清,日来又发烧咿嘈。此儿体弱,殊为担心。

3 月 22 日 (戊辰闰二月初一日　辛酉)星期四

阴霾,傍晚略露日。51°。

依时入馆,仍为聿修校《清代通史》印样七十页。

散馆后至开明编辑所,会雪村、调孚、圣陶、幼雄同赴仲云、伏园、春台之约,往雪园晚餐。至则主人尚未到,先坐以待。有顷,主及馀客陆续至,乃进食。之后纵谈,至十时始散。归已将十一时矣。遂辍作。

3 月 23 日 (戊辰闰二月初二日　壬戌)星期五

阴雨。上午 48°,下午 52°。

依时入馆,为聿修校《清代通史》。

傍晚翼之及其姊妹来。下榻予寓。

夜谈甚欢,久不有此乐矣。惟近来不习热闹,晚睡尤岌岌若有大惧焉。

3 月 24 日 (戊辰闰二月初三日　癸亥)星期六

阴雨。上午 55°,下午 56°。

依时入馆，为聿修校《清代通史》，及为馆中复审送院审定书。

十时出，与圣陶、予同、调孚、昌群、稚存、景深同赴黄浦码头送愈之。至则已有客在，先后达百人。至十二时，乃辞行。以曩送振铎受别感之痛，故不待解维即引归也。

夜与翼之、悦之对饮，饮后长谈，至十一时始寝。

3 月 25 日 (戊辰闰二月初四日　甲子) 星期日

阴雨。56°。

在家坐雨，与翼之姊弟及珏人打牌。上午下午各六圈，稍稍疲矣。夜与翼谈，至十时许乃就寝，又不免多饮多话也。初睡尚好，至二时许，警士乃在里中打狗取乐，喧笑怒猖，杂成一片，遂为搅醒。邻右复以办喜事故，雀战达旦。下半夜竟作牺牲矣。最可恶者，警士不维持公共安宁而躬自毁之。其纪纲之失坠，从可知已，公安云何哉！革命云何哉！

3 月 26 日 (戊辰闰二月初五日　乙丑) 星期一

晴朗。上午 52°，下午 55°。

上午入馆，仍校《南明野史》。下午未到，即偕翼之闲步浦滨。至四时，乃购物以归。夜小饮，悦之亦来。明日，翼之将偕姊同归矣。以故，谈话特多。十时半乃各就寝。

接晴帆书，知在青田感不适，将谋摆脱矣。

连日以陪客故，竟未能坐定写字，即数日日记亦于饭后抽空补作之。

3 月 27 日 (戊辰闰二月初六日　丙寅) 星期二

晴，午后稍昙。上午 54°，下午 56°。

依时入馆。上午校《南明野史》，下午看《清代通史》复样。

又接晴帆快信，竟言青田不可一日居。托予代拍一电，谓其母危笃，俾请假北归。予即于午后饬役赴局拍发之。

翼之及其姊于饭后动身返苏。

夜标点《三国志·陈思王植》、《王粲》、《刘劭》、《陈群传》。十时寝，尚好。

3 月 28 日（戊辰闰二月初七日　丁卯）星期三

晴朗。上午 54°，下午 57°。

依时入馆，校《南明野史》。用《思文大纪》对看，颇多补正。

夜标点《三国志·毋丘俭》、《邓艾传》。及毕，已九时半，不欲再作，因听新新公司播音。至十时，就睡。

以方点书，遂用朱笔作记。

3 月 29 日（戊辰闰二月初八日　戊辰）星期四

晴明。上午 54°，下午 60°。

依时入馆，校《南明野史》。接乃乾信，即复之。

夜标点《三国志·钟会传》。十时乃寝。

饭前张新伯君来取物，并候予。予尚未归，不晤，甚以为歉。张盖翼之之友，甫里小学之先后同事也。去春在苏，曾一晤谈。今在上海中学任事。翼之此来，为携其物数件，故特来取之耳。

3 月 30 日（戊辰闰二月初九日　己巳）星期五

晴，略有东南风。上午 56°，下午 60°。

依时入馆，仍校《南明野史》，毕《思文皇帝纪》。

同儿体弱极矣,偶不经意,辄有不适。自口中肿退之后,已间发寒热两次矣。日来正在学步,牙牙而嬉,颇好顽。今日饭时,乃忽不欲食,按之,又有微热。午后竟不肯直抱。珏人为之焦灼,予又虑其乳坏,真乏味也。父母之于子女如此,不禁追念先人矣。

报载南京特市教育局呈,拟将南京各城门名称改易:神策改凯旋,仪凤改中山,聚宝改中华,丰润改中正,朝阳改汤山,海陵改西藏,太平改自由,金川改三民,洪武改共和,馀乃旧云云。未审批准否也?

夜标点《三国志·华佗传》及蜀三牧传。

3 月 31 日(戊辰闰二月初十日 庚午)星期六

阴霾,有风。上午 56°,下午 58°。

依时入馆,校《南明野史》。

昨夕同儿壮热,时时惊醒狂呼,状可怖。漱儿亦连夕发热矣。中夜为之数起,至惫。今日延周医来诊,据云同尚轻,且决非惊;漱则颇重,当防其出疹云。予昨晚未得好眠,今夜即不能久坐。遂辍点《三国》。

为章久不见,今来访,乃同之归家,大谈焉。至六时许始去。

4 月 1 日(戊辰闰二月十一日 辛未)星期日

上午晴,午后阴,夜大雨。上午 58°,下午 59°。

漱、同两儿均已退热,下午周医来诊,同已勿药而漱仍服泄剂一次。当夜安稳,或可告痊矣。

十一时许,往本馆职工会所聚餐,与虎如、亮寰、剑华、弘德、子坚、子嘉、巨卿及邹君同席。饮甚欢,至一时乃散。席终后有多人旅行吴淞,予则往访圣陶,约其明日特别快车同赴苏。至则已出未晤,与墨林略谈。即往福州路为翼之购物,备携致之。旋归。适周医至,因陪坐谈话久之。

夜寝闻雨,明日或不能成行也。

接仲弟信,知病魔纠缠,又营业为时局影响颇损失。深为郁结。

4月2日(戊辰闰二月十二日　壬申)星期一

阴雨,湿气弥漫。上午56°,下午55°。

昨宵大雨达旦,今日遂不能行。仍依时入馆,校《南明野史》。

漱、同两儿俱告痊,为之大慰。

夜标点《蜀志·先主纪》。十时就寝。

4月3日(戊辰闰二月十三日　癸酉)星期二

晴。上午54°,下午失记。

上午依时入馆,约圣陶于饭后同行。

早饭后,挈潗儿偕圣陶同到车站,购票登车。车中虽挤,以去得早尚可得一坐地也。十二时半开车,三时到苏。即入平门赴翼之家,托翼父雇舟,备明日下乡扫墓。旋与圣陶到硕民家,与之同出,小饮于道前街泰隆。欢谈至七时乃散,予则径返翼之家。至则翼之亦已由斜塘赶归矣。当晚谈至十二时乃睡。

4月4日(戊辰闰二月十四日　甲戌)星期三

晴暖。旅中失记。

早起与潗儿乘车往硕民家,约圣陶及硕民同行。翼之则同时出发,为予坐船出城,期会于胥门大码头。九时许,予等步出城,十时乃得会船共行。十一时许过石湖到陈湾,圣陶先扫墓,然后返舟午饭,且食且行。饭毕,已到九曲港墓次矣。予乃登岸祭扫,周视树木。圣陶则偕硕民步至盘门,盖当天须赶返上海也。

予等返舟启行,四时到城中埠头,即步归翼之家。

夜饮甚多,谈至十时许始罢。归寝就枕,十二时矣。

4月5日(戊辰闰二月十五日　乙亥　清明)星期四

晴朗,温暖。旅次失记。

晨与翼之等往河沿街为其家相宅,盖将移家离原址也。旋偕赴胥苑晤硕民、彦龙。少坐同出,过西美巷留芳花圃,圃为明之所经营,颇多名卉。予选购小盆金钱松蟠石者以贻翼之之女,为题"如松之贞,如石之坚,俾尔康寿,亿万斯年"十六字,盖今日周岁也。因即归饭,与硕、彦约午后会靖澜所。

午后,潗儿随翼之宅眷往游虎丘,予则与翼之趋靖澜家。至则三君已久待矣,遂同往拙政园啜茗。傍晚出园,即就哈顿桥南堍酒家小饮,其地沿河辟窗,颇幽静,惜不忆其名矣。

八时归,谈至十时许始就寝。

4月6日(戊辰闰二月十六日　丙子)星期五

晴暖。旅次失记。

晨起早餐讫,挈潗儿随翼之全家登舟,赴何山麓展其祖墓。舟中打牌,四圈后已到,乃上岸观祭。祭毕下船,即午饮,且食且行。食已,已至天平山麓。遂相将起,先登支硎寺,观转幢殿,漱手于寒泉。继越岭至天平高义园,茶焉。舟中多女子,健步乃不可追,予甚愧之。将下山,予为游侣摄一影。五时许挐舟归城,仍就舟中续打牌四圈。抵埠走归,已八时矣。

夜仍饮谈不衰,十一时始睡。

4月7日（戊辰闰二月十七日　丁丑）星期六

晴热。旅次失记。

晨出看靖澜,因与同过彦龙,翼之偕行焉。至则彦尚未归,因入拜其母,坐斋中待之。十一时,硕、彦俱来。即饭于其家,小饮至二时始罢。饭后复偕游公园,迤逦至硕家憩焉。傍晚别硕、靖、彦三人,与翼之径归。

晚饭前打牌四圈。夜饮至十时乃罢。

明晨决计东归,再不得延迟矣。

4月8日（戊辰闰二月十八日　戊寅）星期日

晴热不能御棉。在途无记。

是日在翼之家早饭,十一时许即偕翼之及潜儿出平门,径赴车站。翼之须三时后行,予则与潜于一时许上车。日来适值假期,车厢之挤实不减去年避乱时。幸先见机,预购二等票,乃得安然坐头等室以行。惟天气甚热,汗出如沈,虽处荫壁,犹不耐也。三时半到上海,四时抵家。

予离沪赴苏后,家中诸儿又发热不安,珏人为之躁急。幸予归后即愈,然已连日延医矣。

4月9日（戊辰闰二月十九日　己卯）星期一

阴雨。上午64°,下午62°。

依时入馆,校《南明野史》稿外,复校《五代史》复样四十页。

写信五封,分致硕民、怀之、翼之、晴帆、铁笙。寄硕民以《岳忠武集》及《中原的蛮族》。

散馆后往荣华洗晒照片,盖此次游苏摄归者。归过开明,即夕聚餐,到雪村、石岑、予同、圣陶、调孚、索非、君匋、景深并汪女士,共予十人。汪豪于饮,同席遍饮之。尽乐乃罢,已十时许矣。扶醉返寝,少选入梦。

4 月 10 日 (戊辰闰二月二十日　庚辰) 星期二

晴热。上午 59°,下午 63°。

依时入馆,仍校《南明野史》及其馀印样等。

散馆后出,买呢鞋一双。料较去年买者坏得多,而价却高出十分之一,真不得了之现象也。生活程度日高,经济能力依然,几乎不日即危亡耶!

夜补作旅中日记,并看茅盾《动摇》。

4 月 11 日 (戊辰闰二月二十一日　辛巳) 星期三

晴暖。上午 57°,下午 64°。

依时入馆,校毕《南明野史》。

散馆后与圣陶、调孚同往小观园看花,因买直腊红两盆,生可拉里三盆以归,由园丁挑送。给以挑力二百文,称谢而去,近今所稀有也。

写信与梦九催注《汉书》,又与乃乾约明日晤面缴款,并寄照片付翼之。

夜点《三国志·蜀后主纪》。

4月12日（戊辰闰二月二十二日　壬午）星期四

晴明，气和。上午59°，下午66°。

依时入馆，校阅吕金录译《西洋往古的儿童》稿。

散馆后出，先至来青阁晤乃乾，即将铎款六十元交之。旋与俱到中华书局取《四部备要》第一集，并缴款九十元作第二集预约费。讵书尚未钉出，须俟明日下午始送来。予即将款项付出，令明日一准送书到家。

自中华出，与乃乾啜茗于清风阁。略谈印书事，至六时，别之归。本拟在外小饮，以今日为除共一周大节，恐又戒严难行，故即刻返家也。

夜点《三国志·诸葛亮》、《关羽》、《魏延传》。

4月13日（戊辰闰二月二十三日　癸未）星期五

晴和。上午63°，下午68°。

依时入馆，续校吕稿及《新时代初中本国史》下册印样。

《四部备要》迄未送来，中华书局办事如此，宜乎信用不逮商务矣。明日当再促之。

夜点《三国志·谯周》、《郤正传》。

是日呼匠理发。

4月14日（戊辰闰二月二十四日　甲申）星期六

晴，傍晚阴。上午63°，下午64°。

依时入馆，校《本国史》下册印样五十页。

中华书局已去函催询，据答店存已发完，须向厂栈提取，故致延迟,准下星期一送来。予甚恨之而无如何,且待之矣。惟不审届时不再托故否耳。

散馆后晴帆来,调孚及文祺来。文祺询予《壮悔堂集》数事,明日当查复之。未几,调、祺去,予与晴帆出。至车站,因兑钱相失,乃径往孟渊访之,少候果来。复偕至大中楼吃砂锅馄饨,风味别致,殊佳也。九时,各归,顺购如皋香一盒。到家试试,气果不恶。

4月15日（戊辰闰二月二十五日　乙酉）星期日

晴朗,北风。上午 60°,下午 64°。

晨起看报讫,晴帆乃来,谈久之,即午饭。饭后偕之同过铁笙,因共到孟渊,为晴料理成行,赴杭省所事。予则与铁遨游城隍庙,吃油面筋。旋同至四马路,共饮于浙江路口一酒家,纵谈忘倦,直至八时许乃罢,遂散归。

4月16日（戊辰闰二月二十六日　丙戌）星期一

晴,有风。上午 60°,下午 65°。

上午依时入馆,校《本国史》印样。

下午未到,偕珏人,挈漱儿,陪蔚若妹游城隍庙。四时归,适中华送《四部备要》第一集来。因检校缺页,查《四书集注》、《周易》、《尚书》、《毛诗》、《春秋左传》、《说文解字》、《国语》、《国策》、《史记》九种俱无缺,《礼记》则缺卷八第二页。明日当陆续检校,俟全部完毕时再开单令书局补我也。

4月17日（戊辰闰二月二十七日　丁亥）星期二

晴朗。上午 62°,下午 67°。

依时入馆，校毕吕译稿，并写信两通分致乃乾及仲弟。

散馆归，为章过我，谈至薄暮始去。

夜捡校《四部备要》缺页，计《汉书》缺卷四九第二十页、五一第二五页、五三第一三页、五六第一五页、六二第一九页、六五第一三页凡六页。其馀《后汉书》、《三国志》、《史通通释》、《子略》、《老子》、《庄子》、《管子》、《荀子》、《墨子》、《列子》、《晏子春秋》、《吕氏春秋》、《淮南子》、《鹖冠子》、《尹文子》、《邓析子》、《商君书》、《韩非子》俱无缺。

4月18日(戊辰闰二月二十八日 戊子)星期三

晴，热气渐逼矣。上午68°，下午75°。

依时入馆，续编《参考书》。

散馆后，与圣陶、调孚往新雅啜茗进点。六时许乃归。

夜检校《楚辞》、《古文辞类纂》、《文心雕龙》、《经史百家杂钞》、《昌黎先生集》、《柳河东集》、《李太白集》、《杜工部诗集》、《白香山诗集》、《剑南诗稿》、《渭南文集》、《南唐书》、《花间集》、《绝妙好词笺》、《词选》、《欧阳文忠公集》、《东坡全集》、《古诗选》、《今体诗钞》、《文选》等缺页，发现《类纂》缺卷三三第四页、《杂钞》缺卷二第七页两页。连前共九页，明日当开单向中华补取之。全集检校一过，心甚惬适也。

4月19日(戊辰闰二月二十九日 己丑)星期四

阴，午间放晴，连夜雨。上午70°，下午76°。

依时入馆，仍编《参考书》。

日来天气陡热，吾知将雨矣。乃今日热度继增而午间竟晴，殊可诧异。饭后渐凉,傍晚遂雨。散馆归来,已受凉袭,体软无聊,至不快也。

夜强坐点《三国·吴志·孙策传》及《大帝纪》,然《大帝纪》未毕也。

4 月 20 日(戊辰三月初一日　庚寅　谷雨)星期五

阴霾。夜雨达旦不休。上午 62°,下午 64°。

依时入馆,校阅张其昀《中国民族志》。

午后铁笙来看我,谓晴帆昨自杭来,今已返,属转致代收信件并代保留。少坐便去。

夜续点《吴大帝纪》,经三小时始毕。

4 月 21 日(戊辰三月初二日　辛卯)星期六

阴雨。上午 60°,下午 62°。

依时入馆,校《中国民族志》。

三时半出,往新新公司购哥伦比亚电池二具归,仍央幼雄为换上听机,于是又得畅聆矣。曩用之〈电〉池已告罄,昨日竟不能悉闻也。故今日冒雨出买,可见嗜好之中人焉。

4 月 22 日(戊辰三月初三日　壬辰)星期日

晴明。上午 57°,下午 64°。

晨起看报讫,方拟出访圣陶,而晴帆至,盖昨自杭来谋解决其职事者。因与同过铁笙,将拉与俱出。乃反为所留,即其寓饭焉。饮白玫瑰酒一大杯,至勉强。饭后又谈,至二时始辞出,与晴帆盘桓半日。六时再上王宝和,各饮二壶。七时许归。归后尚不觉,睡至上午二时,酒大作祟,呕吐数回,难过极矣。

4 月 23 日（戊辰三月初四日　癸巳）星期一

晴明。上午 60°,下午 63°。

晨扶醉强起,体至疲软。少进稀粥后,仍入馆工作。校毕《中国民族志》,并续编参考书。

散馆后,晴帆偕铁笙来。晴帆决不就浙事,已定今晚九时附车返宁矣。谈至七时,二公别去,予以不能复饮,竟未陪出也。良用歉然。

夜点《三国·吴志·孙皓》、《士燮传》。

4 月 24 日（戊辰三月初五日　甲午）星期二

晴。上午 59°,下午 62°。

依时入馆,编《参考书》。

散馆后与圣陶同访晓翁,即其家小饮。久别深谈,不觉移时,直至十时始罢归。归即就睡,未遑点书也。工作甚迫而屡耽于饮,颇可惜耳。

4 月 25 日（戊辰三月初六日　乙未）星期三

阴霾,薄暮微雨。上午 61°,下午 67°。

依时入馆,仍编《参考书》。

散馆后赴致美斋聚餐之约。七时始开樽,到汪女士、章雪村、徐调孚、孙伏园、孙春台、樊仲云、谢六逸、方光焘、傅东华、赵景深、叶圣陶及予十二人。九时毕,十时始得归。

4 月 26 日 (戊辰三月初七日　丙申) 星期四

晴,北风甚劲。上午 65°,下午 72°。

依时入馆,仍编《参考书》。

夜饭后点《三国·吴志·张昭传》。

国民革命军北伐大胜利,报传迭克兖州、泰安,济南且有攻下讯。日本为此,又出兵来华,其意云何,有去年前例在,决非无因而至也。以予所测,彼实欲挟取北方特殊势力与地位耳。帝国主义者而可引以自近,真不知衮衮之流具何肺肠矣。

《史纬》全部借与晓翁,由其夫人取去。

4 月 27 日 (戊辰三月初八日　丁酉) 星期五

阴霾。晨细雨,晚略霁,65°。

依时入馆,编《参考书》。写信与梦九。

夜点《吴志·周瑜传》。旋以听范珍珍苏滩于凯洛播音机,遂仅此一篇而止。

4 月 28 日 (戊辰三月初九日　戊戌) 星期六

晴,东南风烈。晨 64°,午后 70°,晚 68°。

依时入馆,编《参考书》。

夜饭后点《吴志·虞翻》、《陆绩》、《陆逊》、《陆抗》、《韦曜传》。全书预定之目已逐篇点讫,拟再分别剔理,更见删汰,即可着手注释矣。心头略舒,以其得一小结束也。

4 月 29 日（戊辰三月初十日　己亥）星期日

晴阴靡定,中夜雷雨。上午 66°,下午 72°。

晨间看报讫,与家人打牌四圈。饭后又续打八圈,至四时许而罢。适圣陶来访,因与偕出,汉、漱两儿从。至香粉弄方壶小饮,各饮一斤而归。方壶为新设之肆,犹未正式开张而坐客已满,盖一有名出售好酒之店也。酒味甚醇,而性甚长,至中夜犹浓郁如初醉焉。

夜仍听范少山、范珍珍苏滩。

4 月 30 日（戊辰三月十一日　庚子）星期一

阴雨闷湿。上午 70°,下午 72°。

依时入馆工作,仍编《参考书》。散馆时悉明日劳动纪念节,全馆停工。当晚六时即见军警戒严,不能通行,盖预防明日将有共党捣乱耳。停工与戒严遥遥相应如此,真好笑之事也,然而用心苦矣。

夜注《魏志·武帝纪》。

5 月 1 日（戊辰三月十二日　辛丑）星期二

晴。上午 62°,下午 68°。

早起写信与晴帆,亲往邮局寄快信。

竟日注《魏志·武帝纪》。

夜九时至十时听范少山、范珍珍苏滩。

5 月 2 日（戊辰三月十三日　壬寅）星期三

晴。上午 65°,下午 72°。

依时入馆。续编《参考书》。看王静安《人间词话》未刊稿及其他，载《说报》。

散馆归后即注《魏志·武帝纪》。晚饭前后看《大义觉迷录》开首两上谕，雍正于满洲之入主及己身之过失，断断致辩，刺刺不休。然欲盖弥彰，正示人以不广，无怪乾隆初政即吊缴此书而废阁不行也。

九时至九时半听新新蒋婉贞女子苏滩。听罢，复注《武纪》，至十一时就寝。

报载浙府会议，晴帆已调长海宁警所，想不日又须过沪赴杭矣。

5 月 3 日（戊辰三月十四日 癸卯）星期四

晴暖。上午 68°，下午 76°。

依时入馆，编《参考书》。

散馆后、晚饭后俱注《魏武纪》。至十时半乃睡。时间虽久，成绩不多，以翻检费时也。然一意为之，心无它虑，亦至自得。如此年头，不沉醉于酒则沉醉于书耳，馀复何求！

圣陶假我《掌故丛编》，盖近日故宫博物院所整理刊行之秘帙也。予亟欲定购而难于北京局面之非，当函托绍虞一办之也。

5 月 4 日（戊辰三月十五日 甲辰）星期五

晴暖。上午 70°，下午 75°。

依时入馆，编《参考书》。

夜注《魏武纪》。翼之五妹蔚若今午归苏，珏人送之登车。

晴帆书至，谓俟伯樵复书，或将先就海宁警所长也。

　　昨晨渤海舰队又来袭击吴淞,并由飞机投弹炸高昌庙及龙华、浦东等处,虽均击退,无大损失,而受无妄之灾者有人矣。同时报载日兵在济南行凶,肆意与北伐军捣乱,任意捕杀,开炮轰击。阅之发指,日本帝国主义者之敢冒不韪如此,飞机舰队之来实其主使。当局以妥协求全为上策,今竟何如! 思之心痛欲裂矣。

5月5日(戊辰三月十六日　乙巳)星期六

　　阴霾,时见细雨。上午72°,下午74°。

　　报载三日日兵虐杀新任交涉员蔡公时,并炮毁民舍,搜劫交涉署及外部办公处。死者千馀人,尚无确数。如此蹂躏,真似无人之境。日人目中尚有公法耶! 尚有中国耶! 愧愤交并,晨餐几不下咽。

　　依时入馆,编《参考书》。予同已由日本回,与谈甚久。

　　夜注《魏武纪》。

5月6日(戊辰三月十七日　丙午　立夏)星期日

　　阴晴间行,燠闷甚。上午71°,下午75°。

　　上午看报,并注《魏武纪》。十一时,圣陶来,因与同往新新酒楼,贺孙君立、鞠时仪结婚。午后三时始归。予不习番菜,每尝必感饱胀,今日当然不在例外也。

　　夜为本馆《教育辞书》撰一"自然地理学"专条,塞经农、觉敷之请也。

　　日内阁田中果大派军舰来华,分赴上海、福州、厦门、汕头,并增兵往济南。气愤蕴结,真欲哭无由也。试一返观我朝野,曾足应付一击否? 不禁浩叹!

5 月 7 日（戊辰三月十八日　丁未）星期一

晴不甚朗。上午 73°，下午 76°。

依时入馆，编《参考书》。

夜听无线电话，日本人作强北京语为济南暴行事反宣传。强词夺理，诬捏多端，闻之填膺切齿，恨不捉发话人脔切而肆诸市也。人方以我为鱼肉，我乃休休有容，以文明人自居，不惜卑屈苟安于一时，是之谓自辱，不可谓谋国之忠也。民族感情之下只有敌对，义和团乎！我今而后佩公等之精神矣！

注《魏武纪》，翻书多而振笔少，故颇需时日也。连日为之，所得亦仅二十馀纸而已。

5 月 8 日（戊辰三月十九日　戊申）星期二

晴阴兼施。上午 69°，下午 76°。

依时入馆，编《参考书》。

接晴帆信，知就海宁警所长矣。一星期后当可过此一晤耳。

夜饭后备注书，铁笙见过，谈至九时许乃去，予亦倦矣，遂辍笔就寝。

5 月 9 日（戊辰三月二十日　己酉）星期三

阴霾，早有细雨。有时微露日光。上午 70°，下午 68°。

今日以国耻停止办公一天，遂未入馆。

竟日注《魏武帝纪》，至夜十时始辍，得二千馀言。所得虽少，而自娱实多，盖如此参阅，方称读书也。故今日双料国耻，予亦稍减悲愤矣。

5 月 10 日(戊辰三月二十一日　庚戌)星期四

阴,细雨时行。入夜遂大。上午 64°,下午 66°。

上午依时入馆,未多作字。下午职工会召集全体大会,予最怕是等多人聚合而漫无结果之空场面,因愿作缺班,遂在家未往,与珏人等打牌八圈。四时三刻完事,挈漱儿在近旁闲眺。

夜续注《魏武纪》。只十四条,数百言,已及十时矣。畏失眠,即辍而就寝。

日军暴行未已,济南城已受轰击并占领。推其野心,不仍回到民四强占胶济全线不止,或且更事扩大也。对于长江一带及汕、厦、闽、沪各地,亦续派兵舰及陆战队前来示威,贼焰鸱张,犹复捏诬,谁其论之,只有速起自卫,杀以止杀而已。

5 月 11 日(戊辰三月二十二日　辛亥)星期五

阴霾。上午傍晚 66°,午间 68°。

今日《新闻报》载十日十二时电,南京市政府决改仪凤门为凯旋门,聚宝门为中华门,正阳门为洪武门(疑系洪武为正阳),朝阳门为中山门,神策门为自由门,丰润门为桃源门,海陵门为挹江门。

依时入馆,编《参考书》。知昨日开大会时钱经宇向吴致觉攻击,几致冲突,致觉拂袖而去,会场主席遂由他人代之,匆匆毕会。如此情形,开会反多事矣。为之浩叹。

夜注《魏武纪》千言。

5 月 12 日(戊辰三月二十三日　壬子)星期六

晴。偶雨即止便开朗。上午 65°,下午 71°。

依时入馆,编《参考书》。

夜六时赴陶乐春聚餐会,到丐尊、雪村、六逸、石岑、予同、调孚、东华、依伦及予共九人。伏园、春台及仲云、圣陶俱未至。九时许散,丐尊等入东方旅社,予与调孚乃归。抵家已十时半,被酒已深,即寝。

今日潏儿生日,彼适自校归,午间遂食面。

5 月 13 日(戊辰三月二十四日　癸丑)星期日

晴,陡热,夹衣难御矣。早 70°,午前 82°,午后 86°,晚 83°。

竟日未出,在书室注《魏武纪》。迄晚十时止,得十纸,约三千言。

午后取汤沐浴。

济南事件,日本依然强硬。驻沪日领且向交涉署提警告,阻遏民众反日言动也。倭贼乎!只有"以牙还牙,以眼还眼"之报复足以答告耳,其他尚何言哉!

5 月 14 日(戊辰三月二十五日　甲寅)星期一

晴。上午 70°,午 68°,下午 65°。

依时入馆,编《参考书》。与予同谈游日之感。《南明野史》付重排。

散馆后挈清儿出,购酒菜数事,归佐小饮。途遇仲云、伏园、春台,坚邀往方壶酌,以送儿归辞之。

夜小饮后即寝,盖昨晚以竟日注书故又失眠也。

5 月 15 日(戊辰三月二十六日　乙卯)星期二

晴朗。上午 62°,下午 68°。

依时入馆,编《参考书》。

散馆归,挈汉儿出闲步。夜仍小饮。

饮后,将已注《三国》各条分人、地、官、词、事五类集记于簿,便后查,且免复出也。此事虽不难,然甚费时也。故经始已半月,所得只万馀言耳。

梦九寄沛县歌风台拓片九张见赠,甚感之。

报载南京城门改名,确系正阳改洪武,谓纪念明祖与洪秀全革命之意也。见《南京市府会议录》。

5月16日(戊辰三月二十七日　丙辰)星期三

晴。早晚70°,午间72°。

依时入馆,编《参考书》,并写信两封与颉刚及梦九。下午五时与仲云同往上海大戏院看卓别林《马戏班》。遇予同。至七时半乃散归。

未入馆前又写信两封,一致晴帆,一致怀之并附翼之。

自戏院返,即晚膳。膳后仍注《魏武纪》。

夜失眠,至二时后始得合眼。

5月17日(戊辰三月二十八日　丁巳)星期四

晴朗。早64°,午68°,晚66°。

依时入馆,编《参考书》。

散馆后仍注《魏武纪》,至晚十时半始睡。但又不贴,十二时后乃得入睡也。予体如此不济,思之可叹,用力稍勤,即百不舒服,凡事皆嗟望洋,其何可望达彼岸哉!学问学问,其将从此终乎!

5 月 18 日（戊辰三月二十九日　戊午）星期五

晴，有风。上午 65°，下午 68°。

依时入馆，编《参考书》。

馆外全部注书，未他往。然仍注至建安十四年耳。晚十时半睡，又失眠。加之里中邻右人杂，出入频数，叩门叫嚣，嗾犬击器。平日已不胜扰，而辗转难寐时，尤倍觉可厌也。上海之居住问题真不易解决哉！

5 月 19 日（戊辰四月初一日　己未）星期六

晴。上午 69°，下午 74°。

依时入馆，编《参考书》。

散馆后与圣陶偕出，拟往方壶酒庐小饮，偶遇柏丞，遂同往。饮两瓶半，九时矣。即分途各归。少坐即睡，尚好眠。惟至三时后又数数醒，不及六时，瞿然起矣。

5 月 20 日（戊辰四月初二日　庚申）星期日

阴且时见细雨，下午晴。上午 71°，下午 74°。

晨九时，挈濬、清、汉三儿游城隍庙。十一时归，看报。午后本待注书，而圣陶来，乃同出，茶于冠生园新设之酒菜部。茶后徒步由北四川路而归。抵家已六时矣。

在开明购得《半农谈影》，返家一气读毕，颇有益，拍照要旨，略具于是矣。又在世界书局十局联合场之鸿宝斋购得《龙文鞭影》、《鉴略》、《史鉴节要》三种。此三种为我国原有之历史教本，在私塾时代颇占势力，今人皆知有历史教科书而忘此先辈矣。予特购之,以备他日作历史教学变迁史料用。

夜注《魏武纪》五六条,以翻书过多,颇不易为也。

5 月 21 日(戊辰四月初三日　辛酉　小满)星期一

阴霾。上午 72°,下午 75°。

依时入馆,编《参考书》。散馆后呼匠理发。

夜仍注《魏武纪》,得千馀言。

看《当代》第二及《东方》二五,三。中间以《美国文明的批评》、《上海娼妓问题》(俱载《当代》)及闻宥《殷虚书契孳乳研究》为涉历一过者,馀俱一为翻帼而已。

5 月 22 日(戊辰四月初四日　壬戌)星期二

晴,已有夏象矣。上午 71°,下午 78°。

依时入馆,编《参考书》。

夜仍注《魏武纪》,只有数百言。久不听范珍珍唱矣,特于今晚九时至十时就新新播放机摄听之。听毕即就寝,睡尚好。连日不能畅睡,今得此,无异大慰安也。

5 月 23 日(戊辰四月初五日　癸亥)星期三

晴朗,有风。上午 77°,午后 84°,晚 79°。

依时入馆,编《参考书》。

夜注《魏武纪》,仅三百言,以翻书时多,执笔时不逮十之一也。如此,全部告竣实无时日可预期矣。思之气馁。然更思之,日有所得,月有所积,安知不岁有所成乎,则又以鼓勇从事之为宜也。

5 月 24 日 (戊辰四月初六日 甲子) 星期四

晴,有风甚厉。上午 72°,下午 74°。

依时入馆,编《参考书》。下午则校《南明野史》卷中印样二十纸。

散馆归,铁笙过我,询晴帆状,予出书示之。相与叹晴帆之坚卧为不合时宜也。当官则当官耳,俗尘既集,奈何复迟回于书生之行径乎!

夜注《魏武纪》四百言,坐多翻书本故也。

5 月 25 日 (戊辰四月初七日 乙丑) 星期五

阴,下午雨,夜止。上午 72°,下午 70°。

依时入馆,校《南明野史》印样四页并复看一遍连昨二十四页。下午编《参考书》。接濬儿托予同带来信,知将小考,明日不归矣。且云曾发痧已好,甚念之也。

夜注《魏武纪》约千言。十时半睡,因天骤变凉,而今日新易一藤绷垫,颇觉异样,遂不好眠。体衰脑弱如此,恐六十老人不如是也,奈何未及四十而有诸乎!

5 月 26 日 (戊辰四月初八日 丙寅) 星期六

晴不甚明。上午 69°,下午 76°。

依时入馆,编《参考书》,并校《南明野史》复样廿四张。

散馆后无聊甚,乃独上高长兴酒楼小饮,食水饺一容而返。归途顺购蚊香及饼干。七时到家,进晚膳。膳后即注书,但不久便罢也。

5 月 27 日（戊辰四月初九日 丁卯）星期日

晴朗。上午 71°，下午 78°。

晨八时许，偕珏人挈汉、漱两儿往江湾，视潜儿于立达学园。十时许归。来去俱未赶上火车，故乘人力车以行。饭后，复挈清儿出，先过圣陶，继过晓先，圣则同行，晓则未晤。乃至中华书局及本馆发行所购书，遇调孚。因偕至北万馨进点，且就方壶楼上小饮焉。六时，各归。夜注《魏武纪》四条。

5 月 28 日（戊辰四月初十 戊辰）星期一

晴。上午 70°，下午 80°。

依时入馆，编《参考书》。

接晴帆书，知今晚将晤及。又接苏州吴宅报条，知勖初、致觉之太夫人已于前日酉时寿终。

散馆归，晴帆即来看我，因与同过铁笙，偕出小饮于方壶。九时许毕，十时乃归。

5 月 29 日（戊辰四月十一日 己巳）星期二

晴暖。上午 74°，下午 80°。

依时入馆，编《参考书》。

散馆后过雪村，谈，傍晚乃归。

夜注《魏武纪》千言。

作书唁勖初、致觉昆仲。

5 月 30 日 (戊辰四月十二日　庚午) 星期三

阴霾。晨曦尚鲜。上午下午均 76°。

今日为"五卅"三周年纪念日,馆中各部俱停业辍工。惟当局则力为戒严以杜捣乱。纪念何等重大,戒严是何意义,乃混为一谈,视民众曾豕狗之不若矣。昌言革命,所得如是,不革不将更愈于此耶!

下午二时许,予同、觉敷过我,谈移时去。

竟日未出,注《魏武纪》,至暮,垂二千言,《武纪》始毕。晚饭后注《文帝纪》,又得千言。十时就寝。

5 月 31 日 (戊辰四月十三日　辛未) 星期四

阴,午后微雨。闷。上午下午均 75°。

依时入馆,编《参考书》。致觉已到馆,面慰之。

读戴季陶《日本论》一过,于日本历史之背景、社会之组织、民族性之特征、政治中心之推移各端,多所研核,细入毫芒,真杰作也,胜读浮泛之《日本史》多矣。予于季陶,初不甚悉,止见其署名天仇之激暴粗豪文字耳。及读是论,乃服其精神之一贯而始终以中国传统思想为主观者也。

夜注《魏文纪》千馀言。

6 月 1 日 (戊辰四月十四日　壬申) 星期五

昙,午后晴。夜月好。上午 71°,下午 74°。

依时入馆,编《参考书》。下午则校印样。

散馆后与圣陶、予同等至开明编辑所访雪村,以今晚本拟聚餐也。乃久待不晤，因先归。嗣调孚来通知，已晤雪村，菜未定，当改期矣。

夜注《魏文纪》千言，并听新新播来之蒋婉贞苏滩。自上星期报载范珍珍与养母涉讼后，新新辍唱已久，今获此，聊可取偿而已。

6月2日（戊辰四月十五日　癸酉）星期六

阴霾。上午69°，下午75°。

依时入馆，校《参考书》中册印样四十页。

散馆后与致觉、圣陶同至方壶小饮。七时罢归，得听凯洛公司播来之新中国乐会演奏之《落花流水》《水龙吟》等曲。九时半就寝，即入睡，酒之力也。

6月3日（戊辰四月十六日　甲戌）星期日

阴霾。上午71°，下午74°。

晨九时，往访圣陶，同过晓翁谈。至十一时许即行，以先有约在开明吃饭也。及到开明，来者寥寥，至一时半始得食。三时毕，复与予同、圣陶、景深打牌四圈，六时许乃归。

今晚月蚀，先有公安局、教育局会衔告示，说明原理，禁止无聊辈动——护月，乃一届九时，爆竹之声仍聒耳欲聋，吾诚不知中国人究为何等民族也！

夜注《魏文纪》数百言。

6月4日（戊辰四月十七日　乙亥）星期一

阴晴兼施。上午71°，下午77°。

依时入馆，编《参考书》，并看李柏荣《记清故宫》稿。

昨晚特别戒严,九时前即不许通行。盖念护月之爆竹独超越禁令,依旧施放,为可异也。呜呼!有此万劫不复之民族劣根性,当然有此令不愿行之官吏,亦一贯之道也,又何尤乎!

夜注《魏文纪》数百言,并补选三篇。

午后乃乾见过,言其夫妇仳离状,予慰之。然已占脱辐,难于重圆矣。

6 月 5 日(戊辰四月十八日　丙子)星期二

晴不甚烈。上午 74°,下午 81°。

依时入馆,编《参考书》。以所选《三国志》十四本及注文一百十四页送馆,支第一批稿费。至晚尚未算出,予亦只得暂辍矣。故散馆后独出,小饮于善元泰楼下。七时许归。

报载张作霖回奉,将入沈阳,忽在皇姑屯车站被炸。张受重伤,吴俊升死。黎元洪亦在津病故。夜听日人方面无线电话,知赵欣伯已死车内,莫德惠亦重伤,张作霖神志不清,恐不能延。是等人死,只有称快。但此炸弹之来,决非日人所谓南军便衣队,而实为日本之阴谋,吾人不得不认清其作用而加以声斥也。

6 月 6 日(戊辰四月十九日　丁丑　芒种)星期三

晴暵风燥。上午 75°,下午 77°。

依时入馆,编《参考书》。《三国志》第一批稿已核数送还,计选文十一万七千五百三十四字,注文二万九千一百另三字,照算当可得二百六十二元。惟支单尚未开出,不识明日能否送来也?

悦之归苏过此,知其尊人今日生辰,因具礼托其带去。

6月7日（戊辰四月二十日　戊寅）星期四

晴燥，南风甚烈。上午76°，下午80°。

依时入馆，编《参考书》。下午校《新时代本国史》下册印样。

将散馆，茶房始将二百六十二元之支票送来，今日已不及往发行所支取矣。明日当早出一取也。

接仲弟函知近状尚好，又迁居歆生路老圃前面泰康里一百廿一号前楼矣。积日牵挂，为之稍释，殊自欣也。

夜注《魏文纪》六百言。

6月8日（戊辰四月二十一日　己卯）星期五

晴，风烈。上午74°，下午80°。

依时入馆，知振铎今日午后二时将抵沪。下午四时出，与圣陶、调孚同往本馆发行所。予取款后复与二君往冠生园茶楼晤振铎，盖预先电话约谈者。阔别经年，骤见大喜，但欲言正多，反成无语默对也。铎以初归须访亲戚，未及多坐即起去。予等三人乃过方壶觅饮，至九时始散归。酒意方浓，即睡，未涉笔触一字也。

6月9日（戊辰四月二十二日　庚辰）星期六

晴。上午70°，下午80°。

依时入馆，校《本国史》下册印样。散馆时，石荪来访，知其今春丧子，境甚困也。

振铎于午后三时来馆，散馆后与予同、圣陶、调孚偕之同出，茶于新雅。遇伏园及醉云。七时归。晚饭后听无线电话报告新闻，并播送票友清唱及苏滩等，遂辍事矣。

6 月 10 日 (戊辰四月二十三日　辛巳) **星期日**

晴暖。上午 69°，下午 78°。

晨七时许出，访圣陶同游虹口公园。遇调孚，且行且谈。至十时十分始出园。圣、孚先归，予则乘一路公共汽车径趋乃乾来青阁之约。至则乃乾未到而振铎已在。俟至十一时半，铎即归，而予乃在高长兴小饮，藉延时候之。至十二时许，乃乾始来。饭后同步附近一周，即别以归来。

看报，知蒋中正又辞总司令及军事委员主席矣。时局遽变，固在意计之中，予早料京津一下，中枢必动摇也。依然一争雄定霸之局，国难正未有已，革命成功，相去何啻万里耶！

夜注《魏文纪》千言。

6 月 11 日 (戊辰四月二十四日　壬午) **星期一**

阴晴兼施，傍晚后雨。上午 74°，下午 88°。

依时入馆，看周侯于《学文初基》稿。

写信两封，分复颉刚及晴帆。

夜注《魏文纪》千馀言，十一时始寝。

瀋儿本年上半期之学膳各费，今日交托予同带立达。

6 月 12 日 (戊辰四月二十五日　癸未) **星期二**

雨，大沾足。上午 76°，下午 74°。

依时入馆，上午编《参考书》，下午校所编印样之复样两种。

崇年寄《掌故丛编》四辑来，并邮票四元五角。盖端节朴社版税得十元，先已托开明转订此书，故扣找如数也。明日当书收条付去也。

夜注《魏文纪》垂千言,毕之。又注《董卓传》三百言。十时许就寝。

6 月 13 日(戊辰四月二十六日　甲申)星期三

早濛雨,旋放晴。晨 71°,午 75°,午后 78°。

依时入馆,校理印稿。写信复崇年。

晚六时到开明编译所聚餐,同坐有黎锦明、章雪村、郑振铎、谢六逸、徐调孚、赵景深、李石岑、周予同、叶圣陶、吴文祺及予十一人。傅东华原约未至,不识何故?八时许罢饮,随意嬉谈至十时十分乃得归。

6 月 14 日(戊辰四月二十七日　乙酉)星期四

晴和。上午 72°,下午 75°。

依时入馆,校《南明野史》印样,并撰《国际联盟》提要。

夜注《董卓传》千馀言。十时就寝,是晚安睡。

6 月 15 日(戊辰四月二十八日　丙戌　入霉)星期五

晴朗。上午 72°,下午 76°。

依时入馆,校《西洋往古的儿童》印样六十页。

散馆后与圣陶、调孚同振铎至其家,观所携归名画及邦贝古壁画摄影等。量多而质好,匆匆一翻,殊未能即遍也。如从容咀嚼,三日或未及尽其美耳。

薄暮,四人复偕出,同饮于方壶。九时许乃各归。十时睡,十二时醒,又辗转不寐,至三时后始略合眼。曙光甫现,里中声起,复蓦然惊觉矣。

6 月 16 日 (戊辰四月二十九日　丁亥　霉中) **星期六**

晴朗。早 74°, 午 82°, 午后 84°。

依时入馆, 校《往古儿童》印样。

上年度花红稀少, 在未定分配办法之前, 由馆中即借薪水一月, 暂作度节之用。俟办法定后再拟扣还方法。故予今日得借上年度相当之月薪一个月以归。

夜濯足剪趾爪, 未注书。

6 月 17 日 (戊辰四月三十日　戊子　霉中) **星期日**

晴热。上午 76°, 午后 87°, 晚 81°。

竟日未出, 注《董卓传》二千言。夜遂辍作。九时许, 将就寝, 叩户有声。推窗询之, 则子玉也。失踪迹者年馀, 不图突然来过, 欢忭之情, 反致无言。急延入, 纵谈别后事, 知渠在海阳县署任第一科长, 不写信者, 惧南中有书, 启当道之疑也。十一时半乃别去, 约明日下午五时, 予往看之。

6 月 18 日 (戊辰五月初一日　己丑　霉中) **星期一**

晴热, 夜细雨。上午 74°, 下午 86°。

依时入馆, 校理杂稿。

散馆后往霞飞路访子玉, 因与同出, 共饮于山东路之马上侯。九时许归, 已值小雨矣。夜热不能睡, 暴热之难受如此。予所最怕之炎季, 转瞬已临头矣。

6月19日 (戊辰五月初二日　庚寅　霉中) 星期二

闷热,下午濛雨。上午84°,下午88°。

依时入馆,续编《参考书》。

夜注《董卓传》,以不能挥扇,汗出如沈,遂辍作,仅得三百言耳。往后将如何,吾颇为此惧矣。

6月20日 (戊辰五月初三日　辛卯　霉中) 星期三

阴雨。79°。

上午入馆。下午以同人开大会事不愿往,遂在家注毕《董卓传》,并注《袁绍传》数百言。五时许出,过圣陶,同赴晓翁三十寿筵。坐无生客,颇欢洽。至十一时半乃归,路人稀少,幸未受阻于守望之兵卒也。

子玉本约昨来看我,今乃于六时来。以未晤予,少坐即去。订明日过我晚饭。

6月21日 (戊辰五月初四日　壬辰　霉中) 星期四

晴。上午74°,下午78°。

依时入馆,校《西洋往古的儿童》印样。又审查《地学丛书》例言及目录。

直隶省改为河北省,京兆区二十县并入。北京改为北平,与天津同为特别市。已见今报,盖经中央政治会议通过者。

散馆归,子玉即来,因与闲谈并对酌。至十时许,乃辞去。

连晚有事,未注书。

6 月 22 日(戊辰五月初五日　癸巳　夏至　夏节)星期五

晴。上午 77°,下午 82°。

今日端节,馆中放假。濬儿亦朝自校归,薄暮乃去。

竟日未出,除午后打牌四圈外,俱注《三国·袁绍传》。夜十时就寝。凡得千六百言。

6 月 23 日(戊辰五月初六日　甲午　霉中)星期六

阴,大风雨。上午 76°,下午 80°。

依时入馆,仍续编《参考书》。散馆后径到东华家,其家在四达里六十二号,与予同、景深、圣陶、调孚同往。未几,六逸至,乃合坐小饮。晚餐后,东华、予同、圣陶、景深、六逸轮流打牌,予则附予同焉。至十时半毕,即遄返。天雨无车,独行由中山路而归,颇惴惴。抵家已十一时矣。

写信复硕民。

6 月 24 日(戊辰五月初七日　乙未　霉中)星期日

阴雨,晚稍霁。上午 74°,下午 75°。

上午注《袁绍传》三百言。即午饭,午后与家人打牌八圈,五时许始罢。六时许,子玉来,因与同出,买蚊香、饼饵等,即合饮于高长兴。又谈至十时始各归。连日饮酒,体竟大坏,胃纳减而易致恶心,其胃病乎?

昨日以钞本《贼情汇纂》假觉明。

6 月 25 日(戊辰五月初八日　丙申　霉中)星期一

阴雨闷湿。上午 74°,午 77°,午后 79°。

依时入馆,编《参考书》。

夜注《袁绍传》七百言,毕之。

霉天湿重,所装无线电话收音机完全失效。

6 月 26 日(戊辰五月初九日　丁酉　霉中)星期二

阴雨闷湿。上午 79°,下午 77°。

依时入馆,编《参考书》,并为馆中复袁观澜,商榷张蔚西《地学[学]丛书》例目。

写信致王志成,为漱儿报名及为清、汉两儿预缴下学期学额费。信由清儿于明晨带校交去。

夜注《公孙度传》六百言。

6 月 27 日(戊辰五月初十日　戊戌　霉中)星期三

大雨时行,闷湿甚。上午 75°,下午 77°。

依时入馆,编《参考书》。

散馆归后注《公孙度传》二百言,毕之。夜又注《张鲁传》五百言。

气候困人,百无聊赖,惟注书尚可遣之耳。乃翻检多而秉笔少,连日以来只各数百言,欲速之怀,不免挫折矣。

6 月 28 日(戊辰五月十一日　己亥　霉中)星期四

阴湿,雨兼至。傍晚雷雹。上午 76°,下午 80°。

依时入馆,编《参考书》。写信致乃乾及晴帆。

散馆后,圣陶约出小饮。先至新月书店买适之《白话文学史》上卷及硕民代托购求之陈公博著党务论文单行本两种。继至马上侯酒楼,而雷雨忽至,乃大爽。饮后归家,八时许耳。但被酒,不能再事注书矣。

6 月 29 日(戊辰五月十二日　庚子　霉中)星期五

早雨,午间放晴。上午 76°,下午 77°。

依时入馆,编《参考书》。本拟往访柏丞,以其病卧多日也,虎如谓渠怕见客,遂不果行。

午前振铎来馆,因与圣陶、调孚同渠饭于新雅酒楼。

晚饭后,子玉来,陪出小饮于王宝和,归又十时矣。

6 月 30 日(戊辰五月十三日　辛丑　霉中)星期六

晴。上午 75°,下午 82°。

依时入馆,编《参考书》。写信致乃乾。

散馆归,注《张鲁传》二百言,毕之。方欲续注《曹真传》,而子玉来,乃与同出,饮于方壶。至九时散出,又同往新盖房屋之大世界一游。及返,已十一时矣。连日晚归,殊无谓,后当稍稍屏之也。

小说月报社赠予《雪人》、《赵子曰》、《老张的哲学》各一册。

予同告我,石岑已于昨日午后乘船赴法矣。突然而去,此君真惊鸿游龙之俦欤!

7 月 1 日(戊辰五月十四日　壬寅　霉中)星期日

晴。上午 78°,下午 80°。

　　晨看报讫,注《曹真传》。然报多需时,仅写百言,已饭矣。饭后圣陶来,因与同出,赴植仁一乐天约。至三时许,植仁乃来,又易至冠生园进茶点。五时出,游外滩公园。六时到王宝和酒楼,各饮两壶许而归。抵家已八时三刻矣。

7月2日(戊辰五月十五日　癸卯　霉中)**星期一**

　　晴,闷热,晚有雨。上午84°,下午88°。

　　依时入馆,编《参考书》。柏丞今日病愈到馆,知所患尚不十分厉害也。

　　下午本所职工会开改选大会,予遂未入馆。方拟摊卷注书,而振铎偕予同俱来,当将渠去国时存留予处之传奇、杂剧等理出交还,因与相将抵其家。有顷,三人仍同出,至来青阁晤乃乾。继赴冠生园饮冰,略得少苏喘息。傍晚,饭于晋隆,八时许乃散归。

　　立达已放暑假,濬儿今日归。

7月3日(戊辰五月十六日　甲辰　霉中)**星期二**

　　晨雨,旋放晴,大凉爽。上午79°,午后78°,晚76°。

　　依时入馆,仍编《参考书》。散馆归来,幼雄与俱行,为我诊察收音机之病理所在。迄不得要领,荷之而去。予甚感其诚焉。幼雄未去时,子玉亦来,直谈至九时方行,注书事只得搁起一边矣。

　　同儿体弱已甚,天气陡转,今日又发热矣。啐嘈不快,颇为之弗安也。

　　接颉刚夫人代复书,知方小病,甚念之。因即刻复一长信,劝其谢事节劳。

7 月 4 日（戊辰五月十七日　乙巳　霉中）**星期三**

晴,风爽甚。上午 74°,下午 76°。

依时入馆,处理杂事甚夥。暇则看适之《白话文学史》。

夜注《三国·曹真传》八百言弱,已十时,恐过奋失眠,即罢笔就寝。同儿已痊,而珏人又以积疲发热,夜间当为之少宁也。

致觉自遭母丧,信佛弥坚,每夜诵经,至于废食。予甚佩其愿力之弘也。勖初今有信来,托予物色暑校庖代之人,俾过其母开吊后即来沪大授暑期课也。但此间实无以应命,明早当快函复告之。彼昆弟各有见地,两俱可敬。

7 月 5 日（戊辰五月十八日　丙午　霉中）**星期四**

晴闷。晚尚爽。上午 74°,下午 78°。

晨写快信复勖初。

依时入馆,看《社会主义运动史》稿。

散馆后注《曹真传》仅百言,翻检典故,迄未能得,颇不高兴。

7 月 6 日（戊辰五月十九日　丁未　霉中）**星期五**

晴,闷热。傍晚雷雨。上午 79°,下午 80°。

依时入馆,续看昨稿。

夜注《曹真传》千馀言,典故一得,顺流而下,故颇爽手矣。

7 月 7 日（戊辰五月二十日　戊申　小暑　霉中）**星期六**

晴热。上午 79°,下午 85°。

依时入馆,看李希圣《庚子国变记》刻稿。又看适之《白话文学史》。散馆后本拟赴晋隆聚餐会,而允言突至,云昨自苏来,今晚即将上船回南通平潮市公安第六分局长任,用缺,借二十金。予颇讶其取之如寄而情又难却,遂与之。谈至七时许,去。予亦不及赴会矣。

夜注《曹爽传》五百言,以热汗难坐即辍作。

7月8日(戊辰五月二十一日　乙酉　霉中)星期日

午有阵雨,馀时晴。上午81°,下午83°。

上午看报,下午注书。凡得千六百言,《曹爽传》垂毕矣。

傍晚,子玉来。方谈,允言又来,盖昨晚未得成行也。坐久之,乃陪与俱出,饮于王宝和。十时始散归,独行而北,颇觉乏味也。予住沪虽久,仍不习深夜不归,张灯后反向外走,实感莫名其妙之惝恍耳。

影印《董刻盛明杂剧一集》为允言借去,携赴南通。归还何日,正是难说,以彼颠顸易忘,尽有遗落之可能也。

7月9日(戊辰五月二十二日　庚戌　霉中)星期一

晴热。上午81°,下午88°。

依时入馆,校复印书样及看华稿。阅《国闻周报》书评。

散馆归后注《曹爽传》四百言,毕之。夜饭后注《荀彧传》五百言。

晴帆书来,托查《古汇乐府》等价目。梦九昨亦有书来,托订杂志多种。予近怕噜苏,偏多纠缠,理则不胜其剧,不理又情不可通,为难极矣!

7 月 10 日 (戊辰五月二十三日　辛亥　霉中) **星期二**

晴热。上午 82°,下午 85°。

依时入馆,续看华稿。并写信复勖初。

散馆归,注《荀彧传》三百言。晚饭后,与家人打牌四圈。

天气骤热,坐卧欠安,夜睡遂大受影响。又兼里中人杂,中宵叫呼,习以为常,骤热则裸卧里中者股相叠,鼾相闻矣。欲迁则殊难得地,不动真活受罪也。

7 月 11 日 (戊辰五月二十四日　壬子　霉中) **星期三**

晴热,午间空雷。上午 85°,下午 88°。

依时入馆,续看华稿。散馆时过新同事张世禄君寓谈,移时而返。张君东大出身,新自厦门集美师范来者,浙江浦江人。

夜注《荀彧传》五百言弱,热汗既蒸,倦眼欲合,乃掩卷濯身就寝。如此滞迟,观成不知何日也?

在馆看适之《白话文学史》上卷毕,并写信与梦九。

7 月 12 日 (戊辰五月二十五日　癸丑　霉中) **星期四**

晴热。午后 89°,早晚 84°。

依时入馆,校《南明野史》印样。

夜七时,文祺过我,询曾子固文中人地数事,旋假《东坡年谱》去。

注《荀彧传》五百言,已十时,即就卧。苦热难睡而又兼恶环境,竟不能略安于眠息也。无论如何,下半年必得择地移家焉。否则神经衰弱将愈甚,或且从此葬送耳。

7 月 13 日 (戊辰五月二十六日　甲寅　霉中) 星期五

晴热。有风。上午 83°，下午 88°。

依时入馆，校《五代史》印样。

散馆归，注《荀彧传》四百言，毕之。夜饭后注《钟繇传》，以邻右叫嚣心烦，遂罢之。仁馀里之环境坏极矣。而我家迁延五载，一不移动，亦可谓忍耐坚卓乎！

晚八时半，子玉来谈。至十时去。

7 月 14 日 (戊辰五月二十七日　乙卯　霉中) 星期六

晴热，有风。晨 84°，午后 90°，晚 86°。

依时入馆，校《五代史》印样。

散馆归，注《钟繇传》。晚饭后赓为之，至十时而寝。共得千一百言。明日休假，或有人来访，恐不能安坐续注也。

7 月 15 日 (戊辰五月二十八日　丙辰　霉中) 星期日

晴热。上午 83°，下午 90°。

朝曦未上，予已起床，盖夜来残热留室，扰人使不安也。

上午看报讫，即坐定注书。至下午四时许，得千三百言，毕《钟繇传》。子玉适来，乃与同出。购蚊香等数事后，即共饮于高长兴。夜九时半乃散归，予乘车抵家，已十时许矣。子玉较多饮，不识扶醉归去得弗蹉跌否？至念。

7 月 16 日 (戊辰五月二十九日　丁巳　霉中) 星期一

晴热，闷苦，夜空雷阵。上午 84°，下午 92°。

依时入馆,看《中国史学史》稿。柏丞于昨晚赴牯岭讲演,往返约需旬日,部中事遂代为照料之。

散馆归后,注《陈思王传》二百馀言,汗渍透衣,头眩目花,只得罢手。热天予所最怕,百无一可,正为此等处耳。然四时迭代,各有其分,且为期久暂,似亦有定,固莫可如何者,而予心终有夏日苦长之感。殆见恶过甚,乃觉其倍长耶?

7 月 17 日(戊辰六月初一日　戊午　霉中)星期二

晴热,午后阴翳,夜小雨。早晚 86°,午后 92°。

依时入馆,校印件甚夥,竟未一刻息也。

夜畏热不作事,遂辍注《三国》。倚榻闲看而已。

7 月 18 日(戊辰六月初二日　己未　出霉)星期三

晴,较昨为凉。上午 82°,下午 85°。

依时入馆,看郑鹤声《中国史学史》稿。

散馆后本约圣陶同出小饮,以子玉挈其女来我家,遂具酒留之,未果出也。谈至晚十时许乃去。予因未作一字。

今日报载江苏省府会议已决定迁省会于丹徒县,仍复旧府之名,改丹徒为镇江县。诸公清兴,惟在名物字眼上打旋,以后当可应此吉谶,永镇江海矣。一载以还,时见沪北倏起倏灭之征收机关大张"红谕",方讶清制之复行,整幅红纸之刺目,以为与民更新之政决不当尔者;而今盱衡南北,先后一拨,始恍然于予之浅狭,盖此正目下时行之美政也。

7月19日（戊辰六月初三日　庚申　初伏起）**星期四**

雨。午后时下时止，不大。上午78°，下午79°。

午前未入馆，在家注《陈思王传》六百言。饭后圣陶见过，因共入馆。到馆后仍看郑稿，未及他事。

夜拟续注书，而眼倦神疲，竟写不多字而罢。

7月20日（戊辰六月初四日　辛酉　初伏中）**星期五**

上午阴雨，下午放晴。上午84°，下午85°。

依时入馆，校冯攸译《蒲寿庚事迹》六十页。

热河、察哈尔、绥远三特区早有改省说，热、绥名仍旧，而改察哈尔为集宁省，盖以平地泉新设之县为省治也。昨报，阎锡山呈请中央改三区为省则又稍异。其计画：以察区之丰镇、陶林、凉城、集宁四县编入绥远省，仍治归绥；热河省仍旧；以原属直隶口北道各县编入察区，省治仍在张北，省名则拟定上谷、口北、开平、兴和四名备采择云。不识国府将如何批核也？

夜八时，文祺来。九时至十时注《陈思王传》，得六百言弱。

昨今两夜，同儿又以伤风发热，甚忧其体弱也。

假自幼雄之无线电话收音机，今日午后五时送还之。

7月21日（戊辰六月初五日　壬戌　初伏中）**星期六**

晴热。上午82°，下午88°。

依时入馆，校《唐宋元时代东西通商史》（即《蒲寿庚事迹》）。

今日发薪，将预借抵花红之款扣还一天，计四元三角八分。以后将于每月今日以次扣还。

散馆后过圣陶，偕其父子同出，小饮于高长兴。夜八时归。

辍注《三国》，仅于晨起写二百言耳。

7 月 22 日（戊辰六月初六日　癸亥　初伏中）星期日

晴热，略有云翳。晨 84°，午后 89°，晚 87°。

晨起看报后，文祺来，因与谈选注《通鉴》事。渠去而予开手注《陈思王传》，至午后六时止，凡得千四百言。

今晨愈昭来，赠其儿像片二帧。

7 月 23 日（戊辰六月初七日　甲子　大暑　初伏中）星期一

晴热，傍晚风阵，无雷。上午 86°，午后 92°，晚 85°。

依时入馆，校件山积，不悉记名。

散馆后注《陈思王传》千二百言。

天热，夜睡不安。珏人及同儿又不甚健适，更觉欠宁贴也。

看陶希圣《亲属法大纲》，甚感兴味。彼于我国之宗法，极有研究，故原原本本，殚见洽闻有如是耳。

7 月 24 日（戊辰六月初八日　乙丑　初伏中）星期二

炎热。上午 86°，下午 90°。

依时入馆，处理校件。

夜热不能亲案，遂辍事。文祺来，谈注《通鉴》甚久。

报载废约改订大遭各国反对，日本尤暴横无理。惟美国素无特殊利柄于中国，故颇唱好听之论调焉。国势如此，而当局者犹务殖权并兼，不知是何心肠也！

7 月 25 日 (戊辰六月初九日　丙寅　初伏中) **星期三**

晴,炎暑。上午 85°,下午 91°。

依时入馆,处理校件。并写信四封。

晚以热故,废注书业。

允言别已浃旬,讫无只字见遗,是真不信之甚矣。

7 月 26 日 (戊辰六月初十日　丁卯　初伏中) **星期四**

炎热,午后雷阵,不大。上午 86°,午后 91°,晚 86°。

上午准时入馆,看刘侃元《相安一时之诊断》,载《革命评论》十二期。对于时局解剖颇中窍要,有数之时论也!

下午未入馆,在家注《陈思王传》千三百言。热汗频挥,颇苦。

傍晚铁笙来,谈晴帆事,少坐即去。

夜八时许,子玉来谈,至十时许去。

7 月 27 日 (戊辰六月十一日　戊辰　初伏中) **星期五**

热闷,午前后有阵雨。夜雨。上午 85°,午后 87°,夜 82°。

上午依时入馆,校出复样七十张。并看胡适之《名教》载《新月》中。《名教》议论甚透辟,于国人迷名字、名分、名教等等短处揭发无遗。在《新月》中可称极左之文字矣。

下午未入馆,在家打牌四圈。夜雨骤凉,得早眠。惟左邻丧主,竟夕哭泣,并杂糅法器声,多少又受影响矣。

7 月 28 日 (戊辰六月十二日　己巳　初伏止) **星期六**

晴明,较昨前大凉。上午 79°,下午 80°。

上午依时入馆,校印样及写信与晴帆。下午馆中停止办公,遂过访子玉于鹤鸣里四号之新居。因同访小鹣于艺苑。适值他出,未得晤,复折返,对饮于高长兴酒楼。晚八时许散出,购饼饵数事而归。里口有人家称庆,热闹极矣。里中一般露宿者咸麇集听唱,行走乃大通畅于往日也。

7 月 29 日(戊辰六月十三日　庚午　中伏起)星期日

晴,凉爽有秋意。上午 76°,下午 81°。

晨起整理书架,并看报。旋即注《陈思王传》三百言,未几,午饭矣。饭后过圣陶,拟与同访晓先,适值他出,遂独往焉。晤谈至四时而归。

子玉本约来谈,未见至,想耽他故耳。

7 月 30 日(戊辰六月十四日　辛未　中伏中)星期一

晴。上午 77°,下午 84°。

今日起,所中放暑假,至八月十五日止,每日上午八时至十二时工作,下午停。到馆时遇柏丞,盖已于当晚返沪也。

予体不爽,左偏头痛,下午在家不能作事。倚榻看陶著《亲属法大纲》而已。

翼之来,旋出看其弟悦之,傍晚偕至。因具酒小饮焉。翼之宿予斋中。夜谈至十时始睡。

7 月 31 日(戊辰六月十五日　壬申　中伏中)星期二

上午晴,午后阴,傍晚雨。上午 79°,午后 84°,晚 80°。

上午依时入馆,校《南明野史》及看计编常识。

下午在家注《陈思王传》一千馀言,七时止。

翼之早出,归来已晚,竟未在此一餐,夜与谈久之,十时许始睡。

8月1日(戊辰六月十六日　癸酉　中伏中)星期三

午间阵雨,上午下午霁。上午81°,午后86°,晚84°。

上午依时入馆,看《中国文化史》稿,稿为湘人曹辛汉所编,断自周末,雪村委托代审者。

午刻归饭,翼之阻雨未得行。饭后乃共打牌八圈,俟六时五分沪常区间车以西。

8月2日(戊辰六月十七日　甲戌　中伏中)星期四

午前微阴,午后晴。上午81°,下午83°。

上午依时入馆,看毕曹稿,送还雪村。

下午在家注《陈思王传》千二百言,毕之。

五时许,子玉来,因与共出,小饮于方壶。十时乃散归。予每与子玉共饮,辄需二小时以上,深谈浅酌,颇有味乎其境界之妙而不忍遽舍也。是亦奇缘矣。

8月3日(戊辰六月十八日　乙亥　中伏中)星期五

上午晴,近午大雨,午后时作。上午82°,下午81°。

上午依时入馆,看郑稿《史学史》。并将所注《三国》自一一五至二四二共一百二十八页交由叔迁转出,作第二批算稿费。明后日当可得分晓也。

下午,坐雨注《王粲传》七百言。

据各报消息,错综参合求之,时局实已臻紧张之度。桂系大活跃。阎托病归晋。冯虽来京,所部或将与桂、阎冲突。蒋有下野势。特委会又将复现,五中全会或受影响。凡此种种,俱非佳朕。局面果变,则各地党部指委中之革命分子又必大遭捕杀也。一瓜屡摘,吾不暇为国民党悲,茫茫神州其将从此陆沉乎!

8 月 4 日(戊辰六月十九日　丙子　中伏中)星期六

阴,时雨。傍晚尤大。上午 79°,下午 80°。

依时入馆,下午仍息。在馆看郑稿,并读予同所作《朱熹》引言及略翻内容。

饭后批注《全国行政区划表》,将近来名称变革一一记入之。

注《王粲传》四百言。打牌四圈。夜小饮。

8 月 5 日(戊辰六月二十日　丁丑　中伏中)星期日

晴和。上午 78°,下午 82°。

竟日未出,看报外即注《王粲传》。至下午六时,凡得二千二百言。

夜小饮,早睡。

8 月 6 日(戊辰六月二十一日　戊寅　中伏中)星期一

晴。上午 80°,下午 83°。

上午照常入馆,看毕郑稿,批评语送柏丞。

下午在家注《王粲传》九百言,毕之。又注《毋丘俭传》百馀言而罢。

8 月 7 日(戊辰六月二十二日　己卯　中伏止)**星期二**

晴。上午 79°，下午 85°。

上午依时入馆，校印样及样书等。并写信三封分致颉刚、翼之及勋初。

下午修妹归，因打牌四圈，未注书。

8 月 8 日(戊辰六月二十三日　庚辰　立秋　末伏起)**星期三**

晴。上午 80°，下午 84°。

上午依时入馆，改订样书多种。

下午与圣陶往古物书画流通处看书画。旋在冠生园饮冰，又往高长兴小饮，七时归。少坐即睡。

8 月 9 日(戊辰六月二十四日　辛巳　末伏中)**星期四**

晴，闷热。午后微雨。上午 83°，午后 87°，晚 83°。

上午依时入馆，校印件。下午在家注《毋丘俭传》六百言。

大学院审定批回本，指摘处不惟不中肯，且竟有大谬不然者。如此烂竽充数，居然挟政治之力以临人，真欲令人气破肚皮也。一按其人，率北京高师及北大之学生投奔蔡元培营谋差缺不遂之流，随手位置者，则又不必为之认真矣。惟学术界亦牵连腐化，终觉耿耿难已耳。

8 月 10 日(戊辰六月二十五日　壬午　末伏中)**星期五**

阴雨。闷甚。八十二度。

上午依时入馆，仍续编《参考书》。下午在家注《毋丘俭传》六百言。

《三国》第二批支单已开出送到,计三万一千一百八十五字,酬一百五十六元。

晚饭前后,各打牌四圈。

8 月 11 日（戊辰六月二十六日　癸未　末伏中）星期六

上午阴雨,下午晴,夜大雨。八十二度。

上午依时入馆,仍编《参考书》。下午往访子玉,与之同出,小饮于高长兴。自四时半起,至八时三刻始罢,亦云久矣。相将出,购果物而归,已十时矣。不作痛饮多日,偶一为之,亦足乐也。

夜归濯身,看李爱伯《越缦堂诗话》。手倦抛书,遂入睡。

8 月 12 日（戊辰六月二十七日　甲申　末伏中）星期日

晴不甚朗。饭后时闻淅沥。上午 82°,下午 84°。

上午看报讫,注《毋丘俭传》七百言,毕之。

下午无憀,偃卧一小时。起读放翁诗二卷。

写信复铁笙。

8 月 13 日（戊辰六月二十八日　乙酉　末伏中）星期一

晴,较昨稍热。上午 80°,下午 85°,晚 80°。

是日未入馆。上午看报后注《诸葛诞传》一千一百言。下午又注七百言,至四时乃辍笔出,往本馆发行所取款。旋在文明书局购得话匣一具、唱片十三张以归。自无线电辍响,久不闻乐矣,此后有暇,当可略聆各曲耳。

夜将十三片试完,有一片重复,两片不佳。不佳者听之,重复则明日不可不往一换也。

8月14日(戊辰六月二十九日　丙戌　末伏中)星期二

晴。上午81°,下午84°。

上午依时入馆,校《南明野史》上卷印样。下午在家注《诸葛诞传》八百言。四时半出,至文明书局换片,并添购六张。旋归小饮,九时寝。寝前试新片,颇清越也。

8月15日(戊辰七月初一日　丁亥　末伏中)星期三

阴霾,近午雨,即止。上午81°,下午84°。

上午依时入馆,校昨件。明日起,应照常九时至四时半矣。

归饭见翼之信,知其一房三口,病倒不支。窘迫无法,商借二十元。因即匆匆草复,令潜儿亲赴邮局汇出之。

午后注《诸葛诞传》五百馀言,毕之。已将五时矣,因呼酒小饮焉。晚饭后听唱片四五张,乃寝。

8月16日(戊辰七月初二日　戊子　末伏中)星期四

阴,闷燠,时见雨。上午81°,下午83°。

上午入馆,校阅样书及印件多种。下午假在家,注《邓艾传》八百言弱。入夜小饮,听片多时而寝。

清陵被毁,已见报多日,为直、鲁残军改编者之所为。凡毁乾隆及西太后两所,珍宝已失固不必计,而析骸暴骨为状甚惨(据云西太后面目尚未全坏,乾隆之发辫及肋骨俱狼藉穴外)。盗军本欲再发,以掘至康熙葬所地冒黄水而止。是虽带有神话意味,然祸止及于乾隆与西太后,亦足奇矣。试按两人行事所种之恶因其殆可数邪!

8 月 17 日 (戊辰七月初三日 己丑 末伏中) 星期五

晴热。上午 81°,下午 84°。

依时入馆,审查外稿及样书校件多种。午后且续编《参考书》。

散馆出,与圣陶同至北四川路良友社购得《北伐画史》一册以归。

连日大凉,今乃回热,如感初暑,颇不适。晚饭后,笔既懒动,即开唱片亦畏难而罢。竟宵不得贴然,殊以为苦。

子玉书来,谓骝先晋京,尚未之见,据旁人云,未必顾念旧交也。果尔则人情可想,真不寒而栗矣。

8 月 18 日 (戊辰七月初四日 庚寅 末伏止) 星期六

晴热。上午 82°,下午 86°。

依时入馆,仍编《参考书》。

散馆归,与圣陶偕,听唱片数张。内弟老四来,留其小饮。

连日以闷热,辍作久矣,明日又须出游,藉钱仲云大概仍不能写一字也。

8 月 19 日 (戊辰七月初五日 辛卯) 星期日

晴热。上午 83°,下午 88°。

晨起看报讫,注《邓艾传》四百言。是午祀先,有亲戚来吃饭。饭后出,赴开明书店编译所约。诸友陆续来,乃同赴兆丰公园游。园在静安寺西极司斐尔路,以汽车往,需三刻钟。地甚幽静,而宏敞类虹口公园,公共租界三公园,此其首选矣。徜徉其间久

之。夕阳西下,始驾车东返,集饮于万云楼。初拟在致美斋,适以
召盘故谢客,遂改赴于此。合坐凡十三人,分两席。予同、六逸、圣
陶、雪村、东华、景深、仲云、文祺、欣庵、云彬、吴女士、君匋及予也。
十时兴阑,乃分途各归。

8月20日(戊辰七月初六日　壬辰)星期一

晴热。上午83°,下午89°。

依时入馆,仍编《参考书》。

接颉刚快信,知渠一时行不得,将暂留半年。托询徐中舒以余
永梁返粤期,欲便带皮衣也。当为致书转达之。

圣陶之子女至善、至美来吾家,盘桓竟日乃归。

夜听片四面。

8月21日(戊辰七月初七日　癸巳)星期二

晴热。上午82°,下午86°。

依时入馆,下午三时半即散,以徐家汇天文台报告昨日最高温
度在九十四度以上也。新例方兴,将来正多意外休息耳。归后注
《邓艾传》五百言弱。为清儿动气,半晌不怡。夜小饮二杯。

作书复颉刚,谓皮衣如无便人,将由邮局打包寄上也。

8月22日(戊辰七月初八日　甲午)星期三

晴热。上午83°,下午88°。

依时入馆,续编《参考书》。散馆归后注《邓艾传》四百言。

浒关乡亲表嫂及表侄女来。询悉舅父及姨母俱安好,颇慰。

8 月 23 日 (戊辰七月初九日　乙未　处暑)**星期四**

晴朗。上午 81°,下午 87°。

上午依时入馆,仍编《参考书》。接子玉快信,商贷二三十金,因即汇二十元与之。下午因珏人伴同乡亲出游,家下乏人照料,遂未入馆,注《邓艾传》五百言。

8 月 24 日 (戊辰七月初十日　丙申)**星期五**

晴热。上午 84°,下午 86°。

依时入馆。接中舒信,知永梁住四川路青年会宿舍五〇一号,因于饭后令阿二持颉刚所托交之皮衣一包送去。

天复热,颇怕动,遂未能于散馆后再事注书也。

8 月 25 日 (戊辰七月十一日　丁酉)**星期六**

晴,午前仍霾,然旋霁。热甚。上午 86°,下午 90°。

依时入馆,仍编《参考书》。余绍孟复片,谓皮衣已收到,当代交颉刚。

天热不能作事,又辍注书。

接梦九挂号信,托配书籍,并谓所注《汉书》稿又有一批寄出矣。但该件尚未见到也。

甪直旧生方仲逵见访于馆中,知彼近在上海为布庄坐庄,住北京路瑞康里口福裕当内陆同福布寓。

8 月 26 日 (戊辰七月十二日　戊戌)**星期日**

午前晴,午后微阴,四时后大雷雨。上午 86°,午后 92°,夜

85°。

看报后方展书欲注，而邮局以汇杭子玉信退归，云本人已离馆矣。颇讶其突兀，拟于饭后一访其家。少顷，子玉来，谓昨日归，将再往杭，或竟赴浦江一行也。予即以退回函交之，仍请到杭兑款。午后，子玉去。予冒暑注《邓艾传》五百言，然右眼竟起粘眵，不得不停笔收书矣。

收书甫竟，雷雨忽至，霙焉滂沱，窗牖悉闭，益闷。及潮止，启窗纳凉，稍好矣。入夜又淅沥不已，气乃大凉。

8月27日（戊辰七月十三日　己亥）星期一

阴雨。七十八度。

上午依时入馆，看胡适《禅学古史考》，载最近《新月》中。

下午不愿着雨具，未往馆，在家注《邓艾传》，至四时罢，得七百言。

夜小饮。睡后受凉，半夜作呕。嚼食永安堂虎标八卦丹始止。

8月28日（戊辰七月十四日　庚子）星期二

晴，凉矣。上午74°，下午78°。

依时入馆，仍编《参考书》。姚名达君过访，谈移时始去。

将梦九寄来《汉书注》稿交叔迁，并即复书告收到。

颉刚挂号寄广雅书局所刻书两包来，中有两部不全，疑其分期付邮，此次当非全帙也。俟数日再说，如无续到当函询之。

8月29日（戊辰七月十五日　辛丑）星期三

晴。上午75°，下午78°。

依时入馆,仍编《参考书》。

颉刚信来,寄书账来,并云书凡六十一本,分七包寄出。则昨得两包乃其第一批耳。

连夜以儿童喧嚷,不能宁坐,遂辍注书。

今日始去葛衣。

8 月 30 日 (戊辰七月十六日　壬寅)星期四

晴,较昨为热。上午 76°,下午 82°。

依时入馆,看《现代政治思潮》稿。

夜饭后注《邓艾传》四百馀言,毕之。

8 月 31 日 (戊辰七月十七日　癸卯)星期五

晴,又热。上午 80°,下午 84°。

依时入馆,校《唐宋元时代中西通商史》印样。撰《现代政治思潮》提要。

濬儿今日午后到校,明日立达开学矣。学膳各费即交其带去缴纳。

心绪大劣,百无聊赖,因辍事。

天又热,复御葛。

9 月 1 日 (戊辰七月十八日　甲辰)星期六

晴热。上午 80°,下午 84°。

依时入馆,校《唐宋元时代中西通商史》印样。

梦九二批《汉书注》酬资已开出,计四百十六元。散馆后亲往发行所支得,即交一百二十元与柜友章君,托照梦九所开单配购付邮。不敢稍留,便乘车返。别人之款,较自己所有尤为担心也。

夜小饮。饮后听唱片六七面,即寝。

9月2日(戊辰七月十九日 乙巳)星期日

晴。上午78°,下午83°。

晨看报。上午十时至下午三时注《钟会传》一千一百言。

濬儿自校归,饭后偕清儿同至本馆发行所配购教科用书。当天即回江湾。

9月3日(戊辰七月二十日 丙午)星期一

闷。上午阴晴不定,下午雨。中宵大雷雨。上午80°,下午82°。

依时入馆,校《参考书》印样。

振铎今日复任《小说月报》编辑,圣陶仍回国文部。

催询韦君稿费,柏丞转岫庐言,只肯出三元一千字。追维昔日,不禁怆叹。设韦君而今犹显赫,不识将复作何态?中心不平,大为不怡,伧侩真难与言道哉!

9月4日(戊辰七月二十一日 丁未)星期二

晴,木樨蒸。上午79°,下午84°。

依时入馆,修订《欧洲近世革命史》稿,稿为陈叔谅作,署王云五校,予盖尽傭书受雇之本色也。

颉刚所寄书全到,以邮差耽懒故,仅以招贴投予家。饭后因饬馆役阿二往十七分局提取之。归而检之,颇有缺页,拟陆续检清后,书单托颉刚转向广雅一补之。夜即检书。浴而后寝。

发行所柜友章君将郑君配书原单及配就之定单发票并馀存大洋十二元小洋拾角付馆役交来。甚感其勤敏。明日当先将此项单据挂号寄梦九。

9 月 5 日（戊辰七月二十二日　戊申）星期三

晴,仍热。上午 78°,下午 81°。

依时入馆,续看陈稿。并写信三封分寄苏、徐、松三处。

散馆归,检广雅书,续现缺页甚多。

夜小饮,饮后开唱机自娱。

9 月 6 日（戊辰七月二十三日　己酉）星期四

阴晴不时,闷甚。上午 79°,下午 83°。

依时入馆,仍看陈稿。韦君稿费仍未开到,真可恨。

散馆后与振铎同往发行所,彼则支取版税,予则为梦九配书。以柜友章兆年正忙于应市,遂将书单并钞洋一百六十元交由慰元托转代配代寄。旋偕出,饮冰于福禄寿。傍晚乃各归。

报载昨日中央政治会议决议,准加入美国发起之《非战条约》。又决照内政部审议案,改热河、察哈尔、绥远、西康、青海各特区为省。五省省府组织,委员暂定五人,设民、财二厅,并将配设教、建等厅;馀 照《省府组织法》办理。疆域:旧直隶省、口北道各县划归察哈尔,察哈尔原划绥远之丰镇、凉城、兴和、陶林四县仍归还绥远,其馀新省各依原有区域。治所:热仍承德,察治万全,绥仍归绥,康仍康定,青海则仍借驻甘肃、西宁云。

9月7日（戊辰七月二十四日　庚戌）星期五

阴晴不定，南风甚厉。上午83°，下午85°。

依时入馆，上午看毕陈稿，下午看计编《常识教科书》第八册稿。韦君稿费仍未到，会计科之荒唐极矣！无论有意留难或无心迟缓俱当有以创之，则公司前途，庶几有救。奈此卑懦劣庸之当局不之省何！

散馆归后，注《钟会传》六百言。闷懊难忍，只索罢了。

9月8日（戊辰七月二十五日　辛亥　白露）星期六

闷热不见罔晴。早起82°，旋升至85°，午后86°。

依时入馆，校《南明野史》印样，修订《新时代本国史》上册样书，并看毕计编《常识教科书》。韦休稿费仍不来，严函促会计科，乃于下午二时许始送到。本拟散馆后亲自送去，适其夫人来询，即交伊带去，予遂省此一行。

归后无聊，沽酒独饮，饮后听唱片为娱。

介泉游普陀返杭，今午来馆访圣陶及予，因共往新有天吃饭，略叙久别之情。饭毕，渠即赴站登车，予与圣陶亦遂散归。

珏人往过圣陶夫人，同赴三大公司购物。

9月9日（戊辰七月二十六日　壬子）星期日

晴，略转西风。早82°，近午起，俱84°。

竟日未出，注《钟会传》七百言。

本拟过韦君谈，以怕穿长衣而罢。

圣陶夫人来，与珏人同出购物。

9 月 10 日 (戊辰七月二十七日 癸丑) 星期一

晴,大爽矣。晨 76°,午前及晚 80°,午后 82°。

依时入馆,校《南明野史》并作书四封。

托章兆年君所配之书,多日无回音,因于散馆后与圣陶同过发行所一为探询,并为晴帆购《奢摩他室曲丛》一、二两集。知兆年配书,售缺者多,故须略俟再结。《曲丛》则购就后即托美术柜友径寄晴帆矣。

自发行所出,即偕圣陶上高长兴酒楼,相对小饮。七时许罢,又往冠正帽店各购呢帽一顶而归。

9 月 11 日 (戊辰七月二十八日 甲寅) 星期二

晴爽。早 76°,午前后 80°,晚 78°。

依时入馆,补作《本国史》"北伐成功与最近外交"章。

夜注《钟会传》四百言。

写信问怀之以翼之病状。以久不得信,并不悉翼之已否下乡开学也。

愈昭来商,欲集一三百元会,邀予加入一会,每两月出二十元,三年清。予嫌期长累解,颇畏之,但格于情面,允焉。

9 月 12 日 (戊辰七月二十九日 乙卯) 星期三

晴,较昨略热,时细雨。上午 80°,下午 83°。

依时入馆,续成昨作,并校复样多种。

夜注《钟会传》四百言,毕之。又注《华佗传》二百言。

9 月 13 日（戊辰七月三十日　丙辰）星期四

阴雨，有大风，背风则闷热。上午 80°，下午 82°。

上午入馆，校《参考书》复样。下午未去，在家注《三国·华佗传》千一百言，毕之。所选《魏志》已集事矣。晚饭后着手注《蜀志·先主纪》，以倦罢，呼水濯身乃寝。

晚饭前小饮，珏人为治数肴，甚甘之。

9 月 14 日（戊辰八月初一日　丁巳）星期五

风雨飘忽，闷湿如霉中。80°。

上午依时入馆，校《唐宋元时代中西通商史》。下午未往，就家中注《蜀先主纪》千一百言。夜以苦闷，不能就灯，遂辍事。

平伯送我所著《杂拌儿》，闲加浏览，味乃隽永。

9 月 15 日（戊辰八月初二日　戊午）星期六

风雨如昨，彻宵不休。80°。闷燠难耐如霉中。

上午入馆，续校《中西通商史》印样，毕一批，送出版部。下午仍在家注书，凡得《先主纪》注千四百言。

濬儿雨中归，遍体沾湿矣。

连日气候恶劣，行住都非，沉闷之象，不啻为现在政局写照也。

9 月 16 日（戊辰八月初三日　己未）星期日

竟日雨不止，湿甚。上水。77°。

秋霖扰人，竟日未出。雪村约在大西洋午餐，亦惮于冲冒雨湿，遂未果往。既绝出念，乃得安坐，除看报外，一意注书。自晨十时至晚九时,凡得《蜀先主纪》注三千一百言。自展卷开注以来,从未有如今日之大有成绩者,为之一喜。

潜儿下午仍冒雨返校。

9 月 17 日（戊辰八月初四日　庚申）星期一

晴、阴、雨兼作。晴较多。上午 74°,下午 76°。

依时入馆,校《中西通商史》印样。散馆后呼匠理发。

夜饭后注《先主纪》七百言。嗣即翻检为多,竟未能再增一字也。

连日秋霖,各处已多有水灾风灾之警报矣。

9 月 18 日（戊辰八月初五日　辛酉）星期二

晴。上午 73°,下午 76°。

依时入馆,校《中西通商史》。

散馆后与圣陶、振铎出,先过铎家,继至永安、先施一行,伴铎看家具。无当意者,乃往福州路民乐园小饮,进馄饨鸭。较前与晴帆在大中楼吃者似逊色矣,然者店新开,以广告之号召,生涯正如初升之日也。但兴会一过,恐又一落千丈耳。然则将本博利亦自大不易也。

八时出,过来青阁一坐,继又在稻香村购儿食数事而归。

9 月 19 日（戊辰八月初六日　壬戌）星期三

晴。上午 72°,下午 77°。

依时入馆,仍校《中西通商史》并为编目,盖全稿已排毕矣。

写信寄晴帆、梦九,一告《曲丛》寄出已久,询收到未;一告第二批书账尚未结,须俟栈房新书出后再夺。及散馆归,晴帆书来,谓《曲丛》已到,坚邀看潮。予拟于中秋后一日偕圣陶赴之。

夜注《先主纪》七百言。

9 月 20 日 (戊辰八月初七日 癸亥) 星期四

晴朗。早 74°,午前后 80°,晚 78°。

依时入馆,看陈懋《中国近三十年史》稿。

写三信,一寄允言,一复剑秋,一致颉刚。

晚饭后听唱片自娱。旋注《先主纪》四百馀言。

剑秋书来,谓《经学文钞》已购就寄颉刚,书价二十元,邮力等一元另三分。予拟托铮子便中带款去。复书时已提及之。

9 月 21 日 (戊辰八月初八日 甲子) 星期五

晴,将变,又燠闷矣。夜三时雨,及曙而止。上午 77°,下午 82°。

依时入馆,续看陈稿。

章兆年将梦九第二批书账结来,找还五十六元十角四百十文。因先将单据五纸挂号寄去。

夜燠甚,蚊舞于室,因辍注书。

愈昭会款二十元今日面交之。已定一次解款,还期定十八年十一月廿一日。如此甚好,省却以后月月负上一重心事也。

9 月 22 日 (戊辰八月初九日 乙丑) 星期六

晴,夜二时起雨,达旦不休。上午 78°,下午 82°。

依时入馆,看毕陈稿,并审查外稿《中华新区域图志》。

散馆归后,治馔小酌,晚饭毕,开唱片为娱。以惮于握管,未续为注书也。晓先派人持书来,约明午过彼小饮,并属代邀圣陶与俱。当许之,明日将过圣陶同往。

9 月 23 日(戊辰八月初十日　丙寅　秋分)**星期日**

竟日雨,午前后尤大。上午 78°,下午 77°。

晨兴看报讫,雨益大,以先许过晓翁,不能不往,因冒雨邀圣陶,卒同赴之。但雨中无车,淋以往,虽御雨衣,内衣尽湿矣。到晓翁家,纵谈酣饮,颇乐。十二时至二时始罢。饭后又谈至五时乃归。在外竟日,疲甚,晚间坐定,乃能注《先主纪》千一百言,直至十时半始休,甚奇,己亦不觉何以致此也。

前昨两日,泄泻颇厉。今日不敢多吃,早晚仅进面包数片。果觉霍然,可见慎饮食之不可或忽矣。

9 月 24 日(戊辰八月十一日　丁卯)**星期一**

午前后有雨即止,馀晴。上午 75°,下午 76°。

依时入馆,拟补作教科书之末章,卒以杂事所牵,未能放笔也。夜注《先主纪》七百言。

二十日所寄允言信,邮局退还,谓已去职他适矣。甚诧。

写信两封,一复晴帆,告中秋后一日必行,一致乃乾,约同行观潮。

9 月 25 日(戊辰八月十二日　戊辰　秋社)**星期二**

上午晴,下午风霾。上午 66°,下午 68°。

上午依时入馆,补作教科书。下午在家注《先主纪》,珏人则偕墨林往爱多亚路万国储蓄会取还储本,盖外传封禁有奖储蓄之说甚烈,必再待六年始可满,不识究呈何状,故忍痛取出也。截至本月,适解足九年,已实缴六百四十八元,乃照章退出须特减大削,只馀四百六十五元七角二分可取矣。是吃亏一百八十一元三角八分也。以痛悔前此之加入,宁舍此数而实移馀款于别所之为得计耳。但忘带图章,空劳往返,明日必得亲自一行也。

四时四十分,圣陶过予同出,到本馆发行所购字典(四角号码《学生字典》),归遗清儿。在所遇慰元,因偕往马上侯小饮。至十时始返。扰慰元,甚不安。缓日当别约答之。

9 月 26 日 (戊辰八月十三日　己巳) 星期三

晴爽。上午 65°,下午 69°。

上午到馆,仍补作教科。下午未往,因与珏人同赴储蓄会取款,守候至一小时,始得如昨核之数取出。即往四川路盐业、金城、中南、大陆四银行所合办之四行储蓄会存放,补足五百元,定期两年,当取得六七二八号凭证以归。途过五芳斋,因进面点而行。四时许抵家,始完一心事。从此无意幸得,惰心或救,而正当储蓄,自可渐积成数耳。

夜核算近月账目。

9 月 27 日 (戊辰八月十四日　庚午) 星期四

晴,夜月色皎洁。上午 67°,午后 75°,晚 72°。

依时入馆,校《西洋往古的儿童》上册稿毕。

散馆后约致觉、圣陶在善元泰小饮,先到先坐。予别偕振铎往过乃乾。适乃乾已出,未及晤,予即先行,乘电车赴善元泰之约。

至则二公已先在,乃合坐,且谈且饮,至乐也。八时,各归。

潗儿放假归度中秋,明日当挈往圣陶家午饭焉。

9 月 28 日 (戊辰八月十五日　辛未　秋节) **星期五**

晴。上午 72°,下午 75°。

今天放假。晨起看报讫,偕潗儿往圣陶家。谈至午分,乃分坐开饮。潗儿与其宅眷坐别一席,予则与胡也频、蒋冰之、赵景深、徐调孚、贺昌群、汪静之及圣陶同坐。至一时许乃罢。少选,珏人率群儿踵至,同赴虹口公园游览。予则与铮子、墨林、昌群打牌八圈,晚饮而后归。

抵家时翼之适自苏来寻悦之,因与纵谈。至十二时乃各就睡。

剑秋书款二十一元另三分,交铮子带去归还。翼之所假二十元,亦已当面还我。一日而毕两事,甚以为松爽也。所不能自己者,允言不履行汇款与勖初耳。欠我者,初不在意焉。

9 月 29 日 (戊辰八月十六日　壬申) **星期六**

晴,午前后阴。夜好月。上午 74°,下午 73°,晚 72°。

晨七时半往北站,会予同、觉敷、昌群、圣陶、乃乾、也频、冰之,同乘八时另五分特快车赴长安。车抵松江,机关车坏,坐待电沪调机始得行,迁延至一小时半,因在车中午饭。午后二时到长安站,下车另易汽车往海宁,半小时而达。至则晴帆已派警在城站迎候,导往所中小坐,即与晴帆同出,往游海神庙。庙殿建筑宏壮,牌坊、蹲狮、盘陀、柱础俱白石制,雕镂绝精。虽失修,犹无倾圮象也。殿中祠浙海尊神,左配武肃王钱镠,右配吴大夫伍员,俱有造像,惟须皆被拔矣。旋出,饮于县商会之议事厅。地为陈氏安澜园故址,尝为陆宗舆所得,后以媚日事发充公改设者也。厅西有大池、曲桥花木扶疏点缀之,殊不恶。有味凉小榭临其上,予等饮毕,即憩息其中。夜十二时半观潮海滨,详明日记中。

9月30日 (戊辰八月十七日　癸酉) 星期日

晴。早晚71°,午前后72°。

昨夜十一时,由海宁警所步出城,由晴帆率两警士导往海塘坐待潮来。未及十二时,即遥闻有声隆隆如轻雷。乘月色远望,初无所见。及十二时十馀分,获见一痕白线,横海浮影。又十馀分时而白线如墙而至,声势之壮,平生所未睹也。潮头甫过,激浪滔天,飞沫若雾。就路局预置之测水标视之,顿高十五呎矣。尤可爱者,当潮初来时,远处水面有灯火数点,明灭闪烁如疏星。及潮大至而灯火愈多,横贯累之长数里。实计之,当不下千艘船也。询之人,则渔舟竞捞潮头鱼也。日以为常,初无足怪。予等自海塘入城,就晴帆预定之迎宾旅馆以行。惜地小无更好者,殊不堪睡,乃呼酒坐以待旦。晓色初上,即辞馆往谒晴帆,又蒙亲送上车。适馆授餐,备极劳扰,至感不安矣。到长安犹未及八时,即乘特别快车归沪。一时到北站,坐车径归,草草饭已,纳头便睡。

10月1日 (戊辰八月十八日　甲戌) 星期一

晴爽。上午67°,下午72°。

依时入馆,续看《过去三十五年之国民党》,稿为陈希豪所编,上星期已看过数页矣。散馆归后,在虹江路散步,未几即归饭。饭后补记前昨日记,并结算上月账目。又注《先主纪》三百言。

写信谢晴帆。又与章兆年托再配书寄梦九。

10 月 2 日 (戊辰八月十九日　乙亥) 星期二

晴爽。上午 72°，下午 75°。

依时入馆，看毕陈希豪稿。又接看郑鹤声《史部目录学》稿。

兆年复书，梦九第三批书已寄，前两次亦早寄出矣。本拟即复梦九，以今日邮务工会宣告罢工而止。

夜六时赴振铎约，即其家晚餐。到六逸、东华、景深、调孚、圣陶、予同及予七人。谈笑至乐，久无此快矣。十时始各散归，以雇车不得，徒步返。

10 月 3 日 (戊辰八月二十日　丙子) 星期三

晴，午后及傍晚阴雨。上午 70°，下午 72°。

依时入馆，续看《史部目录学》稿。

孟真来看，散馆后与振铎、伯嘉、圣陶陪往新雅小坐。六时别归。渠将于后日乘轮返粤矣。

夜注《先主纪》五百言，毕之。

10 月 4 日 (戊辰八月二十一日　丁丑) 星期四

晴爽。上午 70°，下午 75°。

依时入馆，续看郑稿。散馆后径与振铎访乃乾，不晤，遂折至来青阁购得《中东战纪本末》十六册归。振铎则以电话中知乃乾已归，又往访焉。

夜计算《三国志注》第三批稿，凡七篇，都三万一千另三十五字。

10 月 5 日(戊辰八月二十二日　戊寅)星期五

晴,晚有云翳。上午 68°,下午 75°。

依时入馆,看毕郑稿。

夜饭后,检《中东纪》有无缺页,尚完整。旋注《后主纪》五百言,十时半止。及就睡,已十一时矣。

上海邮务工人罢工已三日,当局尚毫无办法,问题将扩大,不仅寄信收信感受不便而已也。客邮复活,殆在意中,今日报纸已见日人设立临时邮便所之新闻矣。

10 月 6 日(戊辰八月二十三日　己卯)星期六

晴阴兼施。午后有雨意。上午 71°,下午 75°。

依时入馆,看孟森《清朝前纪》稿。

散馆归后,沽酒小饮。夜开唱片自娱,腾案让瀿儿治校课。

邮差今日暂复工,由党部劝令先复工后即保证要求条件之磋议也。此次罢工,殊少意义,无要领可据即复工,尤近儿戏。吾谓如此可诧之事胥由不完备不纯熟之主张有以启之。猥曰某某主义,某某主义,实不禁捧腹,举属非是耳。

午后珏人挈同儿出,会合叶家之至诚及丁家之士聪赴照相馆拍一三小友联坐影。但同儿忽怕生,不肯安坐,草草集事而已。印出后不审像样否也?

10 月 7 日(戊辰八月二十四日　庚辰)星期日

晴朗。上午 68°,下午 75°。

晨起看报讫,全家赴复兴园进早点。旋归动笔,作《太平天国革命史》参考书目,至午后三时许始毕。濬儿昨日归,于今日此时返校矣。

四时许,挈清儿出,购物于麦家圈、大马路等处。傍晚归,食蟹四枚,然后夜饭焉。饭后开唱片自娱,兼以逗诸儿。同儿以昨日强之拍照故,颇不自在,而发微热,但便通能睡,当无大苦耳。

10 月 8 日 (戊辰八月二十五日　辛巳　寒露) 星期一

晴,北风甚烈。上午 70°,午 69°,晚 67°。

依时入馆,续看孟稿并校《南明野史》卷上印样毕。

夜饭后,注《后主纪》四百言。陡冷,夹衣不胜矣。

写信寄梦九、子玉。接怀之、剑秋信。

10 月 9 日 (戊辰八月二十六日　壬午) 星期二

晴,风较杀。上午 62°,下午 70°。

依时入馆,续看孟稿。

夜大提灯,预志国庆。倾室出观,予则守家。适铁笙来,因取酒与对酌之。所谓国庆,小民实无与其事,只增怨懑耳。空言训政而惟图个人之位置,抑异己而申比阿,饰门面而拒诤谏,吾知其难久矣,庸何庆! 十时,铁笙辞去。

10 月 10 日 (戊辰八月二十七日　癸未) 星期三

晴。上午 65°,下午 72°。

上午未出,看《申报》、《新闻报》、《民国日报》、《中央日报》、《时事新报》、《时报》及各该报之《双十增刊》。殊无精彩,陈陈老套耳。要人之训词性质者更各报传登,尤为乏味也。

　　国民政府改组已定,主席为蒋中正,行政院长为谭延闿,立法院长为胡汉民,司法院长为王宠惠,考试院长为戴传贤,监察院长为蔡元培,俱于今日就职矣。

　　午后至圣陶所,适硕民来自松,因共往百星观《巴黎艳舞》。五时散,复至高长兴小饮。七时许各归。

10 月 11 日(戊辰八月二十八日　甲申)星期四

　　晴爽。上午 65°,下午 67°。

　　昨日放假,今日上午亦以休息给假。下午予未入馆。

　　晨九时,硕民与圣陶来,因挈瀙儿偕二公同出。初茶于新雅,即午饭于此。饭后乘车往游兆丰公园,徜徉久之,乃复折回南京路,进点于北万馨,已四时矣。旋命瀙儿先归,俾摒挡返校。予则与圣陶送硕民上车始各归,已五点半矣。

　　夜饭后,自己修趾甲,伛偻甚苦,然不修竟不良于行矣。

　　仲弟有信至,谓已到苏为友帮忙,住阊门外横马路新闻旅馆四十六号。二十天后将仍返汉,故未携眷属。有机会或可得一把晤耳。

10 月 12 日(戊辰八月二十九日　乙酉)星期五

　　晴。上午 64°,下午 72°。

　　依时入馆,仍看孟稿。并抽暇为汪静之草一文,评陈钟凡《中国文学批评史》,署名开。交调孚转由景深递去。

　　夜注《后主纪》千馀言。

　　昨夜失眠。本夕尚好。

10 月 13 日(戊辰九月初一日　丙戌)**星期六**

晴,燠闷有变象。上午 66°,下午 75°。

依时入馆,仍看孟稿。并为柏丞校读所作序文一首。

下午六时本有叔琴消闲别墅之约,以先得晴帆信,知渠将抵此看我,遂谢约,在家候之。至时,晴帆果来,因与同出,伴其落寓新惠中,然后偕往老正兴馆晚饭。九时毕,渠就浴于温泉,予则径归矣。

10 月 14 日(戊辰九月初二日　丁亥)**星期日**

晴,将变矣。上午 69°,下午 74°。

晨起看报讫,即往过铁笙,与共访晴帆于惠中旅舍。十二时许,乃就正兴馆午饭。饭后铁笙有事先行,予与晴帆复踵访乃乾。不晤,即复回旅舍坐谈。至六时半,出就北万馨晚餐,七时归,晴帆亦将于明日返京一行矣。

归途过来青阁,购得《三国郡县表》及《经策统纂》凡八十四册。抵家翻检,颇乐。少暇,当彻查有无缺页也。《郡县表》不经见,尤喜。

10 月 15 日(戊辰九月初三日　戊子)**星期一**

晴燠,有风。早 70°,午后 76°,晚 72°。

依时入馆,校《南明野史》卷下印样,仍续看《清朝前纪》稿。

夜为柏丞拟《国史丛书目录》,自七时至十一时始毕,凡得八十目。明晨当交渠,亦卸一小小负累也。此项目录前已拟过,为岫庐所遗落,今更为之矣。

眠不甚好。

10 月 16 日（戊辰九月初四日　己丑）星期二

晴，傍晚微雨。早 66°，午前后 72°，晚 68°。

依时入馆，续审孟稿。《史目》已交柏丞，经饬科打字落样矣。

新买书八十四本，已将卷数页码检查清楚，无缺页，只有颠倒及稍有蛀损耳。

夜注《后主纪》千馀言。

10 月 17 日（戊辰九月初五日　庚寅）星期三

晴，傍晚仍见细雨。早 64°，午后 70°，晚 66°。

上午入馆，看毕孟稿。下午未往，在家注《后主纪》直至夜十一时，得二千馀言耳。

10 月 18 日（戊辰九月初六日　辛卯）星期四

晴。上午 61°，午后 66°，晚 64°。

依时入馆，看沈编戴改《小学国语教科书》第七册。

散馆归，晴帆由首都来，过我，已先在斋中矣。略坐后即与俱出，伴往新惠中下宿，然后赴湖州饭店正和馆吃夜饭。饭毕，仍到旅舍闲谈。至九时，约明日下午六时同赴振铎家晚餐而别。及抵家已十时矣。

10 月 19 日（戊辰九月初七日　壬辰）星期五

晴。上午 60°，午后 67°，晚 65°。

依时入馆，看毕沈稿，并续补前编《本国史》。

散馆后在家候晴帆,至六时乃来,遂共往振铎所。到彼,诸客已云集矣。少顷入坐,六逸、晴帆、调孚、圣陶、景深、觉敷、昌群、振铎、雪村、东华、仲云、予同及予凡十三人。举觞纵谈,乐甚。饮罢复唱笑为欢,至十时始散。晴帆归旅舍,明日特快车回海宁,予等亦遂分道各归。

10 月 20 日(戊辰九月初八日　癸巳)星期六

晴爽。上午 60°,午后 68°,晚 66°。

依时入馆,补作《本国史》两课毕,交莲轩重挖重排,又了一桩心事矣。前拟《国史丛书目》,昨由柏丞面与适之商,尚须修改或重编,然后乃能正式发布也。

夜注《后主纪》数百言,毕之。计第三批稿,至此已得三万七千三百三十七字矣。下星期当送出算酬,俾支钱应用也。

本年预借之上年红利,至今日乃扣还十天,大窘。叔迁会已清,今日我收。但因何甘露远扬之故,竟损失本利十六元八角。又一创孔,至可叹焉。

报载昨日国府通过,划甘肃西宁道属各县入青海省,划甘肃宁夏道各属及宁夏护军使辖地为宁夏省。即以西宁、宁夏为该两省省会。

10 月 21 日(戊辰九月初九日　甲午)星期日

晴。上午 63°,下午 65°。

午前在家看报,并记行政省区变更于旧职方司《行政区划表》中,备异日查考。饭后即往访圣陶,因与同出,看《浮士德》影片于卡尔登戏院。五时许散归,在家少坐,又至本馆赴同人聚餐会。

餐时为六时半至八时半,与叔迁、幼雄、安洲、震平、剑华等同席。散出后与幼雄同过雪村,而雪村已睡,乃至开明编译所小坐。为幼雄所拉,与索非及雪村之妻弟合打牌四圈。至十一时始归寝,幸未大败。

10 月 22 日（戊辰九月初十日　乙未）星期一

晴。夜好月。上午 64°,下午 67°。

依时入馆,补修《中国历史丛书目》。

尚公同人发起具呈保芝九,属予署名盖章,予为照行。盖人蒙不白,已为难受,况有相知之雅者乎！故予外复有振铎、圣陶、剑华、旦初、亮寰、致觉、予同、础成等商务同人也。

看亚东新印之《宋人话本八种》。末一种为《金虏海陵王荒淫》,词甚秽亵,然正可观白话小说描写性欲之初状也。曩雁冰为《中国文学内的性欲描写》一文（见《小说月报·中国文学研究特号》）,未见及此,似可惜,如早得此则当更完善耳。

《三国志》第三批稿及晓翁《中国故事》第二册稿俱于今日交出。

10 月 23 日（戊辰九月十一日　丙申）星期二

晴。午后燠闷。夜月好。上午 64°,下午 70°。

依时入馆,订改重排本《现代初中本国地理》清样,盖时移地易,非痛改不能合辙也。

写信两通,一复子玉,一复仲弟。

散馆归后,取水浴身。浴罢少休,乃进晚餐。餐后注《诸葛亮传》六百馀言。

10 月 24 日（戊辰九月十二日　丁酉　霜降）星期三

晴，夜月姣好。上午 63°，下午 72°。

依时入馆，仍改正《本国地理》，下午三时毕，即交出版部照改。

散馆归，取酒自酌，向复兴园叫一红拆炖下之。

夜睡眠不好，终宵梦绕，或日间看韩子云《太仙漫稿》而致然也。《太仙稿》中有《陶伯妖梦记》，描写梦境，入情入理，印象至深，及眠不安，遂致失稳苦梦耳。

《三国志》第三批稿已由总编辑处核数见还，惟稿费则尚未开出也。

10 月 25 日（戊辰九月十三日　戊戌）星期四

晴，夜月色好。上午 65°，下午 72°。

依时入馆，整理《中国历史丛书目录》，并加说明。盖此目又经适之点定，寄回重录，作为定本也。书凡一百十三题，每题一册，将来分请撰述，期以三年，或可观成乎？

今承昨晚梦绕之疲，精神殊欠佳。晚饭后只索打叠精神，摊书注《诸葛亮传》六百言，然后就寝。是夕睡尚好，缘服苏打片后积食已消清之故耳。

10 月 26 日（戊辰九月十四日　己亥）星期五

晴燥。上午 66°，下午 73°。

依时入馆，看柯敦伯《王安石评传》稿。

散馆后与圣陶同出，小饮于北万馨。此处常往进点，而从未觅饮,今偶为之,亦大佳,实比王宝和之类为略胜也。八时半归,全家已睡,颇不怿。

将翼之所要之《文学周报》打一总包寄之。挂号发出,当递到也。

10 月 27 日（戊辰九月十五日　庚子）星期六

早浓雾,旋晴,暖甚。上午 70°,下午 78°。

依时入馆,仍看柯稿。

稿费不至,曾往星斋所催之,据云早开出,不审总务处如何耽搁耳。大约今日下午或可送来也。但待至散馆仍不见至,总务处之会计科实延迟成习矣,腐化可恶,自杀之道也。

夜注《诸葛亮传》三百言。

10 月 28 日（戊辰九月十六日　辛丑）星期日

晴暖,晨浓雾。七十四度。

晨间看报讫,注《诸葛亮传》。至午后三时,只有千言,甚觉无聊。

夜饭后集家人打牌四圈,至十时许乃寝。

接怀之函,附曹氏谢帖来,盖已代我送礼矣。并告苏公安局将并入市政局成一科,渠事或将动摇也。予深为此惧,将如何维持之乎!

晓翁还我《通鉴纪事本末》,并再借书。但无甚可借,未付与。

10 月 29 日（戊辰九月十七日　壬寅）星期一

昨夜发风,今乃陡寒。上午 66°,下午 64°。

依时入馆,上午看沈伯英编《国语》第六册稿。下午仍看柯稿。

《三国志》第三批稿费一百八十六元,将散馆时送来。晓翁之《中国的故事》第二册稿费二百三十三元同时送我,因即交愈昭转去。

夜在家小饮,饮后注《诸葛亮传》三百馀言而寝。

10 月 30 日(戊辰九月十八日　癸卯)**星期二**

晴,浓雾有风。上午 60°,下午 63°。

依时入馆,下午未往。在馆仍看柯稿。托星斋凭存折开一二百五十元之支票,乃开一中孚银行之即期票,如此纠缠不清,不为我开本馆而偏出别家,至不快,然无如何矣。饭后偕珏人往本馆发行所支取稿费,即至四行储蓄会存放五百元(现款二百五十元,中孚票二百五十元)。果以票现不同,须待明日取到现款后始出折也。当制五百元收据一纸,约后日再持往调换储折而回。归途过永安、先施买物,并在北万馨进点焉。

夜注《诸葛亮传》五百言。

10 月 31 日(戊辰九月十九日　甲辰)**星期三**

晴煖。上午 59°,下午 63°。

依时入馆,仍看柯稿。

散馆后与圣陶同至发行所取款,并为飞卿代配第四批书。旋过老店新开之言茂源小饮,至八时乃归。

今日得飞卿自京来函,谓不日将来此,予故备款,拟与面结前账。

11 月 1 日 (戊辰九月二十日　乙巳) 星期四

晴暖。上午 60°，下午 67°。

依时入馆，仍看柯稿。下午三时看毕。

饭后抽暇至四行储蓄会，凭收条调取六九〇三号定期存折一扣。

夜注《诸葛亮传》三百许言。

11 月 2 日 (戊辰九月二十一日　丙午) 星期五

晴暖。上午 65°，下午 69°。

依时入馆，续编《参考书》。

飞卿久候不来，而书已配到，账已结好，颇望即日交割清楚也。

夜注《诸葛亮传》千言。

芝九有信与圣陶及予，谓已到宁待讯，托向岫庐代提所编各书俱无共嫌意。当与圣陶同看岫庐，说明此意，惟不得要领耳。大约如来查询，可据以答告也。

11 月 3 日 (戊辰九月二十二日　丁未) 星期六

晴，有南风。上午 59°，下午 64°。

依时入馆，续编《参考书》。写信致道始为芝九白诬，并与怀之、翼之书各一通，复渠等前书也。

散馆归后，稍坐即出，至振铎家，赴其招饮也。六时入坐，远客为耿济之，馀则仲云、予同、六逸、调孚、圣陶、敦易等稔友耳。饮罢，东华至，谈笑所之，上天下地，甚以为乐。十时半散出，复与予同、振铎、济之、敦易、仲云过纽约咖啡店。其女侍者黄丽娟颇读书,谈吐尚不恶,至一时十五分始归,抵家已二时矣。珏人告知同儿自床跌地,一哭几晕,刻方入睡。予急就视,右偏头角肿如瘤,至为忧念,不识能否弗伤脑膜也? 因不寐。

11 月 4 日 (戊辰九月二十三日 戊申)星期日

风霾。上午 66°,下午 67°。

午前看报,并注《诸葛亮传》四百言。午后方拟续注,而圣陶见过,乃与同出。予为潏儿买书于发行所,圣陶亦购物数事。旋共进点于北万馨。点后复徜徉于浦滨,至五时,圣陶赴致美斋江绍原宴,予则归饮。

同儿昨虽重跌,今日尚高兴,照常行动,略为一舒。

11 月 5 日 (戊辰九月二十四日 己酉)星期一

阴雨。上午 67°,下午 70°。

依时入馆,续编《参考书》。

夜注《诸葛亮传》五百言,毕之。下当续注《关羽传》,然无兴翻检,只得作罢,以俟来日。收卷后略事小憩,即就寝。

以黄慕韩《中国文学史》二十九册借与振铎。

11 月 6 日 (戊辰九月二十五日 庚戌)星期二

阴晴间行。上午 66°,下午 72°。

依时入馆,续编《参考书》。与柏丞谈史学。

晚叫复兴园新增之砂锅牛肉一尝之,藉为小酌。价廉物美,洵非溢辞。饭后少坐即寝,颇不高兴弄笔矣。

11月7日(戊辰九月二十六日　辛亥)星期三

阴雨,傍晚开霁。上午68°,下午70°。

依时入馆,柏丞与予商榷史学,至乐。落空则续编《参考书》。

复姚名达书。

飞卿上午来,知渠昨晚由京来,住孟渊七十九号,去夏颉刚曾住者。当将所配第四批书交渠携去,并约散馆后往访叙谈,届时过候,晤其同来女友徐女士及在湖州旅沪公学执教之钱肩吾。予即将所存梦九馀存之款一百二十五元五角并细账一纸面交飞卿,眼同点收。经手事又得了结一项,觉轻快多矣。旋与飞卿、肩吾及徐女士同饮于言茂源。至九时乃散,复过其寓所谈。十时许乃归,并约明日午后五时再往一叙。

11月8日(戊辰九月二十七日　壬子　立冬)星期四

阴雨连绵。上午66°,下午62°。

依时入馆,与柏丞谈史学。仍续编《参考书》。

天雨兴杀,不思出游,因作书一通,饬茶房送飞卿所,说明爽约。

夜注《关羽传》四百言。

11月9日(戊辰九月二十八日　癸丑)星期五

晴,突凉。早53°,午后58°,晚54°。

上午入馆,编《参考书》。

下午与圣陶出,先往时报馆参观华社摄景展览会,晤万里及振玉。继往南市国货路新普育堂参观国货展览会。会中陈列之物,较南洋劝业会固不及,但捕之风声,亦足观感,当不能谓为绝无意义也。徜徉至五时,出会所,坐人力车到本馆发行所,圣陶购一《十钟山房印举》归玩之,以体不适先行。予则过善元泰觅饮,乃酒酸不堪下咽,即去而之王宝和重饮,从容进面而回。特过孟渊一访飞卿,未之见,留片即行。

11 月 10 日（戊辰九月二十九日　甲寅）星期六

晴。上午 50°,午后 58°,晚 56°。

依时入馆,续编《参考书》,柏丞告予昨访适之谈,颇有争执。盖柏丞抑朱熹而适之申朱熹也,似已堕入窠臼,各有所蔽矣。以予视之,此争实无谓,不足成学史上之问题焉。如抛荒史事而只唱史法与史学,或崇某人为宗主,或斥某人为旁道,是皆悬空立说耳,安在其为得与失哉!

夜饭后与家人打牌四圈,八时半毕。旋续注《关羽传》二百言。

十二日为国民党总理孙文诞辰,得放假一天。先见职工会布告,后乃睹总务处布告,令人不禁回忆徐世昌之下令查办张作霖也。虽然,今国民政府之教令又何异乎此!

接颉刚澳门五洲大酒店发来长信,极道现状之苦,而不减学问之乐。

11 月 11 日（戊辰九月三十日　乙卯）星期日

阴霾,东南风。上午 56°,下午 60°。

晨起看报讫,续注《关羽传》二百言,毕之。冯生来谈。

是午祀先。饭后挈漱儿出游,购玩具两种与之。并在文明书局添购唱片五张。高亭者二张,价又增高一角矣。傍晚归,试新片甚久。夜小饮,饮后未作事即睡。枕上闻炮声隆起,盖明日孙中山诞辰,今特施放西洋焰火以志预庆也。脱在从前兵乱时,不知又将若何提心吊胆矣。既而闻人云,今日日本昭和天皇加冕,所行祝典盖发自日本领事署者。不禁爽然若失,益叹中山之不得传人也。

11 月 12 日(戊辰十月初一日 丙辰)星期一

阴雨竟日,入夜益甚。上午 61°,下午 63°。

今日为中山诞辰,馆中放假,故未出门。晨起看报讫,注《董允传》七百言,毕之。下午合家人打牌四圈,牌毕,潜儿到校。潜儿前日归,昨本应去,亦以放假故,今日下午乃往耳。

夜小饮,饮后开唱片为娱。

11 月 13 日(戊辰十月初二日 丁巳)星期二

晴。夜雨不大。上午 60°,下午 59°。

依时入馆,仍续编《参考书》。柏丞仍以程、朱分家事来谈,予认程朱之小异,而怪其斥朱太甚,竟流于诟詈为微憾。稍稍订正之,然不能回也。其实申程抑朱终不过在云中打筋斗,未必能见到实地耳。理学云何哉!史学云何哉!

夜食面,以今日仲弟生日也。食后少憩,即注《姜维传》,至十时止,共得八百言。

11 月 14 日(戊辰十月初三日 戊午)星期三

阴,不爽,入夜雨。上午 58°,下午 64°。

依时入馆,续编《参考书》。仍与柏丞谈程、朱。

散馆归后,呼酒小饮。饮后开唱片自娱,遂废注书。

飞卿想已归,迄未见其复来也。彼兄弟亦善借人力者,无事真不登三宝殿也。因连想及于允言之流,胥如此耳。友朋之乐果若是乎! 予每旷思,人间万象终无合理之日,虽为悬谈,究不离实。

今日报载湘省清乡会办何键攻斥白话,主张重审教本呈,言词反动,甚于从前北庭之刘哲。语必宗圣,行乃何如? 一己所关尚小,无如张目论天下事,则所涉大矣。吾终不审今日究何时也!

11 月 15 日 (戊辰十月初四日　己未) 星期四

晴,北风甚厉。上午 58°,午后 56°,晚 53°。

依时入馆,仍编《参考书》。

饭后偕珏人挈同儿至北四川路好莱坞摄小照。盖今日为同二周岁也。

夜归小饮,并食面。食后开唱片为乐,旋注《姜维传》五百言。

乃乾见过,谈久之,即将颉刚托转之函转交之。

11 月 16 日 (戊辰十月初五日　庚申) 星期五

晴,北风甚厉。上午 48°,下午 50°。

依时入馆,仍编《参考书》,并与柏丞谈。

散馆后与圣陶往好莱坞看照样,共计四片,俱不佳,将就择印之。即归。夜小饮,饮后小坐即睡。

写信与子玉、怀之、悦之及潏儿。

11 月 17 日 (戊辰十月初六日　辛酉) 星期六

晴阴间行。上午 46°,下午 50°。

依时入馆,工作如前。馆中所购《清史稿》已配到,尚有缺,已交黄贵生君编码收存,并促原经手人照补。

夜小饮,吃蟹。日来蟹价奇昂,银元大者须二角大洋一枚,故竟不得酾食之。今日里中有挑过叫卖者,较市头坐担略贱,乃购数十枚一恣口腹焉。

食后开唱片为娱,坐至九时许就寝。

11 月 18 日（戊辰十月初七日　壬戌）星期日

晴。早 52°,午 56°,晚 53°。

晨起看报讫,续注《姜维传》。至饭后得七百言。适君畴过访,乃共谈许久。至三时,又偕访圣陶,不得晤,坐候至六时仍未归。遂与君畴往佛佗街正兴馆小饮,并进晚餐。餐后过其寓所源源旅社复谈,至十时乃别归。略翻君畴所赠苏市筹备刊物,即就睡。

11 月 19 日（戊辰十月初八日　癸亥）星期一

晴。上午 51°,下午 58°。

依时入馆,仍编《参考书》。

夜小饮,饮后续注《姜维传》四百言,毕之。

道始与家凤俱有信至,大约芝翁可无恙也。

11 月 20 日（戊辰十月初九日　甲子）星期二

晴。上午 53°,下午 62°。

今日元芳里闻氏子娶亲,全家被接往会。予未便再行,独留守舍。正摊书注《孙策传》,修妹叩门,以保证安甫入"安庆船"执事,书据五百元相属。予允明日亲往其家面洽再夺。少坐即去。乃振笔注书,至十二时,得千一百言。辍笔煮面为餐,然后少休。

后又赓注,至五时天黑辍笔,复得千二百言。乃烫酒治面,徐徐饮食。且坐且待门,看《京津拳匪纪事》。方食毕,叩户声急,乃庶母以下一行俱归矣。

11 月 21 日(戊辰十月初十日　乙丑)星期三

晴,入夜颇冷。上午 56°,下午 53°。

依时入馆,校《南明野史》卷下印样。为章来谈。

散馆后与珏人出,往省修妹。晤安甫之妹丈查君,因与同过查君之妹丈李逢琦。逢琦在太古执事,介安甫于"安庆轮"服务,须有人立保始洽,故予为书保单五百元与之。坚留夜饭,遂就饭焉。

饭后复返修妹所,乃偕珏人归。抵家已九时许,就寝已十时半矣。

11 月 22 日(戊辰十月十一日　丙寅　小雪)星期四

晴冷。上午 56°,下午 55°。

依时入馆,续校《南明野史》卷下印样。

今日珏人生日,晚间食面。予小饮后续注《孙策传》二百言。

11 月 23 日(戊辰十月十二日　丁卯)星期五

晴。上午 52°,下午 60°。

依时入馆,校《南明野史》卷下印样。

晚赴振铎宴,到初见客李青崖,馀则稔友为多。饭后议及《文学周报》刊否事,当决续刊,由六逸编,其费则到者各认若干作股本。予认五十元,尽旧历年内缴清。十时许,乃归。

国府议决废江宁县,即将县境及浦口商埠全区一并划入南京特别市。

同儿照片已取得,实不佳。

11 月 24 日 (戊辰十月十三日　戊辰) 星期六

晴。上午 53°,下午 62°。

依时入馆,校《太平天国革命史》印样。

傍晚晴帆来,因具酒饭与谈,渠以有他事,匆匆食已即行,约明日午刻往晤之。予以多饮,遂不能看书,开唱片至十馀张。

报载上海军人武装运土,警察干涉,竟被掳押。风潮将扩大,不识政府将何以处此也?

11 月 25 日 (戊辰十月十四日　己巳) 星期日

晴暖。上午 53°,下午 61°。

晨起看报讫,注《孙策传》八百言,毕之。

十时许,往惠中旅舍访晴帆,适出未晤,少俟乃至。铁笙亦来,乃共诣湖州饭店老正和馆午饭。饭后复返旅舍谈,至三时,以头痛辞归。归即偃卧,遂未作事。

11 月 26 日 (戊辰十月十五日　庚午) 星期一

晴暖。上午 56°,下午 60°。

依时入馆,校《太平天国革命史》印样。

散馆后往过晴帆,因与同出,晚饭于佛陀街老正兴馆。饭后复过旅舍谈,至九时乃归。顺道购儿食数事。抵家后即睡。

作呈文一件,寄南京特刑地方临时法庭,署九人名,证芝九言动不失轨,冀省释。先已得道始函,大略无妨,故今又缄书与之。

11 月 27 日 (戊辰十月十六日　辛未) 星期二

晴暖。上午 56°,下午 60°。

上午依时入馆,校《本国史》下册补版。饭时与圣陶同过晓翁,赴其招也。饭后长谈,遂未到馆。至五时,乃遄返,盖昨约晴帆,将于是时来访耳。抵家则伊已久候矣。伊将新购《说文解字诂林》寄存予处,托代觅写手为书书根。少坐即去,盖别有宴会也。夜饭已,予乃纵览其书,爱莫能释。会宋君见过,为检明末督抚数事,谈移时始辞去。予亦眼倦神疲,客去即睡。

11 月 28 日 (戊辰十月十七日　壬申) 星期三

晴暖。上午 55°,下午 60°。

依时入馆,校补版竣。

浒关归童氏表侄女来,已夜色四罩,几迷门户,幸在窗口听得,乃启纳之。询悉乡间老幼俱安,田事亦佳,为之大慰。

11 月 29 日 (戊辰十月十八日　癸酉) 星期四

晴。晨浓雾。上午 55°,下午 62°。

依时入馆,续编《参考书》。

夜小饮,饮后与表侄女谈。且注《吴大帝纪》三百言。但是夕睡不甚安,大约多说话所致。

11 月 30 日 (戊辰十月十九日　甲戌) 星期五

晴,东南风急。上午 56°,下午 60°。

依时入馆,续校《太平天国革命史》。下午三时,柏寒来访,因与圣陶偕之出,在虹口公园长谈。至五时许,乃同往言茂源小饮。八时别归。抵家知廉逊、稼轩见过,邀往廉逊家饮。复赶往一坐,谈二小时而别。

表侄女定明日去,珏人将送之上车。

12 月 1 日 (戊辰十月二十日　乙亥) 星期六

晴。上午 60°,下午 63°。

依时入馆,校《太平天国革命史》印样。

饭时及晚间,文祺俱见过,商黎洲文数事。

夜注《孙权传》二百馀言,以文祺来而中辍。

濬儿自立达归。

12 月 2 日 (戊辰十月二十一日　丙子) 星期日

晴。上午 59°,下午 63°。

竟日未出,在家补订广雅所刻《史学丛书》,并写书根,盖颉刚已将缺页于昨日补到也。但《东晋南北朝舆地表》之《郡县表》缺页四则未能照补耳。当再写信彻询之。

夜注《吴大帝纪》六百言。

硕民于午饭后过我,即转车还苏,还我借款二十一元。

12 月 3 日（戊辰十月二十二日　丁丑）星期一

阴雨，傍晚大风，骤寒。上午 54°，下午 49°。

依时入馆，校毕《太平天国革命史》。

夜小饮，饮后写信与怀之赠照及还款。今年坟粮及历次垫送礼洋全清矣，一快！继结算十一月份收支账。注《吴大帝纪》四百言。

同儿连日伤风发热，夜不安寐，深怜之。今日乃略松。

今晨潜儿入校。

12 月 4 日（戊辰十月二十三日　戊寅）星期二

晴寒。上午 42°，下午 44°。

依时入馆，校订《中国近三十年史》清样，误字之多，不胜枚举，不识出版部之校对何为者。因特细订之，故一时未易毕事也。

饭后，铁笙来馆访我，谓晴帆前日来此寓惠中二二三号，特托转约前往一叙。予因于散馆后赴之。先至雷允上购六神丸，然后往会，盖珏人方患外症，故乘未晚之前走彼求药也。至则晴帆尚未归，因令茶役启户入坐以俟之。至六时，乃晤之，而铁笙亦踵至，谭生亦至，遂共诣南园酒楼晚饭。饭后复返旅舍谈，冰之、也频、从文来访晴帆，又谈移时。及辞归，已十时矣。

12 月 5 日（戊辰十月二十四日　己卯）星期三

晴寒。上午 38°，下午 46°。

依时入馆，续校《近三十年史》。接子玉书，知丁外艰，将奔丧回苏。

散馆时为章见过，因与圣陶偕之出，就大新街新设之言茂源东记小饮。且酌且谈，颇畅快，至八时始散归。到北站欲坐公共汽车不得，即徒步以返。中途遇空汽车，标曰"入厂"，为时尚早而有此，甚奇，其有意外否乎？

珏人仍不松爽，竟发热。

12 月 6 日（戊辰十月二十五日　庚辰）星期四

上午晴，下午阴霾。上午 40°，下午 49°。

依时入馆，续校《近三十年史》外，复为馆中草宣传文字五百言，看《南明野史》及《新时代本国史》等复样五十页。

馆中自前日起，本所职工会组长会议，自动加开夜工。不顾本身立场而务求多得，予深鄙之，故避之若浼。

晚饭后云彬见访，谈至八时许乃去。

《时报》载昨晚七时半闸北公共汽车在西体育路被劫，乘客三十馀人无一幸免，且死一查票员。始恍然于昨夜所见之入厂车即劫后归来者。呜呼！举步荆棘，触手生障，其上海之谓乎！

12 月 7 日（戊辰十月二十六日　辛巳　大雪）星期五

早微雨，旋开霁。上午 50°，下午 52°。

依时入馆，校《本国史参考书》中册之二印样。

散馆归，硕民自苏至，止予斋。略谈即行，赴圣陶寓所后径返松江校舍矣。坚留一宿，不可。

夜注《吴大帝纪》千言。

本所同人之无聊者益张诡风，不但不满于吾辈之不参加夜工，更且要求当局平均分配馆外工作矣。不知馆外工作，系于能否，初非私相授受所得专,又何口实之足借乎! 如此无识,吾知其终于下沦耳;忝居同人,羞有道之士矣。

12 月 8 日（戊辰十月二十七日　壬午）星期六

阴雨。上午 52°,下午 56°。

依时入馆,校毕《中国近三十年史》,并撰提要。

夜归,潜儿已自校中返,偕其友数人方在斋中谈。少顷,客去,予亦小饮。饮后注《吴大帝纪》三百言。十时就寝。

写长信寄复颉刚,盖积日久矣。

12 月 9 日（戊辰十月二十八日　癸未）星期日

阴。53°。

晨间曹味辛来访,十年不见,喜出望外。略坐即去,留之不可,盖今日即须返锡转溧阳也。十时,予踵其所寓孟渊访候之,则已行矣,为之怅然。遂购儿食而归,不久即午饭矣。

饭后与家人打牌八圈,至四时三刻而毕。潜儿乘车返立达,予乃呼酒自斟。晚饭后未作事,略坐即寝。

12 月 10 日（戊辰十月二十九日　甲申）星期一

晴寒,浓霜,午后暖。上午 46°,下午 53°。

晨起觉冷,初服裘。饭后复暖,仍易驼绒袍。

依时入馆,校《太平天国革命史》全部复样。与柏丞谈《浙东史学史》结撰事,伊仍主程颐开山说,而予为窜去末章孙诒让。

看孙梅《四六丛话叙论》及刘师培《论文杂记》。二书皆绍虞所校辑,由朴社印行,日前寄我者也。

夜注《吴大帝纪》五百言。

修妹挈昭甥来小住。

12 月 11 日（戊辰十月三十日　乙酉）星期二

阴霾,晚晴,夜半大雨。上午53°,下午56°。

依时入馆,校《参考书》复样。并审查吴柏征《禁烟史》稿。

晚小饮,饮后打牌四圈。九时许寝。

云彬来,借《明督抚年表》五册去。

12 月 12 日（戊辰十一月初一日　丙戌）星期三

阴霾,濛雨,夜大雨。上午53°,下午54°。

依时入馆,审查王国良《长城沿革考》稿。

夜小饮,饮后注《吴大帝纪》六百言。十时就寝,颇不适,胸际压闷,喉间痒咳,铜腥甚,恐旧疾发动乎?终宵为之不安,时形梦魅。

馆当局今日分信同人,有因整理薪水之名而加薪者。但一面高揭标准,用示公平;一面却同标异趋,明明有有成绩而弗之及者矣。狐埋狐搰,徒多纠纷,行见多事耳。

12 月 13 日（戊辰十一月初二日　丁亥）星期四

阴雨,入夜转盛。上午52°,下午52°。

依时入馆,续审《长城考》稿毕。

报载奉天将印行文溯阁原藏《四库全书》,特设校印馆,由金梁为坐办。杨宇霆出面发通启,克期三年竣功云。由此看来,东北之当局颇欲力争声望也。反视中原,黯然惟务心斗,愧矣!

夜小饮,饮后打牌四圈。

12 月 14 日 (戊辰十一月初三日　戊子) 星期五

阴雨不辍。上午 54°,下午 57°。

依时入馆,续编《参考书》。散馆后往振铎所,看其新获珍本小说。

下午三时,本所职工会召集大会,讨论对付整理薪水不公允办法。人多言庞,只听得议决函请当局收回成命,重新整理云云,不详究竟也。总之,多事之预言不幸中矣。

岫庐以英文部职员失察外稿大谬事,与邝富灼冲突,今日提出辞职。柏丞等联名各部主任挽留之。是则枝外生枝,又多一波折矣。予默察本馆前途,形势至劣,恐再无三十年寿命耳。

夜饭后打牌四圈。

12 月 15 日 (戊辰十一月初四日　己丑) 星期六

阴霾,西北风起。上午 53°,下午 51°。

依时入馆,仍编《参考书》。

散馆后往圣陶所饮。至八时乃归。

夜看当日报纸,未作他事。

写信与仲弟,问接眷事究成否。

12 月 16 日 (戊辰十一月初五日　庚寅) 星期日

晴寒。上午 42°,下午 45°。

饭前在家注《吴大帝纪》三百言,以冯生来谈,未能多写。

饭后往开明编译所访雪村,并遇圣陶。取绍酒大小各一罐归。盖雪村之戚由绍兴带来专销熟人者。旋与圣陶出,在中华书局购得王光祈译瓦德西《拳乱笔记》一册归,途次顺购儿饵及下酒物数事。

夜小饮,饮后注《大帝纪》五百言。九时许睡。

12 月 17 日 (戊辰十一月初六日　辛卯) 星期一

晴寒。上午 41°,下午 47°。

依时入馆,仍编《参考书》。

英文部风潮及整理薪水问题将扩大,岫庐地位岌岌,或有大变化也。盖编译所各部,意见复杂,派系纷歧,主张倒王者正不乏人耳。

夜小饮,饮后续注《吴大帝纪》三百言。

12 月 18 日 (戊辰十一月初七日　壬辰) 星期二

晴,晨大雾,午后暖。上午 47°,下午 56°。

上午依时入馆,下午未往,在家注《吴大帝纪》一千五百言,至夜九时乃止。予亟欲注完而每缘事中辍,且临笔亦往往阻滞,有为一字翻检至数十卷者。故迟迟迄今,竟不能迈开大步前进也。

整理薪水,心劳日拙。今日读工会刊物,攻击及于编译所全体同人,益觉当局之措置乖方,有以酿成斯象矣。夫工人思虑简单,但见加薪之多,不问酬劳之称,已属易肇争执,而确有无功滥膺之迹,又何怪其然乎!

12 月 19 日 (戊辰十一月初八日　癸巳) 星期三

晴寒。上午 47°,下午 51°。

依时入馆,仍编《参考书》。并撰《太平天国革命史》提要。

英文部风潮及整理薪水问题将闹大,岫庐地位岌岌,或有大变化也。但刻正酝酿中，不审能消弭无形否？予意，王固不厌人望，然驱而他求，未必遂果所愿；且英文部风潮实无聊，如以此攻王，真将反掌自捆耳。

夜小饮，饮后开唱片自娱。旋注《吴大帝纪》至九时半止，凡得八百馀言。

12 月 20 日 (戊辰十一月初九日　甲午) 星期四

晴。上午 46°，下午 51°。

依时入馆，编《参考书》及审查周志骅《东三省概说》稿。

夜小饮，饮后注《吴大帝纪》六百言。

12 月 21 日 (戊辰十一月初十日　乙未) 星期五

晴。上午 48°，下午 53°。

依时入馆，续审周稿。

今夕为冬至夜，潜儿假归，于是合家团聚夜饮。饮后濯足，九时许即寝。

12 月 22 日 (戊辰十一月十一日　丙申　冬至) 星期六

晴暖。上午 50°，下午 60°。

依时入馆，审毕周稿，仍续编《参考书》。

夜小饮，饮后注《吴大帝纪》七百言。

同儿又染伤风，兼带积食，午后连吐两次。

12 月 23 日 (戊辰十一月十二日　丁酉) 星期日

阴，傍晚及中夜俱细雨。上午 53°，下午 60°。

晨起看报讫,注《吴大帝纪》七百言。饭后以约予同、云彬、圣陶出饮故,未能宁坐再写,因闲翻瓦德西《拳乱笔记》。四时许,圣陶来。六时,予同、云彬亦来。乃共出乘车,径赴言茂源。且饮且谈,颇乐。饮后复谈,直至十时半始散。归家遇雨,幸不大,抵门已十一时矣。

同儿略愈。

12 月 24 日 (戊辰十一月十三日　戊戌) 星期一

阴,濛雨时见。上午 58°,下午 52°。

依时入馆,仍编《参考书》。接厉安讣告其父聘如先生丧。

夜饭后注《吴大帝纪》三百言。

昨日过饮,今乃疲惫,颇惮于执笔也。

同儿大好。

12 月 25 日 (戊辰十一月十四日　己亥) 星期二

晴阴兼施。上午 48°,下午 51°。

依时入馆,仍编《参考书》。

浒关戚薛用馀夫妇来,留宿予家。晚间因具小酌,遂谈言诸戚状况,至十时许乃寝。

12 月 26 日 (戊辰十一月十五日　庚子) 星期三

晴。上午 48°,下午 52°。

依时入馆,仍编《参考书》。

夜饭后,云彬来,还我《明督抚年表》,复借《藏书纪事诗》去。谈有顷,乃行。

睡前注《吴大帝纪》四百言。

薛用馀等今晨归去。

12 月 27 日 (戊辰十一月十六日　辛丑) 星期四

阴雨。54°。

依时入馆,下午未往,在家注《吴大帝纪》七百言。夜饭后又注八百言。馀外别无事。睡较晚,兼环境不静,又失眠。至二时后始勉强合眼也。但梦多扰人,颇自苦之。

12 月 28 日 (戊辰十一月十七日　壬寅) 星期五

上午阴,下午晴。上午 52°,下午 51°,夜 46°。

依时入馆,编《参考书》。

借英文部问题为倒王运动者,今日大活动,不识后文如何也?书局办事,亦复树党揭派,明争暗斗,实之可叹。中国各界,其遂无一片干净土乎!

夜注《吴大帝纪》八百言。

12 月 29 日 (戊辰十一月十八日　癸卯) 星期六

晴,夜有雪珠。上午 43°,下午 46°。

依时入馆,仍编《参考书》。本年馆中工作今为殿军,故发表被辞者有十七人,大都久旷不到,或别就他事者。

夜饭后,翼之偕其友施君、张君自苏来,盖乘放假之便欲来参观学校耳。草草留膳后,彼等均下榻于源源旅馆,故八时许即去。

12 月 30 日 (戊辰十一月十九日　甲辰) 星期日

阴霾竟日,曾见雪花。上午 43°,下午 47°。

　　晨起看报讫,呼匠理发,适硕民来,盖昨自松江来宿圣陶家,今特来访予也。理发毕,相与谈。至十时许,乃共往圣陶所,及十二时,硕民返苏,予亦归。约圣陶晚间过我小酌。

　　午后四时许,翼之一行偕其女同人两张女士来。圣陶亦已被约先至。六时入坐,七时即毕。复谈至十时,各散去。明日将伴往尚公一参观之。

12 月 31 日 (戊辰十一月二十日　乙巳) 星期一

　　阴霾。风寒。上午 48°,下午 49°。

　　看报外伴翼之谈。饭后翼之出观学校,予乃独往中华书局购美术日历,即归。夜七时,翼之返,因与同饮。饮后谈至十时,就寝,翼即下榻予斋中。

　　岁月奄忽,又是一年,国家犹是,社会依然,与个人修养同其悲叹,实无丝毫善状足以引为满慰者。每逢除夕,辄不知感之所由来也!

姓名录

姓名	字号	住址及通信处	履历及杂记
黄 异	伯樵	环龙路一三四号巷内第一号	已迁,新址未识
邱铭九	晴帆	南京城北鸡鹅巷卅二号	
王慰祖	怀之	苏州河沿街廿九号	
陈乃乾	乃乾	新闸福康路福鑫里 637 号	电话西 4554 号
计硕民	硕民	苏州卫前街六十四号	
王绳祖	翼之	苏州斜塘镇斜塘小学	

收信表

日期	人名	地址	事由	备考
1 月 3 日	邱晴帆	杭州军事厅	告伯樵住址,并请调较近缺分事。	
1 月 4 日	顾颉刚	广州东山启明	快函托催乃乾结账汇款。	
1 月 4 日	郑振铎	英国伦敦	托转钞董康所藏敦煌古物目。	
1 月 4 日	计硕民	苏州卫前街	由圣陶转来,谢赠同照。	
1 月 5 日	张剑秋	武清县署	复已托友查子玉行踪,并申前请。	
1 月 8 日	陈乃乾	本埠新闸路	复关于柏坚、颉刚、振铎事。	
1 月 11 日	章君畴	苏州市政处	乞为市政刊物撰文。	
1 月 12 日	计硕民	又　卫前街	为年底应付乞贷。	
1 月 16 日	又	又	谢借二十元。	
1 月 16 日	邱晴帆	杭州军事厅	告将过沪返宁,明春初即赴新任。	
1 月 20 日	王翼之	苏州护龙街	复就斜塘校事,并托代购书报。	
1 月 20 日	顾颉刚	广州东山启明	代人投稿《东方杂志》。	
1 月 21 日	郑梦九	徐州铜山师校	告返里办交代。	
1 月 25 日	邱晴帆	南京鸡鹅巷	函送灵隐、云栖图。	
1 月 25 日	王翼之	苏州护龙街	告苏州校长更动及将就斜塘。	

日期	人名	地址	事由	备考
1月27日	顾颉刚	广州东山启明	告乃乾不理账,嘱再催。	
1月30日	陈乃乾	本埠新闸路	告振铎书至,已交发行所,并约谈。	
2月4日	王翼之	苏州护龙街	告将下乡办学,并及近况。	
2月11日	顾颉刚	广州东山	复言元旦信已到。	
2月11日	邱晴帆	青田县警所	告到任情形,并言途中风物。	
2月16日	郑梦九	徐州文庙	复前书,并告近状。	
2月17日	王翼之	斜塘小学	复告前书到,书册存我处可也。	
2月17日	向觉明	南京龙蟠里	寄名将传真借我一阅。	
2月23日	又	又	复告名将传真尽可久借。	
2月29日	张剑秋	武清县署	子玉下落讫未查到。	
3月1日	曹铁笙	本埠善元里194	告星期日来访予纵谈。	
3月15日	计硕民	苏州卫前街64	复告心存礼已送去。	
3月17日	雪、予、圣、昌、孚	绍兴旅次	致念予子,及告途中风物。	
3月18日	郑梦九	徐州东门外后仓巷七号	复吾前信,并告书尚未到。	
3月26日	邱晴帆	青田县警所	告亟求引去。	

续表

日期	人名	地址	事由	备考
3 月 27 日	又	又	快信托拍电报, 俾据以请假归。	
3 月 29 日	陈乃乾	本埠新闸路	约面晤, 并索铎书款。	
3 月 30 日	王翼之	苏州斜塘小学	告已抵校, 并谢扰。	
3 月 30 日	张新伯	本埠上海中学	告昨访未晤, 并请通信。	
4 月 1 日	仲弟	汉口华景街	告病缠及营业损失状。	
4 月 1 日	王翼之	苏州斜塘小学	托买药丸及书本。	
4 月 12 日	邱晴帆	南京鸡鹅巷	复前书, 并告星期六来沪。	
4 月 13 日	王翼之	苏州斜塘小学	复前信, 并索照片。	
4 月 16 日	又	又	复告收到照片。	
4 月 16 日	计硕民	苏州卫前街	复前书。	
4 月 18 日	邱晴帆	杭州省防司令部	告安抵杭, 正候发表。	
4 月 21 日	郑梦九	徐州铜山师范	复前书, 惟未提及究否代送礼也。	
4 月 25 日	又	又	复刘礼过期不能送之故。	
4 月 26 日	潘儿	江湾立达	告上星六阻雨不能回。	
4 月 30 日	陈乃乾	本埠新闸路	复不印《杂剧》二集。	
5 月 3 日	邱晴帆	南京鸡鹅巷 32	复前转信, 并告调海宁事。	

日期	人名	地址	事由	备考
5 月 6 日	郑梦九	沛县县政府	告为友拉助，即将返徐。	
5 月 7 日	王翼之	苏州斜塘小学	发牢骚。	
5 月 8 日	邱晴帆	南京鸡鹅巷 32	告允就海宁事。	
5 月 11 日	又	又	属有青田信即转。	
5 月 15 日	郑梦九	沛县县政府	挂号寄《歌风台拓片》九纸来。	
5 月 18 日	邱晴帆	南京鸡鹅巷	复告信俱转到，如有信请仍转。	
5 月 25 日	濬儿	江湾立达园	告明日将预备考课不能归。	
5 月 28 日	邱晴帆	南京鸡鹅巷	告今日将来看我。	
5 月 28 日	顾颉刚	广州东山启明三马路	复告甚忙，故不常有信。	
补 5 月 20 日	王怀之	苏州河沿街廿九	答贺乔迁。	
6 月 5 日	邱晴帆	海宁警察所	告已接任，甚忙。	
6 月 7 日	仲弟	汉口歆生路老圃前面泰康里 121 号前楼	告新迁。	
6 月 12 日	蒋崇年	北京景山东街 17 朴社出版经理部	寄书及版税尾数。	
6 月 23 日	计硕民	苏州卫前街 64	寄周硕诚家谢帖，并托购书。	

日期	人名	地址	事由	备考
6 月 27 日	陈乃乾	本埠新闸路	告《盛明杂剧二集》可寄晴帆。	
6 月 27 日	尤植仁	又　广东路	约星期日下午三时在一乐天叙谈。	
6 月 29 日	计硕民	苏州卫前街 64	复告靖澜往沛任职，甚忙。	
6 月 30 日	陈乃乾	本埠新闸路	询晴帆住所。	
7 月 3 日	顾颉刚	广州东山启明	复前信，并告劳倦小病。	
7 月 3 日	仲弟	汉口歆生路泰康里	复去信已到，并挈眷去小住。	
7 月 4 日	吴勖初	苏州平江路北新造桥小管弄三号	托代请暑校庖代人。	
7 月 7 日	又	又	托询允言住址俾向索款。	
7 月 8 日	郑梦九	徐州铜山师校	托购订书报。	
7 月 9 日	邱晴帆	海宁警所	托询书价，并转信。	
7 月 23 日	吴勖初	苏州平江路	谢赙，并告允言处已去信，惟未得复。	
7 月 23 日	张剑秋	又　司前街	告已安返，将偕建初来沪。	
7 月 26 日	王翼之	又　河沿街 29	告将于星六来此。	
7 月 27 日	邱晴帆	海宁警所	询乃乾之款收到未。	
8 月 4 日	吴勖初	苏州平江路	复谢代催允款，并谓今后不谈。	

续表

日期	人名	地址	事由	备考
8 月 5 日	王翼之	苏州河沿街廿九号	告平安到家，仍邀予往游。	
8 月 11 日	曹铁笙	本埠善庆里 194	告走访不晤，并询晴帆有无信至。	
8 月 15 日	王翼之	苏州河沿街廿九号	告一房三口病，商借二十元。	
8 月 17 日	又	又	复告钱到，并报病状。	
8 月 17 日	章子玉	杭州清华旅馆 26	告到杭尚未见骝先。	
8 月 20 日	顾颉刚	广州东山启明三马路十号	快信复我以留粤之故。	
8 月 23 日	章子玉	杭州华兴旅馆 26	快信告借二三十元。	
8 月 24 日	徐中舒	真茹暨大	复告永梁住所。	
8 月 24 日	陈乃乾	本埠新闸路	问颉刚归否。	
8 月 25 日	郑梦九	徐州铜山县师	挂号寄配书单来。	
8 月 29 日	顾颉刚	广州东山启明三马路十	告书分七包寄出，该价代买《经学文钞》约计十七元三角。	
9 月 5 日	郑梦九	徐州铜山师校	挂号寄第二批配书单来。	
9 月 4 日	计硕民	松江中学	告就松校事，并及彦龙改善状。	
9 月 10 日	张剑秋	苏州司前街 31	复《经学文钞》一时无买，将就淮安事。	

日期	人名	地址	事由	备考
9 月 10 日	邱晴帆	海宁警察所	托购《奢摩他室曲丛》第一、二两集。	
补 9 月 8 日	章子玉	杭州转浦江县政府	告地瘠苦，托转颉刚代向骃先提。	
9 月 19 日	邱晴帆	海宁警察所	告《曲丛》到，并邀往观潮。	
9 月 20 日	张剑秋	苏州司前街卅一	寄《经学文钞》发单，告书已寄颉刚。$27.03	
9 月 20 日	王翼之	斜塘小学校	告近状。	
9 月 22 日	章子玉	浦江县政府	复陈近状终以瘠告为言。	
9 月 21 日	邱晴帆	海宁警所	复欢迎前往。	
9 月 27 日	郑梦九	徐州铜山师校	快信托再配书四十七本。	
10 月 8 日	王怀之	苏州河沿街 29	复我代划三元已付出。	
10 月 8 日	张剑秋	又　司前街 31	复书款已收到，无误。	
10 月 11 日	仲弟	苏州旅次	告暂到苏帮忙，二十天后仍返汉。	
10 月 13 日	邱晴帆	海宁警所	告今日下午四五时来看我。	
10 月 17 日	仲弟	苏州旅次	复不能抽暇到申，约我去谈。	
10 月 19 日	章子玉	浦江县政府	告近状较好矣。	

续表

日期	人名	地址	事由	备考
10 月 25 日	王翼之	斜塘小学校	复告《文学》期数及悦之明年二月十二婚期。	
10 月 28 日	王怀之	苏州市公安局	复曹礼已代送,并告局将并之。	
10 月 28 日	韦息予	本埠祥茂里	还《通鉴纪事本末》,并再借书。	
10 月 31 日	郑飞卿	南京涌和旅馆	快函告将到申,并托代配第四批书。	
11 月 2 日	章兆年	本馆发行所	配书送来,并告填款八角九十文。	
11 月 5 日	姚达人	江西临川中学	询《史学丛书》进行事。	
11 月 10 日	顾颉刚	澳门旅次	告近状,并道不能即复之故。	
11 月 13 日	张建初	苏州司前街	告十一日与昆山徐女士订婚。	
11 月 13 日	王悦之	南京奇望街	告入店营业,惟店况不佳,恐即闭。	
11 月 14 日	章子玉	浦江县政府	询颉刚回音如何。	
11 月 15 日	潜儿	江湾立达学园	告感冒及喉微痛。	
11 月 15 日	王厚斋	苏州河沿街 29	为丁老人求恤贫。	
11 月 15 日	王翼之	斜塘小学	复所寄《文学》已收到。	
11 月 20 日	王怀之	苏州河沿街 29	告丁老人款已垫付三元矣。	
11 月 21 日	顾颉刚	广州中山大学	告寄补页等,并托请柏丞代主任。	

续表

日期	人名	地址	事由	备考
11 月 21 日	孙道始	南京特刑法庭	复芝九可无大碍。	
11 月 27 日	王翼之	苏州斜塘小学	复告近状,并邀明春到苏。	
11 月 27 日	仲弟	苏州民兴大戏院	告已接眷东下,将回沪聚晤。	
12 月 5 日	章子玉	浦江县政府	告遭父丧,将回籍。	
12 月 9 日	王怀之	苏州河沿街 29	复十二元已接到,同儿照片亦收下。	
12 月 14 日	章子玉	本埠	告已于本日回苏奔丧。	
12 月 19 日	谢六逸	又大陆里廿六号	托开地理书目。	
12 月 26 日	吕铭堂夫人	苏州庙堂巷十三	告近状,并接庶母去玩。	
12 月 26 日	王翼之	斜塘小学	告斜塘被划,并言年假中当来此。	
12 月 27 日	陈乃乾	本埠新闸路 637	托转为绍虞钞书。	

发信表

日期	人名	地址	事由	备考
1 月 2 日	王翼之	苏州护龙街	复贺新年。	
1 月 2 日	邱晴帆	杭州军事厅	复贺荣任青田。	
1 月 4 日	陈乃乾	本埠新闻路	函转颉刚、振铎寄件,敦促即办。	

续表

日期	人名	地址	事由	备考
1月8日	又	又	催其复我俾分别转答。	
1月8日	顾颉刚	广州东山启明	复已严函乃乾即办矣,剑秋请附说。	
1月8日	张剑秋	武清县公署	复请再查子玉浙事,当托颉刚。	
1月8日	计硕民	苏州卫前街	复谢照函,并告沪上无法可想。	
1月8日	邱晴帆	杭州军事厅	复工统会扣报状。	
1月8日	顾颉刚	广州东山	再告乃乾回信到即附上。	
1月8日	陈乃乾	本埠新闸路	复书已收到,分别转达矣。	
1月9日	严良才	本埠尚公	送柏坚印件九十九本去。	
1月9日	郑振铎	伦敦	告近状并及乃乾回信。	
1月14日	仲弟	汉口华景街兴康里42	询近状。	
1月19日	陈乃乾	本埠新闸路	托寄振铎书二部。	
1月23日	顾颉刚	广州东山	复稿已交出,得复再告。	
1月23日	郑梦九	徐州铜师校	复慰回里。	
1月23日	仲弟	汉口华景街	再询近状。	
1月23日	王翼之	苏州护龙街	复书报稍暇即办。	

续表

日期	人名	地址	事由	备考
1 月 23 日	王悦之	本埠小东门外	约来饭,并告翼托带书事。	
1 月 28 日	顾颉刚	广州东山启明	复乃乾事不便问,请直接交涉。	
2 月 5 日	王翼之	斜塘小学	寄开明发票,并复昨函。	
2 月 11 日	陈乃乾	本埠新闸路	催询所交发行所书之下落。	
2 月 11 日	邱晴帆	青田县警所	复告骊先暂入粤。	
2 月 11 日	曹铁笙	本埠善庆里	转晴帆信去。	
2 月 13 日	陈乃乾	又　新闸路	告书到,并询书价。	
2 月 18 日	向觉明	南京龙蟠里	谢寄借名将传真。	
3 月 1 日	曹铁笙	本埠善庆里194	复准在家恭候。	
3 月 8 日	郑梦九	徐州城内文庙	寄《中原的蛮族》四册去。	
3 月 8 日	仲弟	汉口华景街	探询近状,并告家况。	
3 月 9 日	计硕民	苏州卫前街 51	托代送心存婚礼(与圣陶合二元,圣款已交我)。	
3 月 16 日	又	又　新64	谢代送心存礼。	
3 月 21 日	郑梦九	徐州东门外后仓巷 7	托再代送虚舟母夫人吊礼。	
3 月 29 日	陈乃乾	本埠新闸路	复下星期内候期趋晤。	

续表

日 期	人 名	地 址	事 由	备考
3月30日	王翼之	苏州斜塘小学	复告将于四月二日到苏扫墓。	
4月2日	又	又 护龙街	再告天雨未行,幸勿盼望。	
4月9日	又	又 斜塘小学	谢扰,并告安抵此间。	
4月9日	王怀之	又 护龙街	谢扰,并告安抵此间。	
4月9日	计硕民	又 卫前街	告扰,并挂号寄书五本。	
4月9日	邱晴帆	南京鸡鹅巷	告失迎,并问行止。	
4月9日	曹铁笙	本埠善庆里	函问晴帆行止。	
4月11日	王翼之	苏州斜塘小学	寄照片。	
4月11日	陈乃乾	本埠新闸路	约明日晤谈。	
4月11日	郑梦九	徐州铜山中学	催注《汉书》并询前书到未。	
4月17日	仲弟	汉口华景街	复慰安心摄理。	
4月17日	陈乃乾	本埠新闸路	托为晴帆购董刻书。	
4月27日	郑梦九	徐州铜山师校	挂号寄庄意见,并复其前二信。	
5月1日	邱晴帆	南京鸡鹅巷32	代转快信、平信及乃乾信。	
5月9日	又	又	复昨信。	
5月11日	又	又	转青田郑、蒋两信去。	
5月16日	又	又	转青田蒋挂号信及邮局回执。	

日期	人名	地址	事由	备考
5 月 16 日	王怀之兄弟	苏州河沿街廿九号	贺乔迁,并勉翼之勿消极。	
5 月 16 日	郑梦九	沛县县政府	谢赠送《歌风台拓片》。	
5 月 16 日	顾颉刚	广州东山启明三马路十号	道念并剪寄北京通信。	
5 月 26 日	邱晴帆	南京鸡鹅巷	快信转青田信。	
5 月 29 日	吴勋初	苏州十全街144	唁问太夫人丧。	
6 月 11 日	仲弟	汉口歆生路老圃前面泰康里121	复前信。	
6 月 11 日	邱晴帆	海宁警察所	复前书,并告近状。	
6 月 11 日	顾颉刚	广州东山启明三马路十号	复书并告近状。	
6 月 13 日	蒋崇年	北京景山书店	复寄版税收据,挂号发去。	
6 月 18 日	计硕民	苏州卫前街64	托代送周硕诚夫人吊礼二元。	
6 月 23 日	又	又	复谢代送礼,并允即购书。	
6 月 28 日	邱晴帆	海宁警察所	告《盛明杂剧二集》将由乃乾直寄。	
6 月 28 日	陈乃乾	本埠新闸路	复请将书径寄海宁邱君。	
6 月 30 日	又	又	复告晴帆卫署所在。	

续表

日期	人名	地址	事由	备考
7 月 3 日	顾颉刚	广州市东山启明三马路	复劝谢事节劳,并托配《史学丛书》另种。	
7 月 5 日	吴劬初	苏州平江路北新造桥小管弄三号	快信复无人可代。	
7 月 10 日	又	又	复已与允言说过彼将汇二十金偿失也。	
7 月 11 日	郑梦九	徐州铜山师校	挂号寄书及订单发票。	
7 月 25 日	邱晴帆	海宁警察所	复告买书请径托乃乾。	
7 月 25 日	吴劬初	苏州平江路北新造桥小管弄三号	复请频催允言。	
7 月 25 日	张剑秋	又　司前街旧卅四号	复欢迎昆仲来叙。	
7 月 25 日	仲弟	汉口歆生路老圃前面泰康里121	复告近状。	
7 月 28 日	邱晴帆	海宁警所	复乃乾款当到并未晤及。	
8 月 7 日	顾颉刚	广州东山启明三马路十	转三信,并询不来之故。	
8 月 7 日	王翼之	苏州河沿街29	复昨信,并告颉刚不来矣。	
8 月 7 日	吴劬初	苏州平江路北	复决负责催允言。	

日 期	人名	地 址	事 由	备考
8 月 12 日	曹铁笙	本埠善庆里 194	复谢失迎,并告晴帆无信来。	
8 月 15 日	王翼之	苏州河沿街 29	复慰病状,并汇二十元去。	
8 月 20 日	徐中舒	真茹暨大	托告余永梁行期,俾代颉刚带皮衣。	
8 月 21 日	顾颉刚	广州东山启明三马路十号	复快信已悉,皮衣当设法寄上。	
8 月 23 日	章子玉	杭州华兴旅馆 26	挂号汇二十元去。	
8 月 24 日	余永梁	本埠四川路青年会 501	送颉刚皮衣去。	
8 月 24 日	陈乃乾	又 新闸路 637	复颉刚不即归。	
8 月 28 日	郑梦九	徐州铜山县师校	复信及稿均到。	
9 月 1 日	顾颉刚	广州东山启明三	复《经学文钞》当代购。	
9 月 5 日	郑梦九	徐州铜山师校	挂号寄第一批单据卅一纸去。	
9 月 5 日	计硕民	松江中学	复慰新就事,并致殷彦龙、选善。	
9 月 5 日	张剑秋	苏州大儒巷	托代询《经学文钞》由建初转。	
9 月 10 日	又	苏州司前街 31	复欢迎于赴淮前来此一叙。	
9 月 10 日	邱晴帆	海宁警察所	复准即代购《曲丛》,并拟往观潮。	

续表

日期	人名	地址	事由	备考
9 月 10 日	章子玉	浦江县政府	复已为致书颉刚代提并慰之	
9 月 10 日	顾颉刚	广州东山启明三马路十	告书到齐,并托补缺页,再购书顺告《经学文钞》难买。	
9 月 11 日	王怀之	苏州河沿街廿九号	询翼之病状,请即复。	
9 月 19 日	邱晴帆	海宁警察所	询沪至海宁行程,并及《曲丛》到未。	
9 月 19 日	郑梦九	徐州铜山师校	告第二批书账尚未结。	
9 月 20 日	周允言	南通平潮市公安分局	催寄勘初款颇致责言(退回)。	
9 月 20 日	张剑秋	苏州司前街卅一	复谢代购,寄颉刚书款决托便人带上。	
9 月 20 日	顾颉刚	广州东山启明三路	寄《经学文钞》发单,并询前书到未	
9 月 21 日	郑梦九	徐州铜山师校	挂号寄二批书账单据五纸去。	
9 月 24 日	陈乃乾	本埠新闸路637	约中秋后一日在站取齐,同赴海宁。	
9 月 24 日	邱晴帆	海宁警所	复告中秋后一日必往观潮。	
9 月 26 日	又	又	快信托定宿所。	
10 月 1 日	又	又	陈谢适馆扰餐劳扰不安。	

日期	人名	地址	事由	备考
10 月 1 日	章兆年	本馆发行所	付二十五元,托配书寄徐州。	
10 月 8 日	郑梦九	徐州铜山师校	复寄第三批书单发票。	
10 月 8 日	章子玉	浦江县政府	复慰苦况。	
10 月 12 日	仲弟	苏州新闻旅馆 46	复慰平安,并望来会。	
10 月 18 日	王怀之	又 河沿街廿九	托代送曹仲文婚礼,与圣陶合二元。	
10 月 18 日	王翼之	又 斜塘小学	复《文学周报》当由我寄。	
10 月 18 日	张建初	又 城东小学	代转剑秋信。	
10 月 18 日	顾颉刚	广州东山启明 3	催询前托各事。	
10 月 23 日	章子玉	浦江县政府	复告杭州近况、伯樵升调事。	
10 月 23 日	仲弟	苏州新闻旅社 32	复告无暇到苏。	
11 月 2 日	章兆年	本馆发行所	复谢书到,并奉款归填。	
11 月 3 日	孙道始	南京特别法庭	为芝九白诬,托即审由金家凤转。	
11 月 3 日	王怀之	苏州河沿街 29	谢代送礼,并慰勿忧局并失职。	
11 月 3 日	王翼之	斜塘小学	询所寄《文学周报》到未。	

续表

日期	人名	地址	事由	备考
11月7日	姚达人	江西兴国姚合兴	复《丛书》正着手,目已拟就。	
11月16日	潘儿	江湾立达	复令节日力勿妄用功。	
11月16日	章子玉	浦江县政府	复告颉刚信中语,并慰其稍待。	
11月16日	王怀之	苏州河沿街29	托再划三元交厚斋转丁老人。	
11月16日	王悦之	南京奇望街新闻报馆隔壁纬仁绸纸商店	复慰一切。	
11月26日	孙道始	南京特别法庭	告谢为芝亲托并先寄公呈辩白事。	
12月4日	王怀之	苏州河沿街29	函告带十二元到苏,请便取,并赠同照。	
12月8日	顾颉刚	广州启明三马路十	告补页已到,仍有误恳再补。	
12月12日	王怀之	苏州河沿街29	复手片已到,再托代送次伯二子婚礼两元。	
12月15日	仲弟	又　民兴大戏院	询接眷事如何。	
12月17日	章子玉	又　装驾桥巷	唁其父丧。	
12月19日	谢六逸	本埠大陆里廿六号	复开地理书目。	
12月24日	王怀之	苏州河沿街廿九	托再送顾厉安父吊礼一元。	

收支一览表

月	日	收入要目	收入数额	月	日	支出要目	支出数额
1	1	上年结存	22.73	1	1	支庶母息	16.00
1	7	本月全薪	138.67	1	1	为珏人购帽	5.00
1	13	借珏人	20.00	1	1	印贺年片一百	0.40
1	17	预借《中日》稿费	100.00	1	4	捐恤尚公校工	1.00
				1	4	牛乳	5.00
				1	4	家用	100.00
				1	12	上年十二月及本月报	2.00
				1	12	绍酒十瓶	4.00
				1	12	第一工会券	1.00
				1	12	补十日钱丏	1.00
				1	14	邮券	0.80
				1	14	借给硕民	20.00
				1	17	还珏人	20.00
				1	17	还开明馆	10.00
				1	17	留清、汉学费	25.00
				1	18	星斋会	20.00
				1	20	百星看戏	0.80
				1	21	补十七给珏	10.00
				1	21	绍酒五瓶	2.00

月	日	收入要目	收入数额	月	日	支出要目	支出数额
				1	24	绍酒五瓶	2.00
				1	28	两日车力	0.40
				1	28	大世界票	0.60
				1	28	和菜	2.00
		共收	281.30			共支	249.00
		一月应存	32.30				
2	1	上月存	32.30	2	5	牛乳	5.00
2	7	本月上半薪	65.00	2	7	家用	50.00
2	21	本月找清尾	76.87	2	7	补绍酒	2.00
				2	7	送钟明智	1.00
				2	7	补血丸	2.20
				2	7	给潜杂用	5.00
				2	9	皮鞋	8.00
				2	12	车力	0.40
				2	15	车力	0.30
				2	16	本所职费	0.40
				2	17	托幼雄电	15.00
				2	21	家用	50.00
				2	22	车力	0.20
				2	23	吊樊少泉	1.00
				2	26	聚昌馆饭	2.50
		共收	174.17			共支	143.00

月	日	收入要目	收入数额	月	日	支出要目	支出数额
			143.00				
		二月应存	31.17				
3	1	上月转存	31.17	3	1	补星斋会	20.00
3	2	铎付乾书款	60.00	3	2	王宝和酒	1.00
3	7	本月上半薪	76.87	3	2	珏人用	5.00
3	8	虎如还	3.00	3	3	轧见杂失	3.40
3	21	本月薪支清	75.27	3	4	二月份报资	1.00
3	23	翼之还我清	17.00	3	4	浴身二客	1.50
				3	7	家用	50.00
				3	7	牛乳	6.00
				3	7	借虎如	3.00
				3	11	给潘儿	1.00
				3	11	补七日钱愈	2.74
				3	11	自己片三瓶	1.00
				3	12	薛国正诊	1.00
				3	13	顾寿白诊	1.00
				3	15	衣料三件	45.00
				3	17	又绒布等	3.00
				3	17	鳝丝	0.40
				3	18	中国地图	1.90
				3	18	桔汁一瓶	0.30
				3	18	巧格力糖	0.20

续表

月	日	收入要目	收入数额	月	日	支出要目	支出数额
				3	21	家用	50.00
				3	21	星斋会	20.00
				3	25	输雀等	1.00
				3	26	北万馨点心	0.72
				3	28	代晴帆打电	3.70
				3	28	同人聚餐费	0.80
		共收	251.44			共支	228.66
		三月应存	22.78				
4	1	上月存	22.78	4	1	轧见上月杂	1.88
4	4	翼之还并书	6.40	4	1	代翼药丸	4.40
4	7	本月上半薪	60.00	4	5	扫墓船菜	3.50
4	8	怀夫人带药	4.40	4	5	墓粮及坟丁	1.40
4	11	支馆中存款	150.00	4	5	皮箱	4.00
4	14	晴还电报费	3.70	4	8	酱肉	1.00
4	21	本月薪找清	80.27	4	8	来回车票	6.00
				4	8	家用	50.00
				4	8	送翼女礼	1.80
				4	8	还硕代礼	4.00
				4	8	在苏另用	2.00
				4	10	取照片	0.50
				4	10	鞋子一双	2.00
				4	11	驼绒	7.04

月	日	收入要目	收入数额	月	日	支出要目	支出数额
				4	11	花草	1.10
				4	12	还乃乾、铎款	60.00
				4	12	《四部备要》二集	90.00
				4	13	理发	0.60
				4	14	砂锅馄饨	2.50
				4	14	车力	0.15
				4	14	如皋香	0.22
				4	16	游邑庙用	1.00
				4	18	上月《申报》	1.00
				4	21	家用	50.00
				4	21	星斋会	20.00
				4	21	干电池 2	2.00
				4	21	非洛生丸 2	4.40
				4	21	车力	0.20
				4	22	王宝和饮	1.68
				4	22	活动铅笔	0.35
				4	22	车力	0.20
				4	25	致美斋餐费	2.00
				4	26	公吃及裤带	0.70
				4	30	邮票	1.00
				4	30	潜鞋	2.00

月	日	收入要目	收入数额	月	日	支出要目	支出数额
		共收	327.55			共支	330.62
							327.55
						四月不敷	3.07
5	7	本月上半薪	65.00	5	1	上月不敷	3.07
5	21	本月下半薪	75.27	5	1	轧见杂用	1.00
				5	6	车资	0.10
				5	7	家用	50.00
				5	7	君立贺礼	2.20
				5	12	陶乐春餐	2.00
				5	12	车力	0.30
				5	13	潜儿用	1.00
				5	14	糖油等	0.80
				5	15	饺松等	0.40
				5	16	送方叔远母吊	2.00
				5	16	上月报费	1.00
				5	16	看电影	0.64
				5	18	北伐捐	0.40
				5	20	游庙买物	1.00
				5	20	买书	0.47
				5	20	冠生茶点	0.77
				5	20	车资	0.10
				5	21	家用	50.00

月	日	收入要目	收入数额	月	日	支出要目	支出数额
				5	21	星斋会	20.00
				5	21	理发	0.40
				5	24	B电池一打	0.85
				5	26	蚊香	0.84
				5	26	饼干	0.14
				5	26	高长兴酒	0.50
				5	27	北万馨点	0.60
				5	27	江湾车	0.40
				5	27	童话	0.10
				5	27	车力往返	0.20
				5	27	肉松	0.20
		共收	140.27			共支	141.48
						五月不敷	1.21
6	7	本月上半薪	65.00	6	1	上月不敷	1.21
6	8	《三国》稿第一批	262.00	6	5	善元泰饮	0.50
6	12	朴社版税	10.00	6	5	车力	0.10
6	16	暂借薪抵红	130.00	6	6	贺仁斋寿	2.00
6	20	子玉还	20.00	6	7	家用	50.00
6	21	本月下半尾	75.27	6	7	香烟一条	0.70
				6	8	方壶小饮	2.50
				6	8	儿食	0.40

续表

月	日	收入要目	收入数额	月	日	支出要目	支出数额
				6	9	存入馆中	150.00
				6	10	高长兴饮	3.00
				6	10	孩汗衫两套	1.40
				6	11	潜儿学膳费	75.00
				6	12	《掌故丛编》一年	5.50
				6	12	邮票	4.50
				6	13	聚餐	2.00
				6	15	方壶小饮	3.00
				6	15	车力	0.30
				6	18	马上侯饮	2.60
				6	18	上月报费	1.00
				6	18	端节馆役	2.00
				6	20	衣工等节账	30.00
				6	20	贴补珏用	25.00
				6	20	存珏人	20.00
				6	21	家用	50.00
				6	21	叔千会	20.00
				6	23	输雀	0.80
				6	24	蚊香	1.12
				6	24	饼饵等	0.50
				6	24	车力	0.10

续表

月	日	收入要目	收入数额	月	日	支出要目	支出数额
				6	27	三儿报定费	3.00
				6	29	王宝和饮	1.20
				6	30	两日车力	0.40
				6	30	补十八自己药片	1.00
				6	30	补《白话文学史》	1.70
				6	30	补陈著两种	0.60
		共收	562.27			共支	463.12
			463.12				
		六月应存	99.15				
7	1	上月存	99.15	7	1	王宝和饮	2.00
7	7	本月上半薪	65.00	7	2	冠生园饮冰	1.00
7	21	本月下半薪	70.89	7	2	车力	0.20
				7	7	家用	50.00
				7	7	允言借	20.00
				7	10	上月报费	1.00
				7	10	国术社费	2.00
				7	15	蚊香	1.25
				7	15	高长兴饮	2.10
				7	15	车力	0.20
				7	18	剃发及酒	0.80
				7	21	家用	50.00

续表

月	日	收入要目	收入数额	月	日	支出要目	支出数额
				7	21	叔千会	20.00
				7	21	痱子粉	0.45
				7	21	高长兴饮	2.90
				7	21	车力	0.30
				7	28	高长兴饮	1.50
				7	28	饼饵等	0.50
				7	28	车力	0.20
		共收	235.04				156.40
			156.40				
		七月应存	78.64				
8	1	上月转存	78.64	8	1	结上借支房	20.00
8	7	本月上半薪	65.00	8	1	结上潃医	12.00
8	13	《三国》稿费二批	156.00	8	1	结上与珏	28.00
8	14	稼轩还	5.00	8	1	结上送硕民师母吊	2.00
8	21	本月找清（仍扣一天）	70.99	8	1	结上致觉礼	4.00
				8	2	方壶饮酒	2.30
				8	2	饼饵等	0.50
				8	2	车力	0.20
				8	2	修表	0.70

续表

月	日	收入要目	收入数额	月	日	支出要目	支出数额
				8	4	失账（2元）、绍酒	2.40
				8	4	和菜	1.00
				8	4	借与稼轩	5.00
				8	7	家用	50.00
				8	8	高长兴	2.10
				8	8	车力	0.20
				8	10	上月报费	1.00
				8	10	输雀	1.00
				8	11	高长兴	2.60
				8	11	车力	0.25
				8	13	话匣一具	24.75
				8	13	唱片十三张	18.70
				8	13	车力	0.30
				8	14	唱片六张	7.20
				8	14	儿食、车力	1.00
				8	15	借与翼之	20.00
				8	15	又汇费等	0.10
				8	15	绍酒、酒菜	0.60
				8	17	《北伐画史》	1.00
				8	19	园游聚餐	2.60
				8	19	车资（外加）	0.20

续表

月	日	收入要目	收入数额	月	日	支出要目	支出数额
				8	21	家用	50.00
				8	21	星斋会	20.00
				8	23	汇与子玉	20.00
				8	23	又汇费等	0.34
				8	23	绍酒	0.40
				8	23	书(濬及送人)	3.08
				8	23	蚊香四匣	0.96
				8	24	送衣包至永梁	0.40
				8	25	清、汉、漱学费找	20.80
				8	31	濬学膳各费	77.00
				8	31	濬另用	3.00
		共收	375.63			共支	407.68
							375.63
						八月不敷	32.05
9	7	本月上半薪	65.00	9	1	上月不敷	32.05
9	21	本月下半薪	70.94	9	1	上月另用	1.00
9	21	梦九存款	205.80	9	1	绍酒及车力	0.40
9	26	取出万国储	465.72	9	1	清、漱书费	4.20
9	27	翼之还款	20.00	9	2	炒菜	0.40
				9	2	濬、清书等	5.32
				9	2	买书车力	0.10

月	日	收入要目	收入数额	月	日	支出要目	支出数额
				9	4	阿二取书	0.32
				9	4	补前日酒	0.16
				9	5	绍酒、牛肉	0.32
				9	6	车力	0.24
				9	7	上月报费	1.00
				9	7	家用	50.00
				9	10	呢帽一顶	5.00
				9	10	高长兴饮	1.70
				9	10	车力	0.10
				9	10	代晴《曲丛》汇邮	12.20
				9	13	酒菜等	0.64
				9	17	剃头	0.36
				9	18	稻香村物	0.80
				9	19	香烟一听	0.40
				9	21	职工会费	0.36
				9	21	中秋役赏馆中	2.00
				9	21	星斋会	20.00
				9	21	愈昭会	20.00
				9	21	家用	50.00
				9	25	衣料等共计	90.00
				9	25	《学生字典》	0.27

月	日	收入要目	收入数额	月	日	支出要目	支出数额
				9	25	车力	0.20
				9	26	存入四行储	500.00
				9	26	珏用	5.72
				9	26	点心、车力	0.80
				9	26	何明斋母丧	1.00
				9	26	邮票	0.40
				9	27	善元泰饮	1.84
				9	27	车力	0.30
				9	28	输雀	1.00
				9	30	结算观潮	9.97
				9	30	送晴月饼	1.00
		共收	827.46			共支	821.57
			821.57				
		九月应存	5.89				
10	1	上月转存	5.89	10	1	梦九配三批	25.00
10	2	发行所找	2.23	10	1	补赴海车用	0.85
10	3	珏人还	5.00	10	1	珏人借	5.00
10	6	本月上半薪	65.00	10	1	补中秋托还剑	21.03
10	13	晴帆还我	12.00	10	1	捐职工提灯	0.20
10	20	本月下半扣十一天馀	27.61	10	4	《中东战纪本末》	2.00
10	20	会款	172.20	10	6	家用	50.00

续表

月	日	收入要目	收入数额	月	日	支出要目	支出数额
10	22	又找讫	21.00	10	6	白塔油	0.32
10	30	《三国》第三批酬	186.00	10	7	早点	0.75
10	30	取本馆存	250.00	10	7	酱肉等物	0.78
10	31	又取存	170.00	10	7	车力	0.20
				10	8	上月报费	1.00
				10	10	高长兴饮	2.64
				10	10	车力	0.16
				10	10	北万馨点	0.68
				10	10	公园车力等	0.80
				10	10	硕民借去	1.00
				10	13	正兴馆夜饭	2.90
				10	13	车力、栗子	0.40
				10	14	《经策统纂》	4.00
				10	14	《三国郡县表》	2.80
				10	14	北万馨点	0.50
				10	14	车力、栗子	0.60
				10	18	老正和饭	2.10
				10	18	栗子、车力	0.40
				10	20	家用	30.00
				10	20	濬儿送礼	1.00
				10	21	同人聚餐	0.50

月	日	收入要目	收入数额	月	日	支出要目	支出数额
				10	21	邮票补	1.00
				10	21	卡尔登看戏	1.20
				10	21	栗子、车力	0.32
				10	21	输雀	0.50
				10	22	珏等衣料	30.00
				10	24	拆墩一器	0.56
				10	25	香烟一条	0.72
				10	25	补二十三闻借	50.00
				10	25	珏衣料等	30.00
				10	25	庶母利	8.00
				10	29	酒菜	0.50
				10	30	存入四行会	500.00
				10	30	白塔油	1.05
				10	30	珏人帽	6.45
				10	30	纽扣半打	0.62
				10	30	毛绒线△	5.10
				10	30	北万馨点	0.50
				10	30	车力	0.20
				10	31	言茂源饮	1.62
				10	31	小食、车力	0.24
				10	31	代郑书款	50.00
		共收	916.93			共支	846.19

续表

月	日	收入要目	收入数额	月	日	支出要目	支出数额
			846.19				
		十月应存	70.74				
11	1	上月结存	70.74	11	2	找郑书款代付	0.69
11	7	本月上半薪	65.00	11	2	补昨车力	0.20
11	7	借家账	61.97	11	2	补上月十九餐	2.00
11	8	愈昭还	20.00	11	4	酱肉点心等	0.80
11	18	借珏人	5.00	11	4	栗子、绍酒	0.36
11	21	本月薪找	70.94	11	7	家用	50.00
11	25	借珏人	5.00	11	7	找结清梦九款	125.50
11	28	取本馆存	50.00	11	7	言茂源饮	4.60
				11	7	栗子、车力	0.40
				11	8	上月报费	1.00
				11	8	送飞卿信力	0.16
				11	9	游展会及小饮	1.40
				11	11	唱片五张	6.00
				11	11	玩具二种	0.85
				11	11	车力	0.15
				11	11	锅面二锅	0.90
				11	15	照相先付	1.00
				11	17	绍酒二瓶	0.80
				11	18	正兴馆饭	2.00
				11	19	绍酒一瓶	0.40

续表

月	日	收入要目	收入数额	月	日	支出要目	支出数额
				11	21	栗子、车力	0.24
				11	21	续保火险	10.00
				11	21	存入本馆	40.00
				11	23	取照片找	2.70
				11	26	补闻家礼	6.00
				11	26	正兴馆饭	2.60
				11	26	儿食等	0.50
				11	28	还珏人	10.00
				11	28	交珏人	10.00
		共收	348.65			共支	301.25
			301.25				
		十一月结存	47.40				
12	1	上月应存	47.40	12	1	送乡亲礼	2.00
12	2	硕民还	21.00	12	3	还怀之	12.00
12	7	本月上半薪	65.00	12	2	潜儿另用	1.00
12	21	本月下半薪	70.94	12	3	付珏人	20.00
12	23	借珏人	5.00	12	3	结还家账	23.80
12	30	硕民托还为章	20.00	12	4	六神丸	1.20
				12	5	火腿	1.68
				12	5	言茂源饮	2.80
				12	5	两日车力	0.30

月	日	收入要目	收入数额	月	日	支出要目	支出数额
				12	6	上月报费	1.00
				12	6	绍酒、面点	0.60
				12	7	家用	50.00
				12	9	孩食等	0.60
				12	9	昨晚暖锅	0.80
				12	11	牛乳、绍酒	6.00
				12	11	邮票	1.00
				12	15	绍酒	0.40
				12	16	《拳乱笔记》	0.80
				12	16	儿饵、下酒	0.97
				12	16	往来车力	0.10
				12	21	家用	30.00
				12	21	存入本馆	40.00
				12	22	馆役节赏	2.00
				12	23	言茂源饮	6.16
				12	23	车力	0.20
				12	26	昨晚添菜	1.00
				12	30	还珏人	5.00
				12	30	借珏人	10.00
				12	30	理发	0.32
				12	30	绍酒	1.20
				12	31	和菜	3.00

月	日	收入要目	收入数额	月	日	支出要目	支出数额
		共收	229.34			共支	225.93
			225.93				
		十二月应存	3.41				
				补			
				12	31	明年日历	0.86
						结用零碎	2.55
						共支	3.41